本书出版受教育部人文社会科学研究项目"农村小规模学校信息化发展模式研究"（项目编号：15YJC880094）、湖北省社科基金项目"湖北省农村小规模学校信息化教育资源分配研究"（项目编号：2017095）和湖北职业教育发展研究院专项基金共同资助。

农村小规模学校信息化发展的困境与出路

韦妙 著

NONGCUN XIAOGUIMO XUEXIAO XINXIHUA
FAZHAN DE KUNJING YU CHULU

WUHAN UNIVERSITY PRESS
武汉大学出版社

图书在版编目(CIP)数据

农村小规模学校信息化发展的困境与出路/韦妙著 . —武汉 : 武汉大学出版社,2018. 12

ISBN 978-7-307-11953-6

Ⅰ.农… Ⅱ.韦… Ⅲ. 农村学校—信息化—研究—中国
Ⅳ.G725

中国版本图书馆 CIP 数据核字(2018)第 274437 号

责任编辑:聂勇军 责任校对:汪欣怡 整体设计:马 佳

出版发行:**武汉大学出版社** (430072 武昌 珞珈山)
(电子邮件:cbs22@ whu.edu.cn 网址:www.wdp.com.cn)
印刷:北京虎彩文化传播有限公司
开本:720×1000 1/16 印张:19.5 字数:280 千字 插页:1
版次:2018 年 12 月第 1 版 2018 年 12 月第 1 次印刷
ISBN 978-7-307-11953-6 定价:48.00 元

目　　录

第一章 绪 论

第一节 研 究 背 景

一、时代需要：办好农村小规模学校，促进城乡教育公平

改革开放以来，我国城镇化水平不断提高，2017 年城镇化率已达到 58.52%。① 城镇化进程加速了人口的流动，导致农村生源数量持续下降，许多农村学校因人数锐减而成为"空壳学校"。因此，顺应适龄人口变动趋势，对义务教育阶段学校进行合理布局，既是合理配置教育资源的需要，也是推进城镇化发展的重大战略选择。2001 年 5 月，《国务院关于基础教育改革与发展的决定》②（以下简称《决定》）提出："因地制宜调整农村义务教育学校布局。按照小学就近入学、初中相对集中、优化教育资源配置的原则，合理规划和调整学校布局。"在《决定》的指导下，全国各地大力推进学校布局调整工作，集中办学、规模办学、城镇化办学成为新一轮学校布局调整的主导模式，中小学布局调整呈现鲜明的城镇化趋向。由于地方政府"一刀切"地"撤点并校"，导致农村小规模学校（以下

---

① 中华人民共和国 2017 年国民经济和社会发展统计公报［EB/OL］.［2018-9-26］. http://www. stats. gov. cn/tjsj/zxfb/201802/t20180228 _ 1585631. html.

② 国务院关于基础教育改革与发展的决定［EB/OL］.［2018-9-26］. http://www. moe. edu. cn/publicfiles/business/htmlfiles/moe/moe _ 16/200105/132. html.

简称"小规模学校")大幅减少。统计显示，1995 年至 2010 年，我国农村教学点由 19.4 万所减少至 6.5 万所，减幅高达 66.5%。①小规模学校的衰落引发了如学生上学路途变远、交通安全隐患增加、学生家庭经济负担加重等诸多问题。如何保障偏远农村地区适龄儿童的受教育权成为一个备受关注的社会问题。

为遏制盲目的"撤点并校"行为，2012 年 9 月发布的《国务院办公厅关于规范农村义务教育学校布局调整的意见》指出："坚决制止盲目撤并农村义务教育学校……已经撤并的学校或教学点，确有必要的由当地人民政府进行规划、按程序予以恢复。""对保留和恢复的村小学和教学点，要采取多种措施改善办学条件，着力提高教学质量。"②从发展趋势看，采取有效措施促进小规模学校的质量提升，已成为推进我国义务教育均衡发展、促进城乡教育公平的重大议题。

二、社会共识：共享优质信息化教育资源，提升农村小规模学校的教育质量

21 世纪以来，以计算机技术、网络技术、无线通信技术为代表的信息技术革命席卷全球，深刻地变革着人类社会的经济发展模式、政治生态结构、生活娱乐习惯、文化传承方式，构成一幅波澜壮阔的历史图景。据不完全统计，2014 年底世界各地共有 10 亿个网站、20 亿台主机和 30 亿用户通过互联网相互连接。③ 借助这个庞大的信息网络，作为"地球村"居民的我们实现了前所未有的信息交互和资源共享。在这场信息社会的变革中，始于工业社会的传统教育也面临着巨大的冲击。技术的发展改变了人类获取知识的路径和方法，对教育的模式和机制产生了革命性影响，成为推动教育

---

① 雷万鹏. 城镇化进程中农村小规模学校发展[J]. 全球教育展望，2014(02).

② 国务院办公厅关于规范农村义务教育学校布局调整的意见[EB/OL].[2018-9-26]. http://www.gov.cn/zwgk/2012-09-07/content_2218779.htm.

③ 环球网. 全球互联网网站数量破 10 亿[EB/OL].[2018-9-26].http://www.techweb.com.cn/internet/2014-09-18/2077303.shtml.

革新的重大力量。2010 年《国家中长期教育改革和发展规划纲要（2010—2020 年）》（以下简称《纲要》）在总纲就明确指出："信息技术对教育发展具有革命性影响，必须予以高度重视。"①《教育信息化十年发展规划（2010—2020）》同样指出："以教育信息化带动教育现代化，破解制约我国教育发展的难题。"②

　　我国长期以来的二元经济社会结构导致了城乡教育的差距，近十年来不断加速的城镇化进程又进一步加剧了这种差距，"寒门难出贵子"的现象广受社会关注。如何保障农村地区义务教育适龄儿童的受教育权成为我国教育发展中一个亟待解决的难题，而处在农村教育最底端，教育资源极度贫瘠的小规模学校就成为了这一难题的聚焦点。信息技术改变了教育教学模式，师生互动方式、学习资源的共享和使用方式，让有限的教育资源能够在不同区域间实现共建共享。利用信息化的手段实现优质教育资源对小规模学校的辐射，提升小规模学校的信息化发展水平，缩减城乡数字鸿沟和教育差距逐渐成为了社会的共识。2010 年《纲要》明确指出要"重点加强农村学校信息基础建设，缩小城乡数字化差距……继续推进农村中小学远程教育，使农村和边远地区师生能够享受优质教育资源"。③2013 年十八届三中全会作出的《中共中央关于全面深化改革若干重大问题的决定》再次强调："大力促进教育公平，构建利用信息化手段扩大优质教育资源覆盖面的有效机制，逐步缩小区域、城乡、校际差距。"④

---

①　国家中长期教育改革和发展规划纲要（2010—2020 年）［EB/OL］.［2018-9-26］. http://www. moe. edu. cn/publicfiles/business/htmlfiles/moe/moe_838/201008/93704.html.

②　教育信息化十年发展规划（2011—2020 年）［EB/OL］. http://www. moe.edu.cn/publicfiles/business/htmlfiles/moe/s3342/201203/xxgk_1.

③　国家中长期教育改革和发展规划纲要（2010—2020 年）［EB/OL］.［2018-9-26］. http://www. moe. edu. cn/publicfiles/business/htmlfiles/moe/moe_838/201008/93704.html.

④　中共中央关于全面深化改革若干重大问题的决定［EB/OL］.［2018-9-26］. http://www.sn.xinhuanet.com/2013-11/16/c_118166672.htm.

三、政策支持：农村教育信息化发展政策向小规模学校倾斜

21 世纪以来，我国农村学校教育信息化经历了多次建设，从 2000 年的"校校通"工程开始，2003 年的"农远工程"，2007 年的"班班通"工程，2011 年的"薄改计划"，2012 年的"三通两平台"工程（简称"三通"工程），直至 2013 年的"教学点数字教育资源全覆盖"项目（图 1-1）。十多年的建设让广大农村学校的信息化办学条件得到了极大的改善，也缩小了与城市学校之间的差距。根据中国教育年鉴的统计数据分析，我国城乡小学生机比的均衡指数已从 2002 年的 0.30 提高到了 2010 年的 0.53，城乡小学的校园网建设均衡指数更是从 2002 年的 0.65 提高到了 2010 年的 0.91。①

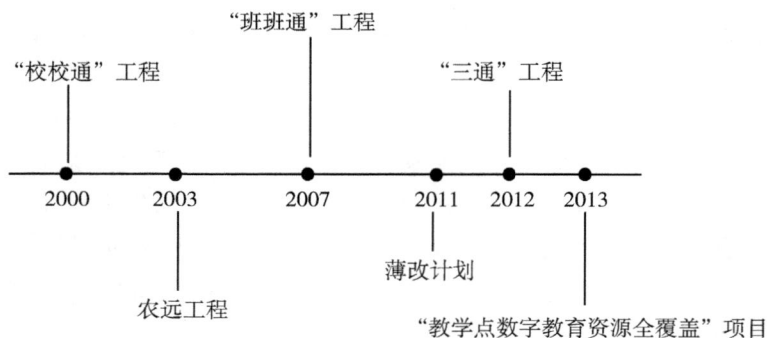

图 1-1　中国农村教育信息化建设工程一览

纵观历次政策项目的出台和实行，我们可以发现农村学校教育信息化建设上的两大发展趋势。

---

① 李葆萍．我国义务教育信息化建设均衡性研究——基于 2001—2010 年中国教育统计年鉴数据分析[J]．中国电化教育，2012(03)：37-42.

(一)建设对象逐渐由农村中大规模向农村小规模学校倾斜

在我国农村教育信息化发展初期，整个农村学校还基本处于信息化发展的"不毛之地"，相应的基础建设几乎为零，此时并不具备在所有农村学校全面开展信息化建设的现实条件。所以，不管是最初的"校校通"工程，还是后来的"农远工程"，这些政策的实施所能够覆盖的农村学校都是以农村中大规模学校(以乡镇中心中小学和部分较大规模的村级完全小学为代表)为主。比如，在教育部2000年发布的《关于在中小学实施"校校通"工程的通知》中就指出了"校校通"的普及目标为："2005年前，争取东部地区县以上和中西部地区中等以上城市的中小学都能上网；西部地区及中部边远贫困地区的县和县以下的中学及乡镇中心小学与中国教育卫星宽带网联通。"[1]在现有设备资源的优化配置上，"充分利用现有的教育资源，包括现有的电视机、录像机和编辑机及有关课程资源。原有的部分设备可由有关省、区教育部门负责调配给未列入本工程覆盖范围的村完全小学"。[2] 可以看出，地处偏远、条件较差的农村小规模学校完全没有享受到这一轮农村教育信息化建设的成果。

农村小规模学校处在农村教育系统的底层，地处偏远，交通不便，办学条件极为恶劣，完全被排除在了整个国家教育信息化发展的计划之外。在农村小规模学校就读的农村适龄儿童，陷入了上学难，上好学更难的"教育洼地"。偏远农村地区儿童的失学问题、安全问题、个性发展问题以及村小、教学点的办学质量问题成为了各大媒体的热点新闻，也引起了人们对我国义务教育布局调整中所日益凸显的城乡教育公平问题的广泛关注。一方面，以信息技术推动教育变革是整个国家乃至世界教育发展的潮流，在农村小规模学校开展信息化教育，让农村偏远地区儿童能够接触新的教学方法和

---

① 教育部关于在中小学实施"校校通"工程的通知[EB/OL]．[2018-9-26]．http://www.chinalawedu.com/falvfagui/fg22598/29859.shtml.

② 教育部关于在中小学实施"校校通"工程的通知[EB/OL]．[2018-9-26]．http://www.chinalawedu.com/falvfagui/fg22598/29859.shtml.

教育模式，才能保证其适应信息化社会的高速发展；另一方面，信息技术的交互性、开放性和共享性也让优质教育资源在不同地区，不同学校间的快速流动和共建共享成为了可能，通过推动学校信息化发展来实现优质教育资源对农村小规模学校的覆盖，成为解决农村小规模学校"缺师少教"难题的一个可行的办法。

所以，21世纪第一个十年的末尾，我国农村教育信息化的政策导向开始逐渐关注到以农村小规模学校为主的农村薄弱学校。在"班班通"、"三通两平台"等信息化工程的建设中，很多地方政府都将在农村教学点普及"班班通设备"列为主要建设目标之一。比如，广东清远市从2013年起连续5年，从市级财政每年划拨1459万元用于全市村小、教学点"班班通"工程建设，在2014年底已实现全市63%的农村教学点覆盖了"班班通"设备。① 湖北恩施市自2013年被确立为"湖北省首批基础教育信息化试点地区"以来，共投入6000多万元，强力推进"三通两平台"建设。根据恩施市教育局的数据，到2015年底全市75个教学点实现了"班班通"设备全覆盖。② 湖北省2014年在《关于全面改善贫困地区义务教育薄弱学校基本办学条件的意见》中也明确提出："要为确需保留的村小学和教学点配置数字教育资源接收和播放设备，配送优质数字教育资源。"③教育部2013年启动的"教学点数字教育资源全覆盖"项目，把偏远农村地区的薄弱型学校作为了主要建设对象，可以说是第一个专门针对农村小规模学校信息化发展的国家级专项工程。整个工程以帮助农村教学点开足、开好国家规定课程为基本目标，支持各教学点建设可接收数字教育资源并利用资源开展教学的基本硬件设施，实现优质数字教育资源对教学点的全覆盖。根据教育部的统计数据，截至2014年底，已在全国6.36万个教学点实现了数字教育

① 广东英德：村小教学点实现"班班通"［EB/OL］. ［2018-8-16］. http://www.ict.edu.cn/santong/class/n20140814_16553.shtml.

② 湖北恩施中小学"班班通"实现全覆盖［EB/OL］. ［2018-7-18］. http://e.163.com/docs/10/2015110207/B7DCBFOU9001BFOV.html.

③ 关于全面改善贫困地区义务教育薄弱学校基本办学条件的意见［EB/OL］. ［2018-9-26］. http://hbqmgb.e21.cn/content.php? id=315.

资源设备的安装和应用。①

（二）建设重点由以硬件投入为主向软硬件协同建设的方向发展

2000 年开始的"校校通"工程，其主要目标就是"用 5～10 年时间，使全国 90% 左右的独立建制的中小学校能够上网"。② 通过十年时间的建设，进入 21 世纪第二个十年，全国几乎全部城市学校和大多数农村中小学连通了校园网，条件相对较差的农村小规模学校也有相当比例覆盖了网络。有了网络覆盖的基础条件，2007 年我国又开始从城市学校到农村学校推广"班班通"工程，争取给所有中小学的每个教学班都装备基于网络环境下的，以投影机或者电视机为终端显示的设备，让每个班级都能同时上网，共享教学资源。这一轮建设对在广大农村学校普及信息化教学设备取得了明显的成效，我国农村地区中心区域的中小学大部分教室都配备了信息化教学设备，大部分偏远地区的村小和教学点也都基本保证有一套信息化教学设备。

根据联合国教科文组织对教育信息化的发展阶段的划分，教育信息化的发展分为四个阶段：起步、应用、融合、创新。教育信息化的起步阶段就是将信息技术引入教育教学，这个阶段以为学校配置计算机、投影机、校园网等各种硬件设备为主。而到了应用阶段，则需要将硬件设备有效地应用于实际的教育教学过程，减轻教师的工作负担，改进教学方法，提升教育质量。这一阶段除了良好的硬件基础以外，更需要丰富的软件资源。只有为教师提供各类优质的多媒体课件、教学软件、学习工具和资源平台，才能发挥出信息化设备的实质效用。目前，我国大多数城市学校的信息化发展已经进入了应用阶段，而从起步阶段到应用阶段的过渡之路，广大农

---

① 全国 6.36 万个教学点实现数字教育资源全覆盖［EB/OL］.［2018-10-26］. http://www.moe.edu.cn/publicfiles/business/htmlfiles/moe/s5987/201412/182212.html.

② 教育部关于在中小学实施"校校通"工程的通知［EB/OL］.［2018-10-18］. http://www.chinalawedu.com/falvfagui/fg22598/29859.shtml.

村学校却走得很艰难。一方面，我国的农村教育信息化经费投入一直不充足，为学校配置信息化硬件设施已经相当吃力，再难以负担各类信息化软件资源建设的成本。另一方面，各地方政府在不良的政绩导向下在农村学校信息化建设中也常常急功近利，倾向于将有限的资金花在"看得见，摸得着"的硬件设备上，而选择性忽视了"吃力不讨好"的软件资源建设。此外，农村学校师资力量薄弱，教师年龄普遍偏大，信息化教学能力的不足和教学观念的陈旧也在很大程度上影响了信息化设备的使用效率和信息化课程的开设效果。农村学校的这些问题在农村小规模学校身上表现得尤为突出。配备的信息化设备得不到充分的利用甚至闲置在农村小规模学校成为一个较为普遍的现象。

在"校校通"工程为广大学校连通了网络，"班班通"工程为广大学校配备了多媒体教室的基础上，要想在学校实际教育教学中充分发挥网络和电脑的作用，就必须大力进行信息化软件教育资源的建设，从以硬件投入为主的建设转向软硬件协同建设的发展思路。我国在"校校通"、"班班通"的基础上，2012年开始启动"三通两平台"的建设，在"通网"、"通设备"的基础上，更加强调"通资源"。为实现优质教育资源在各级各类学校的共享，"三通"工程还重点推广了"专递课堂"、"名师课堂"和"名校网络课堂"等多种教育资源传播和共享的方式，为偏远地区的农村薄弱学校提供了共享城市学校优质教育资源的渠道。同时，"三通"工程还强调了教师、学生网络学习空间的建设，各种教育资源公共服务平台的建设，以及教育公共管理服务平台的建设。以上种种措施都致力于在各地区之间、城乡之间、学校之间、师生之间实现教育资源的共建共享，从软件建设方面推动优质教育资源的最优化配置。

针对偏远农村教学点办学条件有限，师资极度匮乏，难以开好开启国家规定课程的现实困境，教育部于2013年起在全国范围内全面启动了"教学点数字教育资源全覆盖"项目，力争用两年时间为全国近7万个农村教学点推送优质的信息化教学资源。这项政策虽然也将给教学点配置相应的信息化基础设备作为建设目标之一，但整个政策的核心却是为教学点提供具有高度适配性、易用性、持

8

续性的优质数字化教学资源。为此，教育部组织专家、一线优秀教师和学科编辑，以国家基础教育资源中心已有资源为基础，以人教社新版教材为对象，完成了教育资源内容框架和界面设计，制作了各学科的资源样例，征求了教学点教师等的意见。先后两次组织课标、教材专家和教育技术专家，对资源内容框架、界面和各学科样例逐一进行评审论证，最终确定资源分为"教师上课"、"学生自学"和"拓展资源"三类，以满足教师教学和学生学习的不同需要。在保证资源易用性的基础上，针对农村教学点教师信息技术能力的短板，教育部还为帮助农村教学点教师掌握设备和资源的使用方法组织了专项培训，力争为全国每所农村教学点至少培训一名骨干教师。培训工作先后在北京、西安、锦州、宜昌、绵阳五地集中开展。据教育部统计数据，截至 2013 年 11 月底，各地共培训教学点教师 59610 人。① 整个"教学点数字教育资源全覆盖"项目首先在贵州、湖北等地教学点先行进行了试用，之后 2013 年到 2014 年在全国范围内铺开。根据教育部数据，截至 2014 年底，全国 6.36 万个教学点全面完成了"教学点数字教育资源全覆盖"项目建设任务，实现了设备配置、资源配送和教学应用"三到位"。正是由于此项政策强调硬件建设和软件建设的齐头并进，强调农村教学实际应用和直面农村学校实际问题，让"设备动起来，老师用起来"，从而真正在农村教学点发挥了信息技术促进教育发展的实质作用。

纵观我国农村学校教育信息化发展之路，经历了由硬件投入为主到软硬件协同发展的转变过程。对于资源贫乏的农村小规模学校来说，有了基本的信息化教学设备以后更重要的是要配置符合学校、教师、学生特点，能够满足其实际需求的信息化教育资源。如此，才能在农村小规模学校最大化地发挥有限信息化教学设备的作用，真正促进小规模学校教育的变革和发展。

---

① "教学点数字教育资源全覆盖"项目［EB/OL］.［2018-9-26］. http://www.moe.edu.cn/jyb_xwfb/xw_zt/moe_357/jyzt_2015nztzl/2015_zt12/15zt12_fpcx/201510/t20151016_213720.html.

四、现实困境：事倍功半——农村小规模学校信息化发展之殇

在国家对教育信息化的高度重视下，政府对农村学校信息化发展投入了大量的人力、物力、财力。从新世纪伊始的"校校通"工程、2003年的"农远工程"、2007年的"班班通"工程、2011年的"薄改计划"、2012年的"三通"工程，到2013年的"教学点数字教育资源全覆盖"项目，各种项目的实施和专项资金的投入从未间断。据不完全统计，自20世纪90年代以来，我国在教育信息化方面的投入达到2000多亿元，有相当一部分资金投入到了农村学校。① 持续的重视和投入是否提升了农村小规模学校的信息化发展程度，真正带来了农村小规模教育质量的有效改善呢？结果并不乐观。

笔者自2013年至2016年数次跟随导师雷万鹏教授的研究团队深入田野，调查走访了湖北、河南、江西三省10市24区县100余所小规模学校。调查发现，小规模学校的信息化发展面临着不少问题。在信息化资源投入上，小规模学校的软硬件办学水平均有所提升，但是"建而不用"、"建非所用"的情况普遍存在；在信息化教育资源应用上，政府下发的数字化教学资源并不能有效满足小规模学校的教学需要，老师们反映"不能用"、"不好用"的比例较高；在信息化师资配置上，小规模学校普遍没有配备信息技术教师或管理员，任课教师年龄偏大，信息素养较低；在信息化管理机制上，大多数小规模学校既无明确的信息化发展规划，也无有效的规章制度，"领导不重视，老师不感冒"；在外部支持上，小规模学校犹如一个"信息孤岛"，上级教育主管部门无暇关注，中心学校无力支持，与社区、企业、科研院所等机构的联系也近乎于无。

面对小规模学校信息化发展的种种困境，我们不得不进行深入

---

① 2015—2020年中国教育信息化产业发展前景预测与投资机会分析报告［EB/OL］.［2018-9-26］. http://www. qianzhan. com/analyst/detail/220/130220-0a428330.html.

反思。"技术本位"的教育信息化方案带来了"网络支教"、"云课堂"等层出不穷的新鲜事物，却未必适切农村学校和农村教育的真实需求；"城市本位"的信息化教育资源建设，给农村学生建构了与城市学生同样的"课堂"，却有可能进一步拉大了城乡教育的差距。

小规模学校信息化建设的真实现状如何？面临哪些发展困境？后续发展到底应该遵循什么样的理念、制度、模式和机制？这些是本书需要探究的核心议题。对这些问题的解答需要我们回归问题本质，从城乡教育公平的宏观视角出发，立足于乡土社会独特的历史文化脉络和多元化、差异化的农村教育发展实际，以"需求本位"、"教育本位"思考信息技术在小规模学校"落地生根"的路径与模式。

第二节　研究目的和研究意义

一、研究目的

农村小规模学校的信息化发展问题既关乎我国农村义务教育的均衡发展，又对城乡教育公平的实现有着深刻影响。经过这几年的政策推动和资源投入以后，现阶段的小规模学校信息化发展到了一个什么水平？学校的信息化办学条件怎么样？优质数字化教育资源的覆盖程度如何？信息化教学方式的运用如何？教师能适应新型的授课方式吗？学生的学习质量真的有效提升了吗？这些无疑是每一个心系中国教育发展的人都非常关心的问题。但是从对现有文献资料的整理和分析来看，学术界对这一重大研究议题的回应还比较少。相关研究大多只是基于理论的勾画和探索，缺乏具体实证数据的分析和解剖，并不能很好地解决上述现实问题。

所以，本研究将"农村小规模学校的信息化发展"作为核心议题，在借鉴已有研究成果和理论方法的基础上，通过大规模实地调研的方式获取足够多的精准数据和鲜活案例来展现小规模学校信息化发展的真实全貌，分析小规模学校信息化发展的深层问题，进而提出支持小规模学校信息化发展水平有效提升的政策路径。

二、研究意义

本研究从教育经济学、教育技术学的多维视野出发，利用大规模实证调查数据探析小规模学校信息化发展的成效及存在的问题，具有一定的理论意义和实践价值。

第一，可以进一步充实农村教育信息化的理论体系。21世纪以来，农村教育信息化问题一直是学术界的热点问题，很多学者扎根于这个领域，取得了一定的研究成果。但是，现有的研究大多以农村中大规模学校为研究对象或是笼统地将农村学校的整体作为对象，针对小规模学校信息化发展现状、实施效果、提升策略的研究几乎没有。小规模学校处于农村教育体系的最底端，在资源配置、师资结构、管理机制上都有着不同于其他农村学校的特别之处，无法直接套用现有的农村教育信息化理论。本研究在农村教育信息化的大背景下，聚焦于小规模学校的信息化发展，进一步充实了我国农村教育信息化的理论体系。

第二，可以丰富农村教育财政理论。农村小规模学校的信息化发展依赖政府在经费、设备、软件、教师等各项教育资源上的经费支出。而在教育资源的投入和产出上，小规模学校并不具备传统大规模学校的规模经济效益。所以，政府在对小规模学校信息化发展进行资金扶持时，必须参照更加符合小规模学校自身教育特征和教育需求的标准。本研究将探讨小规模学校教育信息化的成本与财政问题，探讨生均信息化成本与学校规模的关系，有助于丰富农村教育财政理论，为探索我国小规模学校特色发展提供坚实的理论基础。

第三，有助于缩小城乡教育差距，实现我国教育信息化的均衡发展。随着国家农村义务教育布局调整工作的不断推进和农村教育信息化工作的有序开展，如何利用信息化手段让农村小规模学校共享优质教育资源，改善办学条件，提高教学质量，从而满足偏远农村地区学生"有学上"、"上好学"的需求成为一个亟待解决的重大现实问题。本研究将立足于实证调研，直面当前小规模学校所存在的实际问题，分析现有农村教育信息化发展模式的问题与不足，创新信息化手段促进小规模学校发展的有效模式，探索我国小规模学校信息化建设的本土化发展之路。本研究在调研地区的选择上，既有发达地区，又有欠发达地区，较好地代表了全国一般水平。在调查学校的选择上既有经济发达区县的小规模学校，又有经济欠发达区县的小规模学校；既有规模相对较大的村级小学，又有"一师一校"的偏远教学点，尽量涵盖不同类型的农村小规模学校；另外作为对比，也会调研部分农村中大规模学校和城市优质学校。在问卷调查和访谈对象的选择上，既涉及教育局、装备站、电教馆等行政部门的负责人，又涉及小规模学校的校长、教师、学生、家长，多角度地了解不同利益主体对小规模学校信息化发展的诉求，避免"一叶障目"。深入田野的全方位实地调研将揭示出农村小规模学校信息化发展中的核心问题和本质规律，从而为促进我国农村小规模学校的健康发展和质量提升提供政策咨询，这对于缩小我国城乡教育差距，实现教育公平无疑具有重大的实践价值。

第三节　核心概念界定

一、小规模学校

(一)"小规模学校"的概念界定

国内外研究者对于如何界定小规模学校这一问题还存在着争议。我国学者一般认为小规模学校是指学生数量较少，远远低于教育部门规定标准的学校。在实际操作过程中，人们往往以教师数、学生数、班级数、学校面积、教学模式等辅助性指标来界定小规模学校。国际范围内的小规模学校的含义和标准也各不相同。印度小规模学校是指学生不足 100 人、教师不足三人或者两间及以下常规教室的学校。芬兰以 50 人、韩国以 60 人、瑞典以 100 人为最低学生标准，在此之下均为小规模学校。英格兰则以不足 100 人作为小规模学校标准，50 人以下为超小学校。在日本，复式小学等于"小规模学校"，这类学校学生人数少，均采用复式班的教学模式。威廉姆斯在梳理有关学校规模的研究后指出："学校规模大小的分界线并没有公认的界定标准。"①所以，对于学校规模的争论是没有多大意义的，重要的是学生推开教室大门后会进入一个怎样的学习环境。②

我们界定小规模学校的含义和标准既要借鉴国际上的成熟经验，也要注意到不同社会经济发展水平和教育需求所造成的国际国内在认识上的差异。欧美等发达国家的小规模学校往往是指城市小规模学校，具有和中大规模学校相等甚至更好的师资、经费、设施条件，以提供高层次、特色教育为主要办学目的。而我国的小规模学校大多位于偏远农村地区，是农村教育系统中最弱的一环，在师资配备、经费投入、设施保障等方面全面落后。

综上所述，本研究中所指的小规模学校是指主要分布在经济落后、交通不便、人口密度小的农村地区的远远低于教育部门规定标准的学校，主要包括村小（以村级不完全小学为主）和教学点。参照国际经验和我国教育发展实际，也出于对研究可操作性的考虑，本书在调研取样的过程中统一以学生人数不足 100 人作为小规模学校的界定标准。

(二)"小规模学校"和"教学点"的概念辨析

"小规模学校"和"教学点"两个概念之间既有联系，又有区别，并不完全等同。但是在现实生活中，却有不少人将"小规模学校"和"教学点"这两个概念混淆。这里对这两个概念的区别做出辨析。

从接受度上来说，"教学点"的接受度无疑比"小规模学校"要高。不管是在官方文件还是在老百姓的日常交谈中使用的往往是"教学点"这个称谓。而"小规模学校"一般只是在学术界使用得较多，并不为普通人所熟知。"小规模学校"的提法虽然有些生僻，但是其在可操作性和学术严谨性上来说要远远优于"教学点"。因为"小规模学校"有着严格的界定标准（学生人数在 100 人以下的学

---

① Williams D T. *The dimensions of education*：*Recent research on school size* [M]. Strom Thurmond Institute, 1990.

② 张雪艳. 农村小规模学校发展政策研究[D]. 华中师范大学，2012.

校），而"教学点"更多的只是一种沿袭而来的通俗称谓，并不能称其为一个标准化的定义。从大众的普遍印象出发，我们可以描述出教学点的一些显著特征。在地理位置上，教学点一般比较偏僻，甚至在远离村落的山上，交通相对不便；从办学条件上来说，教学点的办学条件非常简陋，老旧的黑板粉笔和破损的桌椅板凳往往就是学校的全部家当；从学生数量上看，教学点的学生非常少，可能只有几个孩子，虽然年龄不同但是凑在一个班级上课；从教师配置来说，教学点的教师同样非常少，两三个教师甚至"一师一校"是教学点的常态。虽然我们可以轻易描述出教学点如此"生动"的特征，但是在实际操作过程中，到底交通要不便到什么地步，条件要简陋到什么程度，老师学生要少到什么数量才是教学点却又非常"模糊"，难以把握。在实地调研过程中，我们发现各地常常有自己一套"认定"教学点的方法，有的地区把所有的村级非完全小学都当成教学点，有的地区规定教学点是指只有一二三年级的农村小学，有的地区则不管学校现在的实际情况怎么样，全部按照早年间认定的情况来执行。

所以，虽然小规模学校和教学点都指向的是位置最偏、条件最差、学生最少、发展最困难的那一批农村学校，但是前者显然比后者有更清晰的研究界限。所以，笔者基于学术的严谨性，也为了便于操作，将研究对象定为了"小规模学校"而不是"教学点"。从本研究的田野经验来看，人们常说的教学点一般符合学术上小规模学校的定义，但是小规模学校却不仅仅是教学点，还会包括一些规模较小的村级非完全小学，甚至是村级完全小学。

二、教育信息化

(一)教育信息化的概念界定

教育信息化的概念最开始来自哪里很难去考证，比较被大家接受的说法是，教育信息化的概念来自美国克林顿政府于 1993 年 9 月提出的建设"信息高速公路"的计划，其核心是发展以互联网为核心的综合化信息服务体系和推进信息技术在社会各领域的广泛应用，特别是把信息技术在教育中的应用作为实施面向 21 世纪教育改革的重要途径。以此为开端，世界各国无一不把教育信息化作为促进教育改革和发展的重大战略举措。2010 年 7 月颁布的《国家中长期教育改革和发展规划纲要（2010—2020 年）》将"加快教育信息化进程"作为《纲要》中的单独一章，体现了国家对教育信息化的重视。美国教育部也于 2010 年 3 月发布了第 4 个国家教育技术计划——《变革美国教育：用技术促进学习》的征求意见稿，保障教育信息化的经费投入，促进教育变革。澳大利亚正在进行的为期 7 年（2008—2014 年）的"数字教育改革"，总投入约 24 亿美元，目的是完成澳大利亚中学教育信息化的六项目标。英国政府于 2005 年发布了《利用技术促进学习计划》，规定了教育信息化的 4 个主要目标，并于 2008 年和 2010 年分别发布了后续计划《下一代学习 2008—2014 计划》和《下一代学习 2010—2013 执行计划》。

虽然教育信息化的工作持续在推进，但是我国学术界对于教育信息化的定义并没有形成统一的认识，研究者们从不同角度阐释了教育信息化的内涵。南国农从手段和目的的角度出发，认为教育信息化是指在教育中普遍运用现代教育技术，开发教育资源，优化教育过程，以培养和提高学生的信息素养，促进教育现代化的过程。[①] 祝智庭从教育信息化和信息化教育的联系出发，认为教育信息化是指在教育领域全面深入地运用现代化信息技术来促进教育改革和教育发展的过程，其结果必然是形成一种全新的教育形态——信息化教育。[②] 何克抗从应用范围出发，认为教育信息化的内涵就是信息与信息技术在教育教学领域和教育教学部门的普遍应用和推广，重点是在教学领域的应用和推广。[③] 李克东从人才培养的角度出发，认为教育信息化是指在教育与教学领域的各个方面，在先进

---

① 南国农. 教育信息化建设的几个理论和实际问题（上）[J]. 电化教育研究，2002(11).

② 祝智庭. 中国教育信息化十年[J]. 中国电化教育，2011(1)：20-25.

③ 何克抗. 我国教育信息化理论研究新进展[J]. 中国电化教育，2011(01)：1-19.

16

的教育思想指导下，积极引用信息技术，深入开发，广泛利用信息资源，培养适应信息社会要求的创新人才，加速实现教育现代化的系统工程。①

随着信息技术对教育的全面渗透，信息技术对教育的影响日益扩大。《国家中长期教育改革和发展规划纲要(2010—2020年)》明确指出"信息技术对教育发展具有革命性影响，必须引起高度重视"。这种影响的本质实质内涵就是信息技术与教育的深度融合。信息技术不仅仅是教育之外的一种辅助工具，而是早已内化成新的教育行为方式，塑造了一种全新教育生态。只有从信息技术与教育深度融合的角度来界定教育信息化发展的内涵，才能扭转长期以来我国教育信息化实践工作中"重硬轻软"、"重物轻人"的偏差，回归教育促进学生个性自由发展的本质属性。

通过对比不同研究者关于教育信息化的解读，结合国内外教育信息化发展的最新趋势。本研究将教育信息化的定义界定为：教育信息化以现代教育思想和理论为指导，以培养信息化时代的高素质人才为目标，在信息技术与教育的全面深度融合的过程中，通过教育结构的重组、教育流程的再造和教育环境的重构而建立起来的新型教育生态。

(二)教育信息化发展阶段理论

教育信息化不是一种静止的状态，而是信息技术与教育教学不断融合发展的动态历史进程。2005年，联合国教科文组织亚太教育局发布《技术与教学整合的教师发展区域性指导方针》，调研了不同发达国家和发展中国家教育机构接纳和采用信息技术的过程，将教育信息化的发展阶段划分为四个阶段，分别为起步(Emerging)、应用(Applying)、融合(Infusing)、创新(Transforming)(图1-2)。

在"起步"阶段，教师和管理人员刚开始对信息技术在教育教

---

① 李克东. 在"纪念中国电化教育发展70年座谈会"上的发言[J]. 电化教育研究，2007(03).

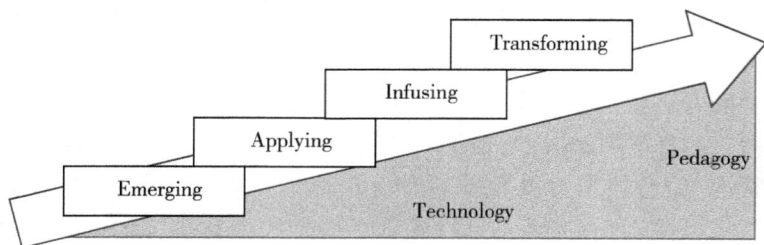

图 1-2　信息技术与教育融合发展的四个阶段

学和管理中的作用有所认识，如办公软件、电子邮件的使用被加入到教学中。世界主要发达国家和部分发展中国家都已经度过这一阶段。在我国，大部分地区和学校也已基本度过这一阶段，信息技术的引入已经成为一种较为普遍的、主动的行为。在"应用"阶段，信息技术在教育教学和教学管理中已经得到普遍应用，教师开始注重在引入信息技术的过程中改变教学方法，并开始采用信息技术支持教师自身的培训和专业发展。在这一阶段，教师更加积极主动地将信息技术引入教学。世界主要发达国家都已经度过了这一阶段。在我国，很多地区和学校依然处于这一阶段，虽然信息技术已被广泛引入，但有限的基础设施和资源条件对学校信息化教学的进一步发展带来障碍，使得信息技术的引入面临着"有路无车、有车无货"的尴尬境地。在"融合"阶段，信息技术全面深入应用到学校的教室、实验室和办公室。在这一阶段，教师可以利用信息技术方便地将不同知识内容集成起来，组织和开展基于项目的学习活动，管理学生的学习过程，提升学生的学习效果；同时，也能利用信息技术来管理自身的学习过程，提升自身的专业能力。世界主要发达国家正处于这一阶段。在我国，部分经济发达地区学校已经开始进入这一阶段，利用信息技术改变传统教学方法，开展基于项目的学习和网络协同教研，已经成为越来越多学校的选择。在"创新"阶段，学校和教育机构开始利用信息技术重构学校的组织结构，教师开始应用信息技术重组教学形态，教师和学生都积极主动地持续开展面向个体的差异化教学和个性化学习，课程和教学内容的组织由以教

18

师为中心逐步转移到以学习者为中心。少数教育信息化领先国家已经开始进入这一阶段,以信息技术为支撑的教育变革已成为一种真切的现实。在我国,虽然信息技术对教育的影响已受到普遍关注,但绝大部分地区和学校离这一阶段还有很大距离,信息技术与教育教学的融合发展依然任重道远。

教育信息化发展阶段理论为本研究提供了重要的启示。我国的二元经济社会结构带来教育投入的不均衡,由此导致发达地区和落后地区、城市和农村在教育信息化发展水平上都存在着较大的差异。大部分城市学校和部分发达地区乡镇学校正在向着信息技术与教育融合创新的"质变"阶段转化。而农村小规模学校的信息化发展水平经过这几年政府的专项建设虽然有了一定的提升,但仍显著落后于城市学校和乡镇学校,可能还停留在起步和应用的"量变"阶段。只有通过对大规模实地调研数据的科学分析,才能准确界定我国小规模学校信息化发展的阶段性特征和关键问题,并由此提出具有可操作性的策略建议。

第四节 文 献 综 述

国内外关于小规模学校发展的研究文献相当丰富,但是以小规模学校信息化发展为主题的研究成果却少之又少。而如果以农村教育信息化发展为线索去梳理文献,就会发现这方面的文献又大多以农村学校这一整体为研究对象,聚焦到小规模学校这一特定对象的研究也寥寥无几。小规模学校虽然是农村教育系统的一个子系统,有和其他类型农村学校的相似性,但更多的是自身独有的运行特点和发展规律,不能和其他类型农村学校一概而论。从这个角度上讲,本研究很难有可以直接借鉴参考的现有研究成果,只能沿着"农村小规模学校发展"和"农村教育信息化发展"这两条脉络进行文献梳理,以"共性"找"个性"。

一、农村小规模学校发展研究

国内外研究者针对小规模学校发展的探讨大多集中在四个方

面：（1）经费问题；（2）师资问题；（3）教学问题；（4）外部环境问题。

（一）农村小规模学校的经费问题

农村小规模学校经费短缺的问题相当严重，严重影响了学校的日常运行和发展。调研显示很多小规模学校是靠教师的工资和当地老百姓的捐赠维持运转，老师从自己微薄的工资中挤出钱来买教具的情况并不鲜见（赵丹，2008）。[①] 谈及小规模学校经费短缺的特征和原因，学者们普遍认为由于学生规模小而造成公用经费不足是小规模学校经费不足的主要原因。小规模学校表现出经费总量短缺和生均成本较高的特点，包括教师薪酬、建筑物维修等固定经费支出的生均水平较高且占支出总量的比重大（范先佐，2011）。[②] 我国义务教育新机制实施后，按学生数量下拨的公用经费成为小规模学校主要的收入来源，由于小规模学校许多支出项目不能随学生数量的减少而减少，小规模学校资金需求难以得到满足，教师工资待遇低，办学条件差（郭清扬，2009）。[③] 小规模学校由于远离理想学校规模标准，学校经费总量明显不足，这种不足与小规模学校难以产生规模效益有着直接关系。小规模学校在经费总量不足的同时，面临经费使用的效率困境（秦玉友，2010）。[④] 有学者进一步指出，作为农村义务教育办学的一种形式，小规模学校面临经费短缺的困境与农村义务教育经费短缺问题密不可分。也就是说，农村义务教育

---

① 赵丹. 适当保留农村教学点的必要性分析——基于中西部六省的调查研究[J]. 上海教育科研，2008(02).

② 范先佐. 义务教育均衡发展与农村教学点的建设[J]. 教育研究，2011(09).

③ 郭清扬. 义务教育新机制下农村教学点的问题及对策[J]. 华中师范大学学报(人文社会科学版)，2009(06).

④ 秦玉友. 农村小规模学校教育质量困境与破解思路[J]. 中国教育学刊，2010(03).

经费短缺的状况直接决定了小规模学校的经费不足(赵丹, 2010)。①

教育经费管理制度也是造成小规模学校经费短缺的重要原因。小规模学校的资金划拨被纳入中心学校管理, 其基本支出和项目支出经费由中心学校统一分配和管理, 中心学校对小规模学校在经费拨付上表现出分配性歧视, 中心学校不愿意将经费投到小规模学校(赵丹, 2008)。② 在学校合并运动中, 政府倾向于新建而非维修旧的学校建筑, 以财政手段诱导鼓励学校合并, 这些政策都加剧了小规模学校经费短缺状况(谭春芳, 2009)。③

针对小规模学校财政政策之偏差, 有学者指出应公正对待小规模学校, 制定符合国情的小规模学校发展政策, 构建小规模学校发展财政保障机制(雷万鹏, 张雪艳, 2011)。④

(二) 农村小规模学校的师资问题

总体而言, 农村小规模学校教师数量少、年龄大、知识陈旧, 处于青黄不接的状态, 体、音、美等小学科教师尤其短缺(范先佐, 2008)。⑤ 从教师年龄结构看, 年龄超过 50 岁的教师比例, 小规模学校为 35.4%, 非小规模学校为 25.1%; 31 岁以下教师在小规模学校比例为 7.5%, 而在非小规模学校为 13.4%。从学历结构看, 小规模学校中获得本科及以上学历教师的比例仅为 6.6%(雷

---

① 赵丹. 农村教学点: 背景、生存状态与未来发展[J]. 江苏教育研究, 2010(15).

② 赵丹. 适当保留农村教学点的必要性分析——基于中西部六省的调查研究[J]. 上海教育科研, 2008(02).

③ 谭春芳. 大就好吗——美国小规模中小学校(学区)合并问题研究[J]. 外国中小学教育, 2009(02).

④ 雷万鹏, 张雪艳. 论农村小规模学校的分类发展政策[J]. 教育研究与实验, 2011(06).

⑤ 范先佐. 农村学校布局调整与教育的均衡发展[J]. 教育发展研究, 2008(07).

万鹏，张雪艳，2014）。① 此外，90%的小规模学校教师有过代课教师或民办教师历史，他们学历起点低，接受专业培训机会少，接受新事物意识薄弱，职业发展比较缓慢（吕国光，2008）。②

小规模学校教师的生存状况令人担忧，在小规模学校，班师比远高于国家平均水平，教师工作负担重，学习工作和生活条件极端简陋（孙来勤，2010）。③ 有研究者在对中国 21 省份 330 所小规模学校的问卷调查中发现，被调查教师中每天工作时间最长为 17 小时，平均工作时间 9 小时 34 分，平均每位教师要同时讲授 4.19 本教材，90.2%的受访教师表示自己"工作压力较大或很大"。此外，繁重的工作和落后的生活条件使小规模学校教师的职业病发病率较高，其中患颈椎病和腰背痛的教师占受访教师总数的 46.0% 和 43.5%（高政，刘胡权，2014）。④

马克·贝雷认为小规模学校缺乏优秀教师的原因是行政部门在师资配置中没有给予小规模学校公平对待，优秀师资往往被分配给城镇学校，因为那些学校拥有更强的政治影响力，小规模学校作为最弱势的学校无法享受到优惠待遇（Mark Bray，1987）。⑤ 我国学者在实地调研中也发现，县级教育行政部门在"效率至上"的价值观驱动下，对小规模学校的发展持"任其自然消亡"的态度，不给小规模学校分配优秀教师，甚至还用招考的方式将小规模学校仅有的青年教师抽调到县镇学校，导致有能力的教师向大规模学校流

① 雷万鹏，张雪艳. 农村小规模学校的资源配置与运行机制调查[J].人民教育，2014(06).

② 吕国光. 中西部农村小学布局调整及教学点师资调查[J]. 教育与经济，2008(03).

③ 孙来勤. "后普九"时代农村小学教学点边缘化境遇和发展思路[J].当代教育科学，2010(08).

④ 高政，刘胡权. 农村小规模学校教师队伍现状与改进对策[J]. 中国教育学刊，2014(08).

⑤ Bray M. *Are Small Schools the Answer? Cost Effective Strategies for Rural School Provision*[M]. London：Commonwealth Secretariat Publications，Marlborough House，Pall Mall，1987：135-142.

动，进一步加剧了教师资源配置的不均衡（赵丹，闫晓静，2015）。①

落后的办学条件导致小规模学校招不来新教师，政策的歧视又使得小规模学校的大量教师不断流失，形成一种恶性循环。针对小规模学校贫瘠的师资状况，有学者提出要对小规模学校科学定位，以班师比和课程结构为指标制定小规模学校师资配置标准，采取多种激励措施增加小规模学校的师资吸引力，制定更有效率的教师培训政策等几方面对小规模学校的师资发展提供制度性支持（雷万鹏，张雪艳，2012）。② Podgursky 曾指出，收入越高，教师流失率越低（Podgursky，2004）。③ 所以，偏远农村地区的教师工资应由单一工资制向注重激励的教师工资制结构转变。为此，国家应建立农村艰苦边远地区中小学教师特殊津贴制度，并且应根据农村地区的偏远程度、人文环境、经济和财政状况设定一个系数，对那些在地理位置偏僻、自然条件艰苦的农村教师发放特殊津贴，以吸引和稳定优秀教师到该地区任教，保证偏远农村地区的孩子也能享受到较好的教育（范先佐，2014）。④

（三）农村小规模学校的教学问题

由于恶劣的办学环境和匮乏的师资条件，小规模学校的教学质量普遍较低。绝大多数小规模学校"开齐课、开足课"已力不从心，更遑论"开好课"了。实证研究发现，只开设语文和数学课的现象

---

① 赵丹，闫晓静. 农村小规模学校教师资源的现实困境与均衡配置策略——基于河南西部山区两所小学的个案研究[J]. 教育学术月刊，2015（03）.

② 雷万鹏，张雪艳. 农村小规模学校师资配置政策研究[J]. 教育研究与实验，2012（06）.

③ Podgursky M，Monroe R，Watson D. *The academic quality of public school teachers：An analysis of entry and exit behavior*[J]. Economics of Education Review，2004，23（5）：507-518.

④ 范先佐. 关键是要确保教师工资福利待遇的不断提高[J]. 教育与经济，2014（01）.

在小规模学校较为普遍。少数开设了音乐、体育课的小规模学校，也只能提供低水平的教学，如教唱爱国歌曲或流行歌曲、学做广播体操(雷万鹏，张雪艳，2012)。① 有学者对小规模学校和中大规模学校学生的学业成绩进行了数据对比，发现小规模学校学生的学业成绩显著低于中大规模学校，并且显现出学科发展不平衡，应用能力偏弱等特点(刘善槐，史宁中，2011)。②

小规模学校的教学质量难以保障，根本原因还是在教师身上。教师队伍结构失衡、教师资源配置不均衡是小规模学校教学质量缺乏保障的主要原因(吴亚林，2014)。③ 针对小规模学校优秀师资匮乏的问题，各地大多采取了由中心校帮扶小规模学校的措施，采取了"走教"、"送教"、"共同教研"等办法提高小规模学校的教学质量。但因交通不便、补助不到位、教师周转房紧张而令"走教教师"积极性受挫，教师走教也最终流于形式，其政策效果也大打折扣(雷万鹏，张雪艳，2012)。④ 有研究者在对村小、教学点97位骨干教师的访谈中发现，有22%的教师过去三年没有参加任何培训，大多数老师感觉自己教学效果不明显，职业倦怠感强烈(张莉莉，林玲，2014)。⑤ 自身专业发展的局限和外部支持的不力使得小规模学校教师难以跟上国家课程改革和教育发展的新形势，教学效能感下降，产生巨大的挫败感。

有人把小规模学校的教学质量问题很大程度上归结于学校的规

---

① 雷万鹏，张雪艳. 农村小规模学校师资配置政策研究[J]. 教育研究与实验，2012(06).

② 刘善槐，史宁中. 农村小规模学校学生学业成绩问题研究——以西南某县为例[J]. 中国教育学刊，2011(04).

③ 吴亚林. 农村小规模学校的困境与出路——基于湖北省某县的个案分析[J]. 当代教育科学，2014(08).

④ 雷万鹏，张雪艳. 农村小规模学校师资配置政策研究[J]. 教育研究与实验，2012(06).

⑤ 张莉莉，林玲. 城市化进程中乡村教师的境遇：倦怠与坚守——对97位村小、教学点骨干教师的调查[J]. 河北师范大学学报(教育科学版)，2014(01).

模小、学生少所造成的教育资源的匮乏。但也有研究者认为小规模学校的"小"正是其优势所在，理应获得比大规模学校更好的教学效果。英国一些教育学家在 20 世纪 80 年代就曾强调唯有小规模学校才有利于实现众望所归的教育目的——将每名儿童、青少年培养为在道德、情感、智力、创造性、社会性等方面充分且健康发展的"全人"(The Whole Person)。① 从国际小规模学校学生学业成绩研究成果看，小规模学校更有利于学生成绩的提高，小规模学校显示出显著的正面学习影响。② 国内也有学者认为小规模学校因规模小、人员少，师生之间更具凝聚力，教师更易于因材施教，能及时有效地回应个性化需求(雷万鹏，张雪艳，2011)。③ 这样的观点回归了促进学生的个性发展的教育本质，指出了小规模学校有别于工厂式整齐划一的大规模学校所不能比拟的独特优势。

如何发展小规模学校"小"的优势，提升其教学质量，关键在于重新认识和重视复式教学。这种小规模学校所普遍采取的教学形式对教师教学能力要求较高，需要教师掌握科学的复式课堂教学方法，准确把控不同年级学生组成的学习共同体，形成有分有合、有动有静、各得其所、共同受益的教学局面(马培芳，2014)。④ 而复式教学能力正是我们在小规模学校师资培训中所忽视的。另外，信息技术具有多媒化、交互性、开放性等优势，正是辅助教师个别化教学和学生个性化学习的有力武器。在国际经验中，有些国家也对使用信息化手段提升小规模学校的教学质量作出了有益的尝试。澳大利亚在农村教育改革中就通过为学校提供质优价廉的电信网络，

---

① Mary Tasker. *Human Scale Education-History，Values and Practice* [EB/OL].［2018-9-26］. http://www.hse.org.uk.

② John R. Slate，Craig H. Jones. *Effects of School Size：A Review of the Literature with Recommendations* [EB/OL].［2018-9-26］. http://www.usca.edu/Essays/vol132005/slate.pdf.

③ 雷万鹏，张雪艳.论农村小规模学校的分类发展政策[J].教育研究与实验，2011(06).

④ 马培芳.小规模学校不应成为"被忽视的角落"[J].人民教育，2014(04).

为学生配备电脑，利用互联网和卫星提供远程课程等方式有效提升了小规模学校的教学质量。国内关于信息技术促进小规模学校教学质量提升的实证研究较少。信息化环境下，构建什么样的学习模式、实施什么样的教学策略才能有效提升小规模学校的教学效果是本研究所着重关注的问题之一。

(四)农村小规模学校的外部环境问题

对小规模学校的外部环境研究主要集中在两个方面：第一是上级管理者对小规模学校的态度。有学者的研究指出，小规模学校的命运在不同地区呈现巨大差异，有的县市强烈排斥小规模学校，也有少数县市积极对待小规模学校，在这些区域，不仅保留了大量小规模学校，还通过学校之间"强弱捆绑"、"联校走教"及建立跨乡镇的"学区制"等措施支持农村小规模学校的发展(雷万鹏，张雪艳，2011)。① 国际上也有类似的经验，威尔士在面对小规模学校的发展困境时，就采取了联盟学校(federal school)和区域学校(area school)两种方式实现了小规模学校之间的重组，获得了"1+1>2"的效果(Parry，Dorkins&Jones，2005)。② 由此可见，上级管理者是否能够提供一个有利的政策环境对于小规模学校的发展至关重要。第二是小规模学校与社区的关系。从国际上看，小规模学校与社区关系在不同国家表现出显著差异。挪威的小规模学校与社区关系密切并对社区有所贡献；在芬兰，农村社区已经在学校课程设置与开发中占据一席之地；在英格兰，农村学校一直以丰富的活动引领社区发展，并鼓励社区积极扶持学校，学校与社区相互促进共同发展。

在探讨小规模学校发展时不能简单地把学校当成一个封闭的系

---

① 雷万鹏，张雪艳. 论农村小规模学校的分类发展政策[J]. 教育研究与实验，2011(06).

② Kerry Parry，Bob Dorkins，Mr Gareth Davies Jones. *Report on a Visit to a Federated School* [EB/OL]. [2018-9-26]. http://www.gwynedd.gov.uk/upload/public/attachments/808/Appendix_8a.doc.

统，而应该与其所在的社区联系起来。陶行知就曾指出："乡村学校应当做改造乡村生活的中心。乡村学校不应该关起门来办学，办在乡村而与乡村实际完全脱离，而应该与乡村社会建立广泛的联系，应该根据乡村社会发展的需要办学。"①克瓦尔松和哈格里夫斯也认为研究小规模学校与社区关系，要重视哈贝马斯所提出的系统世界和生活世界的二元观点。② 现有研究偏重于前一个视角，即从外部俯视小规模学校和社区关系，关注小规模学校如何克服自身缺陷以达到国家的教育质量标准；而生活世界视角要求充分理解小规模学校师生的第一手生活体验，将学校和社区视为一个舞台，供不同的人在不同的条件、不同的进程、不同的场景中进行日常互动，教育在特定的自然、生产、文化背景中发生。总之，研究者需要充分重视"社区与小规模学校不可分割"这一前提（Kvalsund&Linda Hargreaves，2009）。③

将小规模学校的发展融入整个乡土社会的历史文化脉络中，既可以用丰富的本土文化资源弥补学校自己教育资源的不足，还可以实现学校和村落的互生共赢发展。有研究表明，中国台湾的小规模学校有效地将偏远地区的文化和环境素材融入学校的教育活动中，不仅缓解了偏远学校文化刺激不足的困境，还成功地展现了地方情感、文化认同等城市学校所缺少的独特价值(孙艳霞，2014)。④

我国大部分地区的现实情况却正好相反，在农村学校管理权逐层上移、村落日益衰落的大背景下，小规模学校与社区的关系逐渐隔膜。在"以县为主"的义务教育管理体制下，乡村不再承担本地教育的筹资责任，学校缺乏合法渠道从村社中获得资源。调查显

① 陶行知. 陶行知全集：第二卷［M］. 长沙：湖南教育出版社，1985：336-338.

② 张雪艳. 农村小规模学校发展政策研究［D］. 华中师范大学，2012.

③ Kvalsund R，Hargreaves L. *Reviews of research in rural schools and their communities：Analytical perspectives and a new agenda*［J］. International Journal of Educational Research，2009，48(2).

④ 孙艳霞. 我国台湾小规模学校价值定位与特色发展研究［J］. 课程·教材·教法，2014(09).

示，小规模学校所在村落"零投入"的趋势越来越明显，同时学校与村委会或社区的冲突却频繁发生。有小规模学校教师抱怨村委会只顾发展经济，不愿意投资学校，甚至村委会因觊觎学校的地理位置，鼓动村民向乡镇教育管理者提议"撤掉学校"的事情时有发生（雷万鹏，张雪艳，2014）。①

二、农村教育信息化发展研究

关于农村教育信息化发展的研究集中在两方面，一是在实地调研的基础上评价"农远工程"、"校校通"、"班班通"等农村学校信息化建设工程的实施效果；二是主要从理论上构建农村教育信息化发展的评价指标体系。

（一）农村教育信息化工程的实施效果研究

我国基础教育发展很不均衡，城市与乡村之间、东部和西部之间的差距非常大。近几年，国家把农村基础教育发展置于重中之重的地位，提出以信息化促进基础教育的现代化。通过开展"农远工程"、"校校通"、"班班通"等各种专项项目，推动优质教育资源向农村学校辐射。这些项目开展的效果如何？从相关研究的成果来看，这些项目的效果并不尽如人意。

1. 信息化基础设施薄弱

实施农村教育信息化工程一定程度上改善了农村学校的办学条件，但是城乡学校在硬件设施上仍存在较大差距。有研究者在对安徽阜阳农村学校进行调研后发现，实施"农远工程"后，农村的电脑教室数量有大幅提高，但从生机比看，农村学校只有城市学校的一半（连璞，2010）。② 还有研究者在对浙江台州基础教育信息化调研后发现，从网络开通率、多媒体教室数量两个方面看，农村学校

---

① 雷万鹏，张雪艳. 农村小规模学校的资源配置与运行机制调查[J]. 人民教育，2014（06）.

② 连璞. 农村教育信息化发展难题解析与建议——以安徽省阜阳市为例[J]. 中国电化教育，2010（12）.

和城区学校也都存在显著差距(能才平, 吴瑞华, 2006)。①

2. 优质信息化教学资源匮乏

为解决农村学校优质教育资源短缺问题, 有学者提出"网络支教"的构想, 农村学生通过网络与城区教师"同堂上课"完成师讲生听、师问生答、生问师答、生问生答等全部教学环节, 从而实现优质教育资源对农村学校的覆盖(熊才平, 2012)。② "网络支教"是一个不错的设想, 但是在中国现实环境中, 大多数教育信息化工程存在"重硬件, 轻软件"的建设倾向, 也忽略了农村学校的独特需要和本土化特点, 由此而导致所谓的优质教育资源在实际应用中陷入"水土不服"的尴尬境地(吴霓, 冯雪冰, 2013)。③ 有学者在对甘肃省农村小学信息化资源建设和利用情况调研后发现: 农村学校在资源建设上引进较多, 自主建设较少。此外, 在信息化资源使用上"四脱节"的现象严重: 与教材相脱节, 与教师教学相脱节, 与学生自学相脱节, 与课程改革相脱节。调查还发现, 远程教育资源与教材完全匹配或基本匹配的不多, 教师普遍反映能在课堂上直接使用的优秀资源很少, 许多资源必须经过大幅修改才能使用, 增加了资源应用的难度(焦道利, 张新贤, 2009)。④ 有学者在对农村中小学教师现代远程教育资源应用能力调查研究后发现: 软件资源中优秀教学片和教案比较缺乏, 部分软件资源与教材不配套, 音乐、体育、美术、思想品德及综合实践等课程的软件资源很少, 学校获取的软件资源与教学进度不统一, 软件资源建设没有考虑到城乡差

---

① 熊才平, 吴瑞华. 基础教育信息化城乡均衡发展: 问题与对策——浙江省台州市的实证研究[J]. 教育研究, 2006(03).

② 熊才平. 论信息技术对教育发展的革命性影响[J]. 教育研究, 2012(06).

③ 吴霓, 冯雪冰. 我国农村中小学现代远程教育工程研究的现状及趋势[J]. 江苏师范大学学报(哲学社会科学版), 2013(02).

④ 焦道利, 张新贤. 贫困地区农村小学远程教育教学资源建设与应用的调查研究——以甘肃省榆中县乡镇农村小学为例[J]. 电化教育研究, 2009(01).

异(梁丽，吴长城，2010)。①

3. 教师信息素养薄弱

各种网络交互工具的普及，使得教师可以通过网络形成学习共同体。有研究者探讨了教育博客在提升农村教师教研能力中的作用。研究发现：通过交流、共享和反思，农村教师可接受并内化一些新的教育理念，向城市教师学习新课改的教学方法和教学艺术，促进农村教师的专业发展(熊才平，金美林，2007)。② 但很多研究同时也表明，农村教师普遍专业能力不高，极大地影响了农村学校信息化教学的实施效果。有研究者对农村中小学"班班通"应用现状进行了调研，发现农村教师的信息技术应用水平堪忧。74%的教师不能使用多媒体制作工具制作多媒体素材。在对教师信息技术与学科整合程度进行测量时，相当一部分教师只是把"班班通"设备当做教学用具用来搜集教学信息，或以屏幕代替板书进行演示，只有55%的教师能利用图片视频或动画来创设学习情境，激发学生的思考(杨永双，2010)。③ 有研究者调研发现：农村教师的信息技术知识与能力比较欠缺，大多数教师仍然采用传统的讲授式教学，或简单借助远程教育资源补充课堂讲授内容，缺乏主动挖掘资源优势来改善教学环境的能力。此外在资源的应用方式上，少有教师能自己组织资源为学生构建一些基于问题、基于情景的协作式学习环境(杨永贤，罗瑞，杨晓宏，2009)。④

4. 教师培训效果欠佳

针对农村教师信息技术能力差的问题，教育行政部门也开展了一系列培训，但这些培训的效果同样令人担忧。目前针对农村教师

① 梁丽，吴长城. 宁夏地区农村中小学教师现代远程教育资源应用能力调查研究[J]. 电化教育研究，2010(05).

② 熊才平，金美林. 利用教育 Blog 实现城乡之间教师协同发展研究[J]. 中国电化教育，2007(01).

③ 杨永双. 农村中小学"班班通"应用现状的调查与分析——以重庆市武隆县为例[J]. 中国电化教育，2010(09).

④ 杨永贤，罗瑞，杨晓宏. 宁夏南部山区农村中小学现代远程教育资源教学应用调查[J]. 电化教育研究，2009(06)：93-95.

的信息技术能力培训内容以"城市取向"为主，大多采用集中短期培训方式，部分针对农村教师的技术类培训内容与其实际工作需求相差甚远。有学者指出现有农村教师信息化教学能力培训存在四个问题：一是培训内容组织不合理，69.9%的培训计划都是在不了解教师需求的情况下制定的，由此造成培训内容与实际需求脱节。二是培训的模式和方法单一，培训主要采用传统的课堂教学形式培训，没有考虑到教师作为成人的学习特点，忽视了他们的个性、主动性、创造性和差异性。三是培训受益面有限，培训远远不能满足教师们的需求，一方面教师们对培训"望眼欲穿"，另一方面针对信息化教学的培训太少。四是培训缺乏连续性，只有8.6%的学校制定的培训计划是长期的，教师培训计划的落实情况也不容乐观，许多学校制定教师培训计划只是为了应付上级的检查（李娟，张家铭，2011）。[1]

（二）农村教育信息化发展的评价指标研究

国内外研究者对于应该从哪些方面评价教育信息化发展的问题进行了多角度的分析和探讨。由国际电信联盟（ITU）、经济合作发展组织、联合国贸易发展论坛（UNCTAD）、联合国教科文组织、世界银行等十余机构组成的"ICT促发展伙伴关系"联盟发布的"教育中的ICT核心指标"从影响、投入、ICT在教育中的运用情况以及规划四个方面来评价教育信息化的发展程度（Trucano，2005）。[2]欧洲委员会教育视听文化执行署（EACEA）于2010年发布的欧洲中小学ICT应用监控的研究报告是从学生学习机会、学生能力和态度、教学法、教师培训、学校领导力五个维度进行评价（EACEA，2010）。美国教育技术CEO论坛开发了衡量地区和学校信息化发展水平的STaR（School Technology and Readiness）评估体系，包含四大

---

① 李娟，张家铭. 甘肃省农村中小学教师信息化教学能力发展策略研究[J]. 电化教育研究，2011（07）.

② Trucano M. *Knowledge Maps：ICTs in Education*[M]. Washington，DC：Infodev/World Bank，2005.

维度：硬件和网络连通性、教师专业发展、数字化资源、学生成就和考核。① 英国教育部 2010 年发布的学校信息化自我评估指标 SRF(The Self-review Framework)包含六个维度：领导和管理、规划、学习、ICT 能力评价、专业发展、资源(BECTA，2011)。国内研究者对教育信息化发展评价指标的研究也取得了一些成果。有研究者从教育信息化的内涵出发构建了包括基础设施、信息资源、教育网站、现代远程教育、应用系统、信息技术教育、人才队伍、组织机构、经费投入和综合管理在内的多维度综合评估体系(孔繁世，2003)；② 有研究者认为应从设施、资源、素养、应用、管理五方面进行评估(王珠珠，2005)③；有研究者从义务教育均衡性发展的角度出发构建了投入均衡、基础设施均衡、应用水平均衡、人才培养均衡的信息化均衡评估体系(李葆萍，2012)。④

针对我国农村教育信息化发展指标的探讨大多是在上述研究成果的框架内所作的细化和微调。在此基础上，有些研究者立足于田野研究，对不同类型、不同层次的农村学校的信息化发展现状作了实地调研和评价。如冉新义等 2005 年对定西市农村地区教育信息化环境建设的调查；⑤ 王怀武等 2008 年对甘肃农村中小学信息化建设的调查；⑥ 梁丽等 2010 年对宁夏农村中小学远程教育资源应

① 汪琼，陈瑞江，刘娜，等. STaR 评估与教育信息化研究[J]. 开放教育研究，2004(04).

② 孔繁世. 教育信息化综合评估考核指标体系构建研究[J]. 郑州大学学报(哲学社会科学版)，2003(01).

③ 王珠珠. 中小学教育信息化建设与应用状况的调查研究报告(上)[J]. 中国电化教育，2005(10).

④ 李葆萍. 我国义务教育信息化均衡性评价指标体系的构建及应用[J]. 现代远程教育研究，2012(05).

⑤ 冉新义，杨改学. 贫困地区教育信息化环境建设的调查与分析[J]. 中国远程教育，2005(11).

⑥ 王怀武，张榕玲，郭朝明，等. 甘肃农村教育信息化建设之对策分析[J]. 电化教育研究，2008(09).

用的调查;① 张倩苇等 2012 年对贵州边远农村地区教育信息化发展水平的调查;② 高方银等 2015 年对贵州遵义 5 个县农村学校教育信息化建设应用现状的调查等。③

通过对国内外教育信息化发展评价指标研究的整理,我们不难发现,大部分教育信息化发展的评价指标体系中涵盖了资源、师资、应用、管理四个评价维度(表 1-1)。从这四个方面可以较为全面地了解一个学校的信息化发展水平。此外,一些研究还考虑到农村小规模学校处在农村教育系统的最底端,往往附属于中心小学(或中心学校),在人事、经费、设施、管理等方面都无自主权。小规模学校的信息化发展除了受其内部各项因素的影响外,也和外部教育生态环境有着紧密的联系。在整个农村教育生态系统中,中心小学、农村社区、电教部门等是否能为小规模学校信息化发展提供支持与保障,在很大程度上也决定了小规模学校信息化发展的成效。综上所述,本研究将从资源配置、教师队伍、教学应用、外部生态四个维度分析小规模学校信息化发展的现状、问题、原因、对策(图 1-3)。

表 1-1　　　"教育信息化发展评价指标"研究的维度比较

相关研究	核心指标体系	评价维度			
		资源	师资	应用	管理
国际电信联盟等 ICT 核心指标	影响;投入;ICT 在教育中的运用情况;规划	✓	✓	✓	×

① 梁丽,吴长城. 宁夏地区农村中小学教师现代远程教育资源应用能力调查研究[J]. 电化教育研究, 2010(05).

② 张倩苇,王咸伟,胡小勇,等. 贵州边远地区农村教育信息化发展的阶段性特征与政策选择[J]. 电化教育研究, 2012(11).

③ 高方银,余新. 偏远少数民族地区区域性教育信息化建设应用现状调查分析——基于贵州省遵义市 5 个县(区、市)的问卷调查[J]. 中国教育信息化, 2015(03).

续表

相关研究	核心指标体系	评价维度			
		资源	师资	应用	管理
EACEA 评价指标体系	学生学习机会；学生能力和态度；教学法；教师培训；学校领导力	×	✓	✓	✓
美国 STaR 评估指标	硬件和网络连通性；教师专业发展；数字化资源；学生成就和考核	✓	✓	✓	×
英国学校信息化 SRF 指标	领导和管理；规划；学习；ICT 能力评价；专业发展；资源	✓	✓	✓	✓
孔繁世，2003	基础设施；信息资源；教育网站；现代远程教育；应用系统；信息技术教育；人才队伍；组织机构；经费投入；综合管理	✓	✓	✓	✓
王珠珠，2005	设施；资源；素养；应用；管理	✓	✓	✓	✓
李葆萍，2012	投入均衡；基础设施均衡、应用水平均衡；人才培养均衡	✓	✓	×	×
吴砥，2014	基础设施；数字教育资源；教与学应用；管理信息化；保障机制	✓	✓	✓	✓
解月光，2015	信息化基础设施建设；信息化资源建设；信息化保障建设；信息化应用；信息化主题发展	✓	✓	✓	✓

三、对现有研究的评述

现有研究对农村小规模学校的生存状况及发展困境进行了卓有

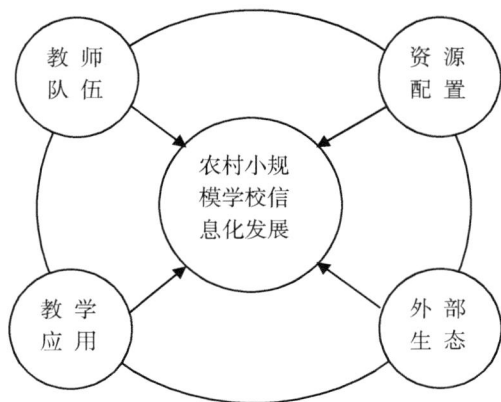

图 1-3 农村小规模学校信息化发展的评价维度

成效的探讨，对农村教育信息化工程实施现状及面临的困境也进行了总结和分析。但是在肯定研究成就的同时，我们也应该看到当前研究存在着的问题与不足。

第一，农村小规模学校的信息化发展问题尚未引起研究者足够的重视。在国家高度重视教育均衡发展，高度重视城乡教育一体化发展的背景下，利用信息化手段促进小规模学校的发展这一重大议题却没有引起研究者的足够重视。现有研究中，关于小规模学校发展的研究鲜有提及信息化发展问题。而关于农村教育信息化发展的研究又大多以中大规模学校为对象或笼统地把农村学校整体作为研究对象，没有考虑到各种不同类型农村学校之间所存在的差异，尤其是没有聚焦到小规模学校这一独特对象。小规模学校处在农村教育系统的最底端，其信息化发展在资源投入，师资配置，管理机制方面都有着不同于其他学校的特性，简单套用现有的农村教育信息化理论难免会掩盖很多实际问题，必须进行理论创新。

第二，理论与实践脱节。部分研究者热衷于提出各种各样新的理论模式，但对于这些"新技术"和"新做法"是否适合中国农村教育的现实条件，是否满足各类农村学校的实际需求，是否具有较高的社会经济效益却缺乏实证研究。很多农村教育信息化论断只是

"纸上谈兵"，无法进一步推动农村小规模学校的信息化发展。

第三，研究的偏向性明显。从本研究所建构的农村小规模学校信息化发展评价的四个维度来看，现有研究中在对农村学校信息化发展现状进行调研和评价时带有很强的偏向性，"重硬轻软"，"重物轻人"，"重投入轻应用"。大部分研究重点关注的是软硬件资源配置和师资状况，喜欢测量"投入型指标"，如"生机比"、"建网率"、"电子课本数"等"硬性"数据，而对于资源应用效能和信息化管理机制等"软性"因素的关注较少。

第四，研究的视角单一。现有研究大多将农村小规模学校看成一个封闭的教育系统，没有考虑到学校所处的外部农村教育生态。实际上，我们应在乡土社会的情景脉络中构筑学校与外部环境的有效互动机制，让学校回归生活、融入生活。以乡土为根，从乡土社会中汲取营养，谋求学校组织结构与文化、教师专业、教学模式、课程开发模式的深刻变革。只有依托农村本土资源，开发地方化教育资源，小规模学校方能担负起传承乡土文化、促进社区发展、实现学校和村落互融共生的目标，由此才能实现小规模学校信息化建设的可持续发展。

当前农村学校信息化建设中的诸多问题正是因为我们简单化、单一化地对待农村教育信息化的发展，把发展的重心放在了技术层面，忽视教育基本规律，技术与教育实践相互脱节。这样的发展倾向导致农村学校信息化建设与应用全面失衡，造成了巨大的投资浪费。要想突破这个发展瓶颈，就必须从系统观、生态观的角度对教育信息化的发展内涵进行思考，构建出和谐的农村教育信息化发展生态。所以，本研究对农村小规模学校信息化发展状况的调查和研究既是在学校信息化发展的内部生态系统中，探寻信息化资源配置、信息化教师队伍、信息化应用效能等各种因素对学校整体信息化发展水平的影响；同时也将小规模学校放置在包含学校联合体、农村社区、地方教育、第三方社会机构等大的教育生态系统中进行整体考量，探讨外部支持因素与学校内部因素的相互作用和效果。唯有从整个农村教育生态上通盘考虑才能真实还原小规模学校信息化发展的全貌，才能立足于多元化、差异化的乡村教育发展实际，才能从"需求本位"、"教育本位"思考小规模学校发展的现实困境与内在需求，才能最终求得信息技术在中国乡村学校"落地生根"的路径与模式。

第五节 理 论 基 础

一、教育公平理论

教育公平理论的核心问题是教育公平的内涵，国内外学者从不同理论视角对教育公平的实质内涵进行了界定。瑞典教育家胡森将教育公平理解为教育机会均等，"均等"包括教育起点的均等、教育过程的均等以及教育目标的均等。美国教育家科尔曼（Coleman）也认为教育公平的实质是教育机会的均等，但是他同时也认为教育的机会均等"只可能是一种接近，而永远不可能实现"。国内研究者大多以"公平"或与公平相关的"公正"、"平等"、"合理"等范畴来解释或界定教育公平问题。① 杨东平认为教育公平是"社会公平价值在教育领域的延伸和体现，包括教育权利平等和教育机会均等这样两个基本方面"。② 钱志亮认为教育公平是"公民能够自由平等分享当时、当地公共教育资源的状态"。③ 郭元祥认为教育公平是"教育活动中对待每个教育对象评价的公平或教育对待现象和评价对象的合情合理"。④

在对教育公平理论的研究中，美国哲学家约翰·罗尔斯（John Rawls）的正义观对我国学者的影响较大。在他的正义观里，所有的社会价值——自由和机会、收入和财富，以及自尊的基础——都应

---

① 张人杰. 国外教育社会学基本文选[M]. 上海：华东师范大学出版社，1989：212-219.
② 杨东平. 对我国教育公平问题的认识和思考[J]. 教育发展研究，2000（08）.
③ 钱志亮. 社会转型时期的教育公平问题——中国教育学会中青年教育理论工作者专业委员会第十次年会综述[J]. 教育理论与实践，2001（02）.
④ 郭元祥. 对教育公平问题的理论思考[J]. 教育研究，2000（03）.

该平等地分配，除非所有这些价值或其中任何一种价值的不平等分配有利于每一个人。① 罗尔斯并不否认人类社会从来都充满了不平等，但不平等不一定代表不公平。正义往往意味着差别的对待，正如两千多年前亚里士多德所说："对相同者采取均等的对待和对不相同者采取不均等的对待都是正义的。"②那么在社会分配中，如何解决人们的利益冲突呢？为此罗尔斯构建出了著名的两大正义原则：第一个原则，每个人对与其他人所拥有的最广泛的平等基本自由体系相容的类似自由体系都应有一种平等的权利(平等的自由原则)；第二个原则，社会和经济的不平等应这样安排，使它们所依系的地位和职务向所有人开放(公平的机会均等原则)，并且被合理地期望适合于每一个人的利益(差别原则)。③

从罗尔斯的正义原则出发，教育公平的内涵可以分为三个层次：第一，保障每个人的基本受教育权；第二，为每个人提供均等的受教育的机会和条件；第三，对教育弱势群体提供差异化的补偿，以保证教育效果的相对均等。也有人将这三个层次概括为：起点公平、过程公平和结果公平。

教育公平理论为本研究提供了重要的理论支撑。农村小规模学校的信息化发展问题是中国城乡教育公平问题的一个缩影。长期以来，政府一直试图用电脑设备去弥补农村学校师资力量的不足，用数字化课程去补充农村学校贫瘠的教育资源，用网络拉近农村学校与城市学校的距离。种种做法的成效到底如何需要我们以教育公平原则为标尺进行全面而深入的分析。从教育公平的视角出发，本研究有三个关键问题需要探讨。第一，现阶段小规模学校信息化发展水平能否保障小规模学校学生的基本受教育权。第二，小规模学校在信息化硬件资源和软件资源的建设和使用上都力图向城市学校

① 约翰·罗尔斯. 正义论[M]. 北京：中国社会科学出版社，2009：55-67.

② 钟景迅，曾荣光. 从分配正义到关系正义——西方教育公平探讨的新视角[J]. 清华大学教育研究，2009(05).

③ 约翰·罗尔斯. 正义论[M]. 北京：中国社会科学出版社，2009：69-73.

"看齐",这样的发展思路是否能提供小规模学校学生和城市学校学生均等的教育机会。第三,小规模学校大多地处偏远山区,远离城镇中心,经济条件处于极端弱势的地位。在这些学校就读的农村儿童处在主流社会遗忘的角落,家庭贫困,亲情缺失,种种情况都表明了小规模学校在教育资源分配中极端不利的地位,现行的小规模学校信息化发展相关政策是否真正实现了对这一教育弱势群体的差异化补偿作用,或者像某些研究者所担忧的那样,城乡教育的信息化差距反而会越拉越大。

二、教育生态理论

教育生态学(Educationnal Ecology)是教育学和生态学相互渗透的结果。生态学是"研究有机体同周围环境之间相互关系的科学"。① 其核心概念是生态系统和生态平衡。生态系统是指一定地域(或空间)内生存的所有生物与环境相互作用的具有能量转换、物质循环代谢和信息传递功能的统一体。生态平衡是指一定时间内生态系统中的生物与环境之间、生物各个种群之间,通过能量流动、物质循环和信息传递所达到的高度适应、协调和统一的状态。生态系统要达到生态平衡,必须强调系统中各生态因子之间的相互联系、相互作用和功能上的统一。另外,我们要注意到这种统一是一种动态的平衡,生态系统正是在平衡—不平衡—平衡的不断演化中得以发挥更高效的功能和取得更好的生态效益。

受生态学的系统观、全面观、联系观和动态观的影响,教育学家开始把注意力从学生个人经历和学习成就转移到构成学生发展的教育环境的一系列因素上。在此背景下,美国教育家克雷明(Cremin)1976年在《公共教育》一书中最早提出"教育生态学"这一术语,并指出以生态学理论指导教育政策必须具备三种思考方式:全面地思考(think comprehensively)、有联系地思考(think

---

① Hawley A H. *Human Ecology: A Theory of Community Structure* [M]. New York: Ronald Press, 1950: 136-154.

relationally)、公开地思考(think publicly)。① 1977 年，英国教育家
埃格尔斯顿也出版了专著《学校生态学》，重点研究了教育资源的
分布。② 国内对教育生态学的研究起步较晚，其中比较著名的两本
著作分别是吴鼎福 1999 年出版的我国第一本《教育生态学》和范国
睿 1999 年出版的《教育生态学》。吴鼎福对教育生态学的定义是：
"研究教育与其周围生态环境(包括自然的，社会的，规范的，生
理心理的)之间相互作用的规律和机理。"③范国睿进一步指出教育
生态学研究的两个层次："教育生态学在宏观上要研究教育与各种
自然生态环境、社会生态环境以及规范生态环境要素之间的相互影
响、相互作用的关系；在微观上要探讨教育生态系统内部影响教育
教学活动开展和学生身心发展的各种生态要素。"④

　　从教育生态学的相关理论视角来看当前小规模学校信息化发展
的困境，可以发现正是由于我们片面地凸显了某些资源要素的作
用，"头痛医头，脚痛医脚"，忽视了农村教育生态的整体效应，
让学校"戴着镣铐舞蹈"；也没有考虑不同相关主体的利益需求，
简单地以"城市复制农村"，种种做法让小规模学校信息化发展陷
入生态失衡的尴尬境地。教育生态学理论为本研究提供了可供借鉴
的理论分析框架。小规模学校信息化发展的现状、问题、对策可以
从内外两个层次进行研究。小规模学校处在复杂的自然环境、社会
环境、规范环境中，与中心学校、农村社区、电教主管部门及其他
第三方社会机构相互联系。同时，小规模学校的信息化发展又被硬
件设施、课程资源、师资结构、管理机制等各种内部生态因子交互
影响。在外部生态系统中，我们需要研究外部生态环境是否给予小
规模学校信息化发展足够的资源保障和发展空间；在内部生态系统
中，我们需要研究各种资源要素的相互作用机理和优化配置策略。
只有全面地、系统地、联系地考虑影响小规模学校信息化发展的各

---

① Cremin L A. *Public Education*[M]. New York：Basic books，1976.
② 范国睿. 教育生态学[M]. 北京：人民教育出版社，2000：63-71.
③ 吴鼎福. 教育生态学[M]. 南京：江苏教育出版社，2000：56-57.
④ 范国睿. 教育生态学[M]. 北京：人民教育出版社，2000：113-119.

项影响因素，才能反映小规模学校信息化发展的真实全貌，才能凸显小规模学校信息化发展的深层次问题，才能从体制机制上优化小规模学校信息化发展的政策路径。

第二章 研 究 设 计

本章介绍了所采用的研究方法以及研究思路，对调研数据的来源进行了说明，对调研样本的特征进行了初步分析。

第一节 研究方法与研究思路

一、研究方法

本研究主要采用量化研究和质化研究相结合的混合研究范式。从研究内容上看，量化研究与质化研究的各自优势适用于本研究聚焦的若干重要议题。

量化研究的应用主要是根据实地调研数据，探讨农村小规模学校信息化发展的现状和问题，分析小规模学校信息化发展的实质需求。以问卷调查的方式对小规模学校信息化设施建设状况、信息化师资配置水平、信息化资源应用现状、信息化管理机制等进行实证调查。

根据质化研究的特点和优势，本研究主要在下述几方面运用质化研究：提供相关行动者如管理者、教师、学生、家长、社区代表等个人对小规模学校信息化发展的观点与阐释，多维度检视小规模学校发展状况；总结典型案例学校的信息化发展特点和优势，对比不同个案小规模学校的差异；分析小规模学校信息化发展与学校、社区、教育主管部门之间的关系，探索小规模学校与外部教育生态环境相互促进、共赢发展的条件。

本研究在资料收集和分析中具体采用的研究方法主要有：文献法、问卷调查法、访谈法、个案研究法、比较研究法。

(一) 文献法

本研究主要涉及运用文献法收集三种类型的材料。

一是通过图书馆、专业学术网站等途径广泛收集国内外与本研究有关的学术研究成果，包括专业书籍、期刊论文、会议论文、硕博士毕业论文等。通过对现有研究文献的整理与总结，笔者可以把握该研究领域的最新研究动态，收集可供借鉴的学术观点与案例数据，并以此来找准本研究的切入点和设计研究计划。

二是通过期刊报纸、网络资料等渠道收集相关的政策文本。这些政策文本既包括宏观层面的我国教育信息化发展的指导性文件，如《国家中长期教育改革和发展规划纲要（2010—2020 年）》、《教育信息化十年发展规划（2010—2020）》等，也包括直接指向农村小规模学校信息化建设的项目文件，如各省"教学点数字教育资源全覆盖"项目的实施办法，还包括其中有涉及农村小规模学校信息化发展问题相关内容的政策文件，如《农村薄弱学校改造计划》《农村义务教育学校标准化建设工程》。通过对这些政策文本的梳理可以更加全面地了解我国农村学校尤其是农村小规模学校信息化发展的阶段和层次，避免某些个案和数据的"一叶障目"。同时，对政策文本的分析还可以探究政府对农村小规模学校信息化发展的态度和期许，对比具体政策执行的效果，为研究最终得出有价值、有可行性的政策建议提供帮助。

三是通过查询国家宏观的教育统计资料以及实地调研获取当地教育统计数据等方式搜集我国农村地区有关师资、财政、信息化投入方面的量化数据，如《中国教育统计年鉴》《全国教育事业发展统计公报》《湖北教育年鉴》等。这些数据一方面可以与本研究的一手数据进行相互验证和对比，另一方面也可以在一定程度上弥补本研究问卷数据中的缺漏和不足，提高研究的信度和效度。

(二) 问卷调查法

问卷调查法是本研究的核心研究方法。通过问卷调查的方式，笔者收集了大量来自农村教育一线的宝贵数据，为本研究提供了坚实的事实基础。为了保证研究工具的效度，本研究的调查问卷在正式投入使用前经过了几次小范围的预调研。每次预调研前后都会咨询相关领域专家和被试者的意见，在此基础上对问卷的题目设计、结构安排以及文字表述进行多次修改并最终确定。

在具体调研过程中，本研究通过分层抽样的方式在湖北省选取了样本学校 95 所并发放调查问卷。调研学校主要是农村小规模学校，同时也包括一些农村中大规模学校（乡镇中心小学，村级完全小学）和城市小学。选取三个层次的学校进行问卷调研，其目的在于希望通过不同层次学校之间的差距更好地描述农村小规模学校信息化建设的现状，更好地凸显农村小规模学校信息化发展的现实困境。

具体的调查问卷分为校长卷和教师卷两种，面向所有样本学校的校长和老师。校长卷主要用于了解学校信息化发展的基本状况，获取包括学校信息化经费的总量、结构、使用情况和来源渠道；教师的数量、学科分布、培训情况；信息化硬件设备的数量、类型、配置情况；信息化课程资源的数量、种类、来源、使用情况；信息化教学的开展状况及应用效果；信息化管理的规章制度，发展规划等方面的数据。同时，校长卷也会通过校长这一维度了解学校管理者对学校信息化发展的意见和态度，对学校信息化教学改革的经验或疑惑，以此来支撑本研究的部分观点。教师卷主要用于了解教师的性别、年龄、职称、文化程度、专业背景等个人基本特征，还包括教师信息技术能力水平、教师使用信息化设备的状况、教师应用信息化课程资源的情况、教师信息化授课的频率、教师对信息化教学的效果评价等多方面的情况。

（三）访谈法

本研究在实地调研中通过面对面访谈的方式获取各个群体对农村小规模学校信息化发展的真实看法和利益诉求，获取了大量鲜活的一手资料。访谈对象主要包括：教育主管部门相关人员（主要是教育局计财科、项目办、装备站等部门的工作人员以及乡镇中心学校的负责人）、乡镇中心小学校长、小规模学校的校长、老师及部分学生。对教育主管部门相关人员的访谈主要是收集本地区小规模学校信息化发展的整体数据，了解相关的政策方针及管理机制，获取上级管理者对小规模学校信息化发展的真实态度和政策建议。对乡镇中心小学校长的访谈重点了解中心小学对小规模学校经费管理、教师输送、设备共享、教学合作的真实状况，廓清中心小学对小规模学校的信息化发展所起到的正面影响或负面影响。对小规模学校校长、教师、学生的访谈主要用于掌握学校信息化教学的实际运行状态，收集教师在信息化教学设备操作和信息化课程资源应用中存在的实际问题，了解学生对于信息化教学方式的接受程度及学习效果。

我们根据研究计划和实际条件设置了访谈的人数计划和形式安排。每个区县的教育局访谈工作人员 3~5 名，主要采取小型座谈会的形式进行；每个乡镇中心学校访谈管理人员 1~2 名，主要采取一对一的个别访谈；每个乡镇中心小学访谈校长 1 名，主要采取一对一的个别访谈。小规模学校的情况较为复杂，有的小规模学校人数较多，机构相对完整；有的小规模学校却是"一师一校"型；有的小规模学校还保持着独立学校的属性，设置了校长，有的小规模学校则完全成为了其他学校的"教学点"，连名义上的负责人都没有，所以我们对小规模学校的访谈采取了相对灵活的方式，在实地调研走访过程中依据每所小规模学校的实际情况进行随机采访。设置了校长的小规模学校访谈校长 1 名，教师 1~2 位，没有设置校长的小规模学校访谈教师 1~3 位。由于小规模学校的学生大多是学前和小学一至三年级的幼童，不具备良好的表达和沟通能力。所以我们对学生的访谈主要采取非正式的方式在实地调研的间隙随机进行，同时配合观察法来获取学生信息化学习的真实状况。

通过访谈法所获取到的一手资料既是对问卷数据的补充，也在很大程度上纠正量化数据对现实状况的部分偏离，最大限度地还原农村小规模学校信息化发展的真实境况。

(四)个案研究法

本研究选择有代表性的个案学校、个案乡镇和个案区县，对小规模学校信息化发展的实际运行过程进行调研和评估，并收集小规模学校信息化教学质量提升的典型案例，分析其优劣、可操作性及

45

推广价值。个案研究将综合运用观察、访谈、文本分析等质性研究方法，从横向差异与纵向追踪视角评价各地农村小规模学校信息化发展模式的异同、存在的问题与有益经验。

(五) 比较研究法

本研究从比较视野搜集美国、英国、澳大利亚、日本、韩国、中国台湾等地农村小规模学校信息化发展的实例，比较其运行模式和教育政策的异同，为推进我国农村小规模学校信息化发展提供决策参考。

二、研究思路

本研究遵循以问题为导向来寻找理论支撑，选择研究方法，开展研究，最终得出结论。

具体的研究流程包括三个阶段：

前期准备阶段：论文的前期准备工作一方面是相关研究文献和政策文本的收集和整理，另一方面是跟随导师的课题组到湖北红安、英山、丹江口、通山等地进行农村教育发展的相关调研活动。通过对相关研究现状的分析和对农村教育发展现实情况的初步把握，明晰了本研究的具体问题，找准了研究的切入点，并为研究工具的设计奠定了基础。

中期调研阶段：论文绝大部分调研数据来自中期调研阶段。整个调研分为预调研和正式调研两个过程。在预调研阶段，笔者设计完成了调查问卷的初稿，并于 2015 年 9 月在湖北省英山县和武穴市两地选取了部分学校进行预调研。通过这次预调研的数据反馈，笔者对调查问卷进行了修改和调整，并咨询了导师和相关领域专家的意见，最终确定了调研问卷的正式稿。在正式调研阶段，笔者选取了湖北省八个地区的近百所学校展开了问卷的发放和收集工作，并于 2015 年 12 月底顺利完成。

后期完成阶段：论文的完成阶段采用了定量分析和定性分析相结合的方法对调研数据进行整理、统计和分析，并在此基础上完成整篇论文的写作。

本研究的研究流程图如图 2-1 所示：

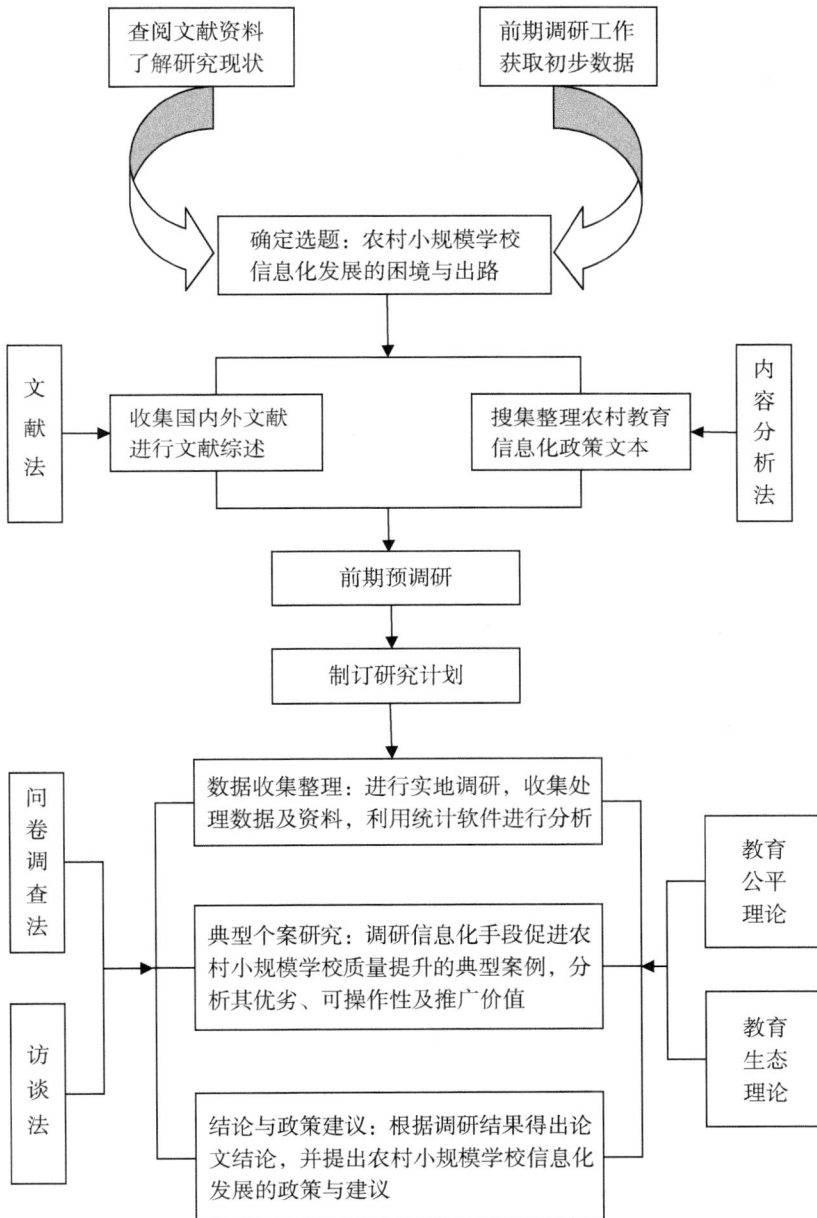

图 2-1 研究流程图

第二节 数 据 来 源

本研究在调研中获取了大量的一手数据，既包括准确反映农村小规模学校信息化发展基本现状的量化数据，也包括生动描述个案小规模学校信息化教学运行特色的质化数据。这些数据共同构成了本研究坚实的事实基础。

一、量化数据来源

本研究的量化数据主要来源于笔者于2015年到2017年对湖北省8个地区的18个区县35个乡镇95所学校的校长和老师进行的大规模问卷调查。整个调研过程共发放问卷1200份（教师卷1100份和校长卷100份），共回收有效问卷1084份（教师卷991份和校长卷93份），有效问卷回收率为90.3%。

在调研区域样本的选择上，一方面考虑了地区经济发展水平的差异，既选择了经济较发达的地区，如鄂州市和襄阳市（两地2015年的地区人均GDP在湖北省17个地区中分别排名第3、第4位），也选择经济发展程度适中的地区，如黄石市和咸宁市（两地2015年的地区人均GDP在湖北省17个地区中分别排名第7、第9位），还选择了经济较为落后的地区，如黄冈市和恩施州（两地2015年的地区人均GDP在湖北省17个地区中排在最后两名）；另一方面，调研区域样本也纳入了湖北省农村教育信息化发展较有特色的部分城市，如国家教育信息化试点城市（十堰市、丹江口市）和湖北省教育信息化"联校网教"特色项目城市（咸宁市），以便于收集信息技术促进农村薄弱学校发展的典型数据和案例。此外，8个调研区域样本中的大部分区域（十堰、襄阳、咸宁、黄冈、黄石）是笔者此前跟随导师课题组调研过的区域。笔者对这些地区的农村教育信息化发展情况已经有大致的了解，再次选择这些地区可以保证本次大规模实证调研的信度和延续性。

在调研学校样本的选择上，本研究选取了三个层次的学校发放调查问卷：农村小规模学校、农村中大规模学校和城市学校。农村小规模学校是本书的主要研究对象，主要包括教学点和村级非完全小学，一共调研了61所。在当下的农村教育管理体制下，绝大部分农村小规模学校高度依附于邻近的乡镇中心小学或者规模较大的村级完全小学，这些学校在本研究中统称为农村中大规模学校。农村小规模学校的信息化建设与信息化教学都与其所隶属的农村中大规模学校有着千丝万缕的联系。所以，本研究把农村中大规模学校也列为研究对象之一，共调研了25所(学校样本分布如表2-1所示)。此外，作为农村小规模学校信息化发展的对比参照物，本研究还调研了9所城市学校。

表2-1 农村学校样本分布

地区	市(县区)	乡镇	农村学校样本
十堰市	丹江口市	龙山镇	龙山九年一贯制学校 耿家垭小学
		石鼓镇	石鼓镇中心小学 石鼓林教学点 熊家庄教学点
	郧阳区	刘洞镇	刘洞中心小学 杨河教学点 鹁鸽教学点
		杨溪铺镇	关门山教学点 大洼教学点
咸宁市	通山县	通羊镇	通羊镇中心小学 李渡希望小学
		大路乡	大路中心小学 山口小学 杨城山教学点
	通城县	隽水镇	隽水小学 九宫小学
		大坪镇	大坪小学 达丰小学

续表

地区	市(县区)	乡镇	农村学校样本
襄阳市	南漳县	武安镇	清泉中心小学 安乐堰村教学点 夏家湾教学点 马家营教学点
		涌泉镇	涌泉完全小学 木林教学点
	襄城区	城关镇	杨林教学点
		卧龙镇	鄢州村横岭教学点
	襄州区	黄集镇	黄集镇中心小学 秦家小学 马集小学
	老河口市	光化镇	柳树湖小学
		李楼镇	方营教学点
黄石市	阳新县	浮屠镇	进中小学 下李小学
		富池镇	大雅教学点 小雅教学点
		陶港镇	五马教学点 五龙教学点
鄂州市	鄂城区	泽林镇	泽林小学 楼下小学

地区	市（县区）	乡镇	农村学校样本
黄冈市	黄州区	路口镇	路口小学 南湖教学点 丁甲小学 祠岗小学
		陶店乡	陶店中心小学 小汊湖小学
	团风县	上巴河镇	上巴河小学 标云岗小学 宋家凉亭小学
		马曹庙镇	马曹庙小学 百福寺小学 薛坳小学
		但店乡	夏铺河小学 贺坳小学
		总路咀镇	总路咀中心小学 神树铺小学 宋家坳小学
		方高坪镇	方高坪小学
	武穴市	四望镇	四望中心小学 陶墩小学 启元小学 刘寿小学 周笃教学点 三田小学 栗木小学
	红安县	城关镇	贺家咀小学 贺家咀教学点 全乐小学 易杨家小学 联合教学点 祠堂口小学 李义店小学
		七里坪镇	典明小学

续表

地区	市(县区)	乡镇	农村学校样本
荆门市	东宝区	牌楼镇	牌楼镇中心小学 新生小学 泗水桥小学
		子陵镇	八角小学 新桥小学
恩施州	恩施市	芭蕉侗族乡	南河教学点 大鱼龙小学
	利川市	凉雾乡	武陵教学点 白果树小学 陶家沟教学点
	咸丰县	高乐山镇	老寨教学点 寺庙教学点
		清坪镇	泗坝教学点

在校长样本的选择上，原则上每所被调研学校发放一张校长问卷。在实地调研过程中，有部分农村小规模学校实质上是邻近中心小学的教学点，并没有设置校长。这部分小规模学校的校长问卷由学校名义上的负责人或者骨干教师代为填写。整个调研过程共发放校长问卷100份，回收有效问卷93份，有效问卷回收率93%。

在教师样本的选择上，每所城市学校随机抽取20名教师发放问卷，每所农村中大规模学校随机抽取20名教师发放问卷，每所农村小规模学校依照学校教师实际人数确定问卷数量。最后，共发放教师卷1100份，回收有效问卷991份，有效问卷回收率90.1%

二、质化数据来源

本研究的质化数据大部分来源于笔者2015年至2017年在湖北省8个地区的18个区县35个乡镇的调研中所搜集到的访谈资料。

访谈对象包括部分区县教育局的管理人员、乡镇中心学校的负责人、乡镇中心小学校长、小规模学校的校长和老师及部分学生，共352人。这些访谈为本研究提供了大量有关农村小规模学校信息化发展的鲜活案例和一手资料。

此外，笔者在读博期间多次跟随导师的课题组调查走访各地农村教育部门及农村学校。其中包括 2013 年 9 月至 2013 年 12 月对湖北、河南、江西 3 省 12 区县农村中小规模学校发展现状的调研；2014 年 5 月至 2014 年 7 月对湖北省宜昌、咸宁、黄冈、十堰、襄阳 5 市 12 县农村教学点恢复重建的调研；2014 年 9 月至 2015 年 1 月对湖北省红安、英山、公安、郧西、通山、崇阳六县"教学点数字教育资源全覆盖"项目实施情况的调研。这些调研中收集到的政策文本、调研笔记、访谈录音、教学视频也为本研究提供了一部分质化材料。

第三节 样 本 特 征

一、学校样本特征

(一)学校样本总体特征

本研究共调研学校样本 95 个。调研学校样本中大部分是村级小学和教学点，小部分是乡镇中心小学和九年一贯制学校，此外还包括作为对比参照对象的少数城市小学。

在学校类型分布上，本研究调研了 51 个教学点，占学校样本总数的 53.7%；17 个村级小学，占学校样本总数的 17.9%；16 个乡镇中心小学，占学校样本总数的 16.8%；2 个九年一贯制学校，占学校样本总数的 2.1%；9 个城市小学，占学校样本总数的 9.5%（如表 2-2 所示）。在学校地理位置分布上，本研究调研了 68 所乡村学校，占学校样本总数的 71.6%；18 所乡镇学校，占学校样本总数的 18.9%；9 所城区学校，占学校样本总数的 9.5%（表 2-3）。

表 2-2   **学校样本类型分布**

		频率	百分比	有效百分比	累积百分比
学校类型	教学点	51	53.7%	53.7%	53.7%
	村小	17	17.9%	17.9%	71.6%
	乡镇中心小学	16	16.8%	16.8%	88.4%
	九年一贯制学校	2	2.1%	2.1%	90.5%
	城市小学	9	9.5%	9.5%	100%
	合计	95	100.0%	100.0%	

表 2-3   **学校样本位置类型分布**

		频率	百分比	有效百分比	累积百分比
学校位置	乡村	68	71.6%	71.6%	71.6%
	乡镇	18	18.9%	18.9%	90.5%
	城区	9	9.5%	9.5%	100.0%
	合计	95	100.0	100.0	

所调研的学校样本，校均学生人数为 366.9 人，校均专任教师数为 21.4 人，校均设置了 4.3 个年级、8.1 个班级（表 2-4）。

表 2-4   **学校样本教师、学生、年级、班级配置**

	极小值	极大值	均值
专任教师数	1	156	21.4
学生数	2	3500	366.9
年级数	1	9	4.3
班级数	1	50	8.1

（二）学校样本分层特征

为了便于描述和对比，笔者在研究过程中将学校样本分为了三个层级。第一个层级是农村小规模学校(学生规模在 100 人以下,主要包括教学点和村小),这部分学校样本共 61 个,占学校样本总数的 64.2%。第二个层级是农村中大规模学校(指排除了小规模学校以后的其他农村学校,主要包括中心小学和部分规模较大的村小),这部分学校样本共 25 个,占学校样本总数的 26.3%。第三个层级是城市学校(包括调研的所有城市小学),这部分学校样本共 9 个,占学校样本总数的 9.5%(表 2-5)。

表 2-5 学校层级分布

		频率	百分比	有效百分比	累积百分比
学校层级	农村小规模学校	61	64.2%	64.2%	64.2%
	农村中大规模学校	25	26.3%	26.3%	90.5%
	城市学校	9	9.5%	9.5%	100.0%
	合计	95	100.0%	100.0%	

在教师规模上,农村小规模学校平均拥有 6.5 名专任教师,农村中大规模学校平均拥有 31.2 名专任教师,城市学校平均拥有 102 名专任教师(表 2-6)。

在学生规模上,农村小规模学校平均拥有学生 58.6 人,农村中大规模学校平均拥有学生 503.3 人,城市学校平均拥有学生 2206.1 人(表 2-6)。

在年级设置上,农村小规模学校平均设置了 3.3 个年级,农村中大规模学校平均设置了 6.3 个年级,城市学校平均设置了 6.0 个年级(表 2-6)。

在班级数上,农村小规模学校平均有 3.1 个班,农村中大规模学校平均有 11 个班,城市学校平均有 36.5 个班(表 2-6)。

在班额数上,按照"25 人以下"、"26～35 人"、"36～45 人"、"46～55 人"、"56～65 人"、"66 人以上"六档进行划分。统计结果显示,80.4%的农村小规模学校班额在 25 人以下,11.8%的农村小规模学校班额在 26 人至 35 人之间,7.8%的农村小规模学校班额在 36 人至 45 人之间；14.3% 的农村中大规模学校班额在 26 人至 35 人之间，42.9% 的农村中大规模学校班额在 36 人至 45 人之间，33.3% 的农村中大规模学校班额在 46 人至 55 人之间，9.5% 的农村中大规模学校班额在 56 人至 65 人之间；44.5% 的城市学校班额在 56 人至 65 人之间，55.5% 的城市学校班额在 66 人以上（表 2-7）。

表 2-6　不同层次学校样本教师、学生、年级、班级均值比较

学校类型	专任教师数	学生数	年级数	班级数
农村小规模学校	6.5	58.6	3.3	3.1
农村中大规模学校	31.2	503.3	6.3	11.0
城市学校	102.0	2206.1	6.0	36.5
总计	21.4	366.9	4.3	8.1

表 2-7　　　　　　　　不同层次学校样本班额比较

		学校类型		
		农村小规模学校	农村中大规模学校	城市学校
班额	25~	80.4%		
	26~35	11.8%	14.3%	
	36~45	7.8%	42.9%	
	46~55		33.3%	
	56~65		9.5%	44.5%
	66+			55.5%
合计		100.0%	100.0%	100.0%

二、教师样本特征

本研究共回收有效教师问卷 991 份。从教师基本特征来看，城市学校教师与农村学校教师有着显著差异。

在总体的性别分布上，女教师人数明显多于男教师，女教师占到了教师总数的60.8%。具体而言，城市学校教师的性别分布与农村教师有很大差异。城市学校教师中，女多男少的情况更为明显，女教师占到了教师总数的75.2%，男教师仅占24.8%；农村学校教师中男女比例相对均衡，男女教师比例分别为43%和57%（表2-8）。

表2-8　　　　　　　　　　**教师样本性别分布**

		学校类型		合计
		农村学校	城市学校	
性别	男	43.0%	24.8%	39.2%
	女	57.0%	75.2%	60.8%
合计		100.0%	100.0%	100.0%

在年龄和教龄上，教师总体平均年龄为40岁，平均教龄18.9年。在这两个特征上，城市学校教师都小于农村学校教师。城市学校教师平均年龄为38.5岁，小于农村教师40.6岁的平均年龄；城市学校教师的平均教龄为17.9年，也小于农村学校教师19.4年的平均教龄（表2-9）。

在承担课程门数上，总体上每位教师每学期平均承担1.55门课程的教学任务。农村学校教师每学期平均承担的课程门数明显多于城市学校教师，其中农村学校教师每学期平均承担1.67门课程，而城市学校教师每学期平均只承担1.09门课程。这在一定程度上说明，农村学校教师有着比城市学校教师更大的教学压力（表2-9）。

表2-9　　　　　　**教师样本年龄、教龄、课程门数比较**

学校类型	年龄	教龄	课程门数
农村学校	40.6	19.4	1.67

续表

学校类型	年龄	教龄	课程门数
城市学校	38.5	17.9	1.09
总计	40.0	18.9	1.55

在文化程度上,教师的学历水平总体分布为:初中以下学历的教师占 0.1%,初中学历的教师占 0.1%,高中学历的教师占 10.3%,大专学历的教师占 39.9%,本科学历的教师占 49.2%,研究生及以上学历的教师占 0.3%。可以看出,拥有本科学历水平的教师是教师群体的主流。对城市学校教师和农村学校教师的文化程度进行比较发现,农村学校教师的学历水平低于城市学校教师,农村学校教师中拥有大专以上学历的比例为 86.8%,而城市学校教师中拥有大专以上学历的比例高达 99.3%(表 2-10)。

表 2-10 **教师样本学历分布**

		学校类型 2		合计
		农村学校	城市学校	
学历	初中以下	0.2%		0.1%
	初中	0.2%		0.1%
	高中	12.8%	0.7%	10.3%
	专科	37.8%	48.3%	39.9%
	本科	48.8%	50.3%	49.2%
	研究生	0.2%	0.7%	0.3%
合计		100.0%	100.0%	100.0%

在职称分布上,拥有高级职称的教师的比例为 56.9%。农村学校教师的平均职称水平明显低于城市学校教师,其中农村学校教师拥有高级职称的比例为 52%,而城市学校教师拥有高级职称的比例高达 75.9%(表 2-11)。

表 2-11 **教师样本职称分布**

		学校类型		合计
		农村学校	城市学校	
高级职称	有	52.0%	75.9%	56.9%
	无	48.0%	24.1%	43.1%
合计		100.0%	100.0%	100.0%

三、校长样本特征

本研究回收有效校长问卷 93 份。在性别分布上，男性校长占绝对主导地位，其中男性校长 78 人，女性校长 15 人，男性校长占到了校长总数的 83.9%；在年龄分布上，校长以青壮年为主，平均年龄 49.9 岁；在教龄分布上，校长普遍从教时间较长，平均教龄为 29.1 年。

文化程度上，校长学历水平普遍较高，有大专以上学历背景的校长占到了校长总数的 86.1%。具体来看，在学历水平上城市学校校长明显优于农村学校校长，有 87.5% 的城市学校校长拥有本科学历，而农村学校校长中拥有本科学历的人数比例只有 29.5%（表 2-12）。

表 2-12 **校长样本学历分布**

		学校类型		合计
		农村学校	城市学校	
学历	初中	7.7%		7.0%
	高中	7.7%		7.0%
	专科	55.1%	12.5%	51.2%
	本科	29.5%	87.5%	34.9%
合计		100.0%	100.0%	100.0%

第三章　农村小规模学校的
信息化资源配置

　　学校的发展必然伴随着人、财、物等各项教育资源的聚集。农村小规模学校的教育信息化建设从零起步，各种教育资源相对匮乏。师资、经费、硬件设施、软件课程等各项信息化资源的供应是否充足，配置是否均衡在很大程度上决定了农村小规模学校信息化发展的速度和成效。

　　本章将对当前农村小规模学校信息化经费投入、信息化硬件设施建设以及信息化软件资源建设的现状和问题进行深入的探究和思考。由于教师队伍建设对学校信息化发展的影响与以上"物"的影响在机制与效果层面截然不同，因此，本书将对农村小规模学校信息化教师队伍建设问题的论述单独放至第四章。

第一节　农村小规模学校信息化经费投入现状

　　保障充足的经费投入是一所学校信息化发展的首位决定性因素。农村小规模学校大多位于偏远农村地区，是整个农村教育系统的神经末梢，在人、财、物等各项教育资源的获取上处于非常不利的位置。在国家大力推进农村学校信息化发展的新形势下，农村小规模学校是否能够得到充足的信息化经费投入是我们在思考学校信息化资源配置问题时需要首要关注的问题。对小规模学校教师的调查数据显示，81.9%的教师认为影响学校信息化发展水平的主要因素是"学校信息化资金投入不足"，排在了所有因素的第一位。小规模学校信息化经费的短缺到底是总体投入的不足，还是结构性矛盾？学校信息化资金的来源有哪些，经费分担机制是否合理？这些问题需要我们逐一调查分析。

一、农村小规模学校信息化经费投入水平

(一) 生均经费较高

我们对样本学校的年均信息化经费投入进行统计后发现，农村小规模学校年均信息化经费投入为 1.97 万元，农村中大规模学校年均信息化经费投入为 9.92 万元，城市学校年均信息化经费投入为 47.5 万元(表 3-1)。进一步将学校规模的因素纳入统计，对三种层次的学校进行生均信息化经费比较，结果却发生了逆转。农村小规模学校年生均信息化经费为 0.069 万元，这一指标明显大于农村中大规模学校的 0.023 万元和城市学校的 0.015 万元(表 3-2)。

表 3-1　　　　　学校信息化经费总体投入的比较

学校类型	均值(万)	标准差	极小值	极大值
农村小规模学校	1.9667	2.28218	0.00	12.00
农村中大规模学校	9.9238	12.58701	0.20	52.00
城市学校	47.5000	45.96194	15.00	80.00
总计	5.4554	11.77245	0.00	80.00

表 3-2　　　　　学校生均信息化经费的比较

学校类型	均值(万)	标准差	极小值	极大值
农村小规模学校	0.0687	0.09420	0.00	0.55
农村中大规模学校	0.0230	0.03153	0.00	0.14
城市学校	0.0153	0.01268	0.01	0.02
总计	0.0543	0.08260	0.00	0.55

在常用生均指标的统计口径下，农村小规模学校的信息化经费投入水平已大幅超过了农村中大规模学校和城市学校。这样的结果

能否说明近些年政府的高度重视已经让农村小规模学校的信息化经费保障水平大幅提高，甚至超过了城市学校呢？答案显然不是。

农村小规模学校具有规模小、学生少的特点，所以其在经费投入上不具备大规模学校的规模经济效益。一所有上千学生的城市小学建一所微机室可以足够供全校几十个班级所有学生轮流使用，而一所几十个学生的农村教学点建一所微机室却只能给一个班级的几十个学生使用，两者之间存在着巨大的经费投入效益差距。所以，政策制定者如果在小规模学校信息化经费的统计和评价上仍然沿用常规性的生均指标，难免会被"漂亮"的统计报表所蒙蔽，而看不到小规模学校信息化发展经费仍然严重不足的事实真相。

（二）班均经费较低

如果要弥补"生均指标"在测量农村小规模学校经费水平上的天然缺陷，我们可以采用班均信息化经费指标来统计分析。首先，学校的信息化教学普遍是以班级为单位，一套设备单位时间内只能给一个班级使用，用班均信息化经费数量来衡量一个学校的信息化经费投入水平是合理并可行的。其次，对样本学校的统计数据显示，农村小规模学校的平均班额为16.8人，农村中大规模学校的平均班额为44.3人，城市学校的平均班额为59.9人（表3-3）。由此数据可以看出，农村小规模学校虽然学生少，但是由于班额也小，使得班级数量相对学生人数并不少，用班均信息化经费数量来衡量学校的信息化经费投入水平可以在很大程度上"中和"生均经费指标对农村小规模学校信息化经费投入水平的"夸大"。

表3-3　　　　　　　　　　学校班额的比较

学校类型	均值（个）	标准差	极小值	极大值
农村小规模学校	16.8314	9.25494	2.00	41.00
农村中大规模学校	44.3155	7.92905	25.50	54.25
城市学校	59.8791	8.57142	53.82	65.94
总计	25.7944	16.23368	2.00	65.94

对三个层次学校的班均信息化经费进行统计比较，结果显示，农村小规模学校每年班均信息化经费投入为 0.76 万元，而农村中大规模学校和城市学校的这一指标非常接近，分别为 1.02 万元和 0.97 万元（表3-4）。从这个角度来说，农村小规模学校的班均信息化经费投入水平明显低于农村中大规模学校和城市学校。所以，用班均经费指标来衡量小规模学校的经费投入水平是较为合适的，能够相对准确地反映农村小规模学校与农村中大规模学校和城市学校在信息化经费投入水平上的差距。

表 3-4　　　　　　　**学校班均信息化经费的比较**

学校类型	均值（万）	标准差	极小值	极大值
农村小规模学校	0.7606	0.58434	0.00	2.40
农村中大规模学校	1.0237	1.59426	0.01	7.43
城市学校	0.9705	0.89031	0.34	1.60
总计	0.8410	0.97758	0.00	7.43

综上，对各项数据的对比分析可以得出结论：农村小规模学校信息化经费的总体投入不足，其投入水平明显低于农村中大规模学校和城市学校。政府在为小规模学校信息化发展提供经费保障时，应充分考虑小规模学校的独特性，不能简单地以生均指标作为唯一的衡量标准，而应进一步纳入班均指标统计以作更全面的考量。

二、农村小规模学校信息化经费来源与结构

（一）经费来源单一

农村小规模学校的信息化经费一般分为两个部分，一部分是信息化硬件设备的购置经费，另一部分是信息化设备使用经费，包括了网费、电费、软件资源购置费、设备维修费等。

数据显示，91.8%的农村小规模学校的设备购置经费主要来自上级教育主管部门的划拨。通过对调研地区教育局计财部门、项目

管理部门、信息化装备部门的调研发现，这部分经费一方面来自中央政府及省级政府的专项项目经费，一部分来自地方政府的配套经费（主要是教育公用经费和教育附加费）。经费在使用上也并不划拨到各学校，而是采取由地方统一招标的方式购买设备后，按相关政策条例分发到各个学校。比如，湖北省在2014年《湖北省"全面改薄"基本办学条件标准和经费测算标准》的通知中就明确规定了各级农村学校信息化硬件建设标准和经费测算标准。比如，在硬件建设标准上该通知规定，农村完全小学及以上每个班级配备一套"班班通"，教学点至少保证一套（15人以上班级每班保证一套），完全小学及以上学校配备微机室，1~4年级及以下教学点不设置微机室。[①] 在经费测算上，通知规定了"班班通设备1.4万/套，微机室（45台）12.5万/间"。[②]

除了上级主管部门的资金划拨，农村小规模学校几乎没有其他的经费来源用于添置学校的信息化设备。数据显示，只有3.9%的农村小规模学校在设备购置上接受过商业赞助或社区捐助。

与设备购置经费由政府"全包"相比，农村小规模学校的设备使用经费并没有得到同样的保障。数据显示，87.8%的农村小规模学校的信息化设备使用经费主要来自"学校自筹"。在其他的设备使用经费来源渠道上，只有29.4%的农村小规模学校得到了上级主管部门的资金支持，只有2%的农村小规模学校得到了商业赞助或社区捐助的资金。所以，政府在农村小规模学校的信息化经费投入上并不均衡，在一次性投资给学校购买了设备后，后期设备运行、维护、保养的经费则倾向于由学校自己解决，这给许多农村小规模学校带来了不小的经济压力。

在调研中，不少学校的校长向我们抱怨过设备运行经费尤其是

---

① 省教育厅关于印发《湖北省"全面改薄"基本办学条件标准和经费测算标准》的通知[EB/OL].［2018-9-26］. http://www.hbe.gov.cn/content.php? id=11939.

② 省教育厅关于印发《湖北省"全面改薄"基本办学条件标准和经费测算标准》的通知[EB/OL].［2018-9-26］. http://www.hbe.gov.cn/content.php? id=11939.

设备维护经费的紧缺：

> "网费、电费都要学校自己掏，我们巴掌大的学校才这么点公用经费，压力很大！"（南漳县某村小刘校长）
>
> "我从网上看到有好的课件，经常自己掏钱买了，上头没有这方面的资金支持啊！"（黄冈市某教学点萧老师）
>
> "我最怕设备坏了，找人修好挺麻烦的，又费钱，上次我们这电脑屏幕颜色坏了，我找电脑店弄了一下，花了大几百！"
>
> "这个不是应该找教育局装备站的人来修吗？"（笔者问）
>
> "找他们修要走程序啊，先得上报，然后还得他们有时间过来修。上次我们这套电子白板出问题了，等了三个多月才有人过来修。所以一般小问题我都自己找电脑店的人弄了。"（武穴市某村小校长）

(二) 经费结构不合理

与城市学校多样化的收入渠道相比，农村小规模学校的经费来源渠道单一，主要以按学生人头数拨付的公用经费为主。受限于学生规模，大部分农村小规模学校的教育公用经费维持学校的基本运转已相当吃力，根本无力继续承担信息化教学设备的使用开支。政府如果在设备使用经费上不给予学校足够的支持，对农村小规模学校的影响会远远大于城市学校。通过对所调研学校的信息化经费构成进行统计，计算学校设备购置经费与设备使用经费的比例，我们可以发现农村小规模学校的设备购置经费与设备使用经费比约为8：1，而城市学校的设备购置经费与设备使用经费比约为4：1（表3-5）。从这个指标的差距，我们可以明显看出与城市学校相比，农村小规模学校的信息化经费构成并不合理。农村小规模学校的设备使用经费支出远少于设备购置经费支出，设备使用经费存在明显的缺口。

表 3-5　　学校班均设备购置经费与设备使用经费的比率

学校类型	设备购置经费与设备使用经费比
农村小规模学校	7.7276
农村中大规模学校	7.1319
城市学校	4.0714
总计	7.4179

　　所以，政府对农村小规模学校信息化建设的经费投入，不仅存在着总体资金投入不足的问题，更重要的是在经费投入结构和经费投入机制上没有考虑到农村小规模学校的特殊情况和实际需求，这使得本就有限的农村小规模学校信息化经费更难发挥出最大的效益。

小结：

　　本节通过对调研数据的整理和分析后得出，农村小规模学校信息化经费投入现状存在着以下四个特点：

　　一是经费投入总体不足。在通常的教育统计口径中，"生均经费投入"是衡量经费投入强弱的重要指标。但是如果沿用这一指标，会让人轻而易举地得出农村小规模学校的信息化经费投入状况优于农村中大规模学校甚至城市学校的错误结论。因为，农村小规模学校的班级规模显著小于农村中大规模学校和城市学校，在经费使用效率上不具备后两者的规模效应。当使用"班均经费投入"指标来对"生均经费投入"指标"纠偏"后可以发现，农村小规模学校的班均信息化投入水平仍然明显落后于农村中大规模学校和城市学校。因此，农村小规模学校信息化经费投入情况总体仍是不充足的状态，需要主管部门加大投入，填补缺口。

　　二是经费投入结构性矛盾明显。调研数据显示，农村小规模学校的设备购置经费与设备使用经费比约为 8∶1，而城市学校的设备购置经费与设备使用经费比约为 4∶1。农村小规模学校的信息化经费使用绝大部分集中在各类信息化设备的购置上，后续运转维护费用的投入却得不到应有的保障。城乡学校的这种差异说明农村小规模学校的信息化经费投入不仅总量不足，还存在着结构性的矛盾。这种经费投入的结构性矛盾在很大程度上影响了农村小规模学校信息化经费的使用效率，导致不少学校不得不闲置信息化设备。

三是经费来源渠道单一。调研数据显示，农村小规模学校信息化经费的来源主要是各级政府(中央政府、省级政府、地方政府)的专项资金，渠道极为单一。与之相比，城市同类学校除了财政经费拨付外还可以从商业赞助、民间捐助、社区合作等多种渠道灵活获取资金用于学校的信息化建设。信息化经费来源渠道的局限进一步压缩了农村小规模学校信息化建设的资金弹性，让学校根本无力自筹信息化设备养护和信息化教学运行等需要持续性投入的资金。

四是经费分担机制失衡。在现有的信息化经费分担机制下，政府往往只负担学校信息化设备环境构建的一次性经费投入，而设备后续运行和维护的所需经费则是留给学校自行解决。这种一刀切式的经费分担机制并不适合农村小规模学校的现状，也是当前小规模学校信息化建设中出现种种困境的根本原因之一。与农村中大规模学校和城市学校相比，一方面农村小规模学校地处偏远之地，交通不便，不具备良好的外部经济环境，缺乏多渠道吸纳筹集信息化建设经费的能力。另一方面，农村小规模学校在学校序列中处于最底层，往往作为乡镇中心小学的附属机构存在，缺乏独立的财权和事权，在信息化经费的投入和使用分配上话语权严重不足，无力从上级学校为自己争取更多的信息化经费投入。农村小规模学校的特殊性决定了政府在对其信息化建设的经费支持上应设计有别于其他类型学校的更为灵活的经费分担机制，让学校在信息化环境搭建和信息化教学运行等各个环节都能获得有力的经费保障。

第二节　农村小规模学校信息化硬件设施建设现状

近年来，在我国农村地区信息化基础硬件水平迅速提高以后，各项农村学校信息化建设项目开始逐渐往薄弱学校倾斜，这给农村小规模学校信息化办学条件的改善带来了良好的发展机遇。借助

"班班通"、"农远工程"、"教学点数字教育资源全覆盖"等工程的专项资金支持，农村小规模学校的信息化硬件设施配置水平有了明显的进步。我们在调研中发现，很多农村小规模学校都连通了网络，配置了最新型的信息化教学设备，办学条件大为改善。那么，农村小规模学校的信息化硬件设备的配置水平到底如何？是否能够满足学校的教育教学需要？相比农村中大规模学校和城市学校还有那些差距？这些问题需要我们对农村小规模学校信息化硬件设备的数量、类型以及分布等进行多方面的综合分析。

一、农村小规模学校的多媒体教室建设

多媒体教室是学校开展信息化教学的基本条件。[①] 数据显示，本研究所调研的 61 所农村小规模学校样本中有 90.2% 的学校至少拥有 1 间多媒体教室。将农村小规模学校的多媒体教室配置情况与农村中大规模学校和城市学校的情况进行比较，可以发现农村小规模学校在多媒体教室的绝对数量上远远落后于农村中大规模学校和城市学校。其中，农村小规模学校校均拥有多媒体教室数 1.25 间，农村中大规模学校校均拥有多媒体教室数 4.67 间，而城市学校校均拥有多媒体教室数 28 间。但是如果将学校规模的因素考虑进来，对学校多媒体教室占教室总数的比例和学校人均拥有多媒体教室的数量进行统计，可以发现农村小规模学校在这两个指标上都优于农村中大规模学校和城市学校(表 3-6)。

表 3-6　　　　　　　　学校多媒体教室配置情况

学校类型	教室数	多媒体教室数	多媒体教室占比	生均多媒体教室数
农村小规模学校	4.43	1.25	0.5008	0.0568
农村中大规模学校	14.24	4.67	0.3580	0.0100

① 本研究中的"多媒体教室"指的是配备了至少一种信息化教学设备(电脑投影、电子白板、触控一体机等)的教室。

学校类型	教室数	多媒体教室数	多媒体教室占比	生均多媒体教室数
城市学校	54.50	28.00	0.4837	0.0088
总计	8.57	2.95	0.4598	0.0422

这样的统计结果说明农村小规模学校在基础信息化教学设施条件上确实得到了一定的改善,至少在开展信息化教学上具备了一定的基础。但是另一方面,农村小规模学校在生均指标上实现了对城市学校的超越很大程度上是因为学生少的缘故。学生数量少让农村小规模学校在生均指标上经常占据优势(如本章第一节中对生均信息化经费投入的统计),但这并不能说明农村小规模学校的多媒体教室配置充足。

对样本学校的学生人数、班级数、年级数进行统计。结果显示,农村小规模学校样本的平均学生数是58.6人,尚不足一个城市学校普通班级的人数。与此同时,农村小规模学校却平均拥有3.3个年级和3.1个班级,年级数和班级数相对学生人数而言较多。实地调研时,我们发现各地方政府给农村小规模学校配置信息化教学设备时,普遍的做法是一个学校保证一套设备。数据显示,61所农村小规模学校样本中,76.5%的学校只有一间多媒体教室,数据统计结果与政策导向完全一致。所以,虽然就学生人数而言,农村小规模学校的多媒体教室配置看起来是足够的,甚至超越了城市学校的标准,但是在现实情况中,平均每所农村小规模学校要用1.25间多媒体教室满足3.3个年级和3.1个班级的信息化教学需求,这样的配置情况实在难以称其为充足。

在调研中,我们也时常会听到老师们对于多媒体教室不够用的抱怨。丹江口市的董老师就谈到:"我们学校有4个班,但是只有二年级教室有设备,那里的老师可以用。我有时候想用的话还得跟他协调换教室,学生搬来搬去的,很不方便。其实我们年轻老师都很喜欢用电脑讲课,如果每间教室都配齐就好了。"

团风县某小学有 72 名学生，4 个班级，也只配备了一间多媒体教室，校长在访谈中直言正是由于设备不足导致了设备的使用率不高："我们学校这套设备 2012 年就弄好了，但是老师用的并不多。我们有四个班啊，但是只有一个教室有（设备），大家又不愿意搬来搬去的，给谁用都不好，干脆就都不用了！"

地方政府在政策执行过程中，确定了为每所农村小规模学校保证一套信息化教学设备的基本标准，应该也是在综合考虑了经济成本和学校需求的情况下做出的。就目前来看，对于学生数和年级数较少，学生能集中到一两个复式班上课的农村小规模学校来说，这样的标准可能是适用的，也能够满足学校信息化教学的正常开展。但是对于学生人数少、班级数较多的农村小规模学校来说，一间多媒体教室就显得捉襟见肘了。在现实情况中，这样的学校往往只能采取"走班制"（老师们根据课程需要，轮流到多媒体教室上课）的形式来使用多媒体教室。这样的上课形式在实际执行过程中会给老师和学生增添不少的负担，并不是长久之计。

二、农村小规模学校的信息化教学设备分布

（一）信息化教学设备类型单一

对农村小规模学校拥有的信息化教学设备类型进行统计，结果显示农村小规模学校的信息化教学设备中最为常见的是触控一体机，有 62.7% 的学校拥有；较为常见的有电子白板和录音机，有 25.5% 的学校拥有这两种设备，而幻灯投影、录像 VCD 和视频展示台三种设备在农村小规模学校很少见到，拥有率分别为 7.8%、7.8%、5.9%，均在 10% 以下。将农村小规模学校的设备拥有比例与农村中大规模学校对比后可以发现，农村小规模学校拥有的设备类型比较单一，硬件条件与农村中大规模学校相比尚有一定差距，但这种差距主要体现在一些老式的信息化教学设备上，如录音机、录像机、幻灯投影等，而在一些新型信息化教学设备的配置上农村小规模学校已达到了相当的普及程度，甚至还超过了农村中大规模学校，比如拥有触控一体机的农村小规模学校比例就明显大于农村

中大规模学校(62.7%对38.1%)(表3-7)。

表3-7　　　　　　　　　**信息化教学设备类型分布**

		学校类型		
		农村小规模学校	农村中大规模学校	城市学校
设备类型	触控一体机	62.7%	38.1%	100%
	电子白板	25.5%	85.7%	100%
	录音机	25.5%	81%	100%
	幻灯投影	7.8%	76.2%	100%
	录像 VCD	7.8%	38.1%	100%
	视频展示台	5.9%	23.8%	100%

从学校信息化教学设备类型分布的统计结果可以明显看出这几年的农村教育信息化发展政策在农村小规模学校里起到的成效。农村小规模学校配置的信息化教学设备虽然在整体数量和类型多样上还和农村中大规模学校和城市学校有一定的差距,但是在最新的信息化教学设备的配置上已经迎头赶上。在调研中,我们也发现,农村小规模学校里除了有一些基本闲置的老旧信息化设备(以"农远工程"时期配备的视音频播放设备为主)外,剩下的基本就是电子白板、触控一体机这些新型的信息化设备了。

(二)信息化教学设备与实际教学需求不匹配

在调研中,新型信息化教学设备在农村小规模学校实际教学中的适用性问题引起了我们的关注。一方面,设备提供的许多先进功能似乎在农村小规模学校的日常教学中并没有得到有效的开发和利用。许多农村小规模学校的老师在访谈中都表示不会用或者用不上设备的一些新功能。红安县某小学肖老师就谈到:

　　　　"我们这里配的白板很高级的,但是我们用得很简单,就是当个电脑用!主要就是放一下课件,让学生看看视频什么的。"

"你们这白板应该还可以在上面写写画画吧，可以跟学生多一些交互。"笔者问。"对对对，你说的这些上次我去培训的时候学过，有交互什么的。但是我也不大会，上课也用不上这些。"

另一方面，新型的设备价格较高，结构复杂，这给学校在后期使用维护上带来了不便。调研中，许多农村小规模学校都反映设备的故障率较高，还不易维修。老河口市某教学点的杜老师就向我们反映："我们这里的电子白板平时出毛病的时候挺多的，有的时候突然就不灵了，动不了，完全没法用！而且这些新机器我们自己完全不会修啊，每次坏了都得找装备站的人来修，周期太长。我听站里的人说真出了问题他们也修不了，还得联系厂家的人。"

丹江口市某学校的肖校长以前在县教育局装备站工作过，是当地小有名气的技术专家，周边学校碰到硬件设备方面的问题往往会找他解决。对于新型信息化设备在农村小规模学校的配置和使用问题他是这样看的："在农村学校配这些新设备还是起到了很大的作用，但是维护确实是个大问题。这些设备功能多，零件精密，容易出故障。以前我们学校电脑坏了，都是我自己弄一下，一般都可以解决。现在这些平板电视啥的，坏了我也没办法。其实我们这种学校多配一些以前那种电脑投影就够用了，价格便宜，也方便学校自己维护！"

三、农村小规模学校的校园网覆盖

(一)网络覆盖率较低

网络建设是农村学校信息化基础设施建设的关键，只有连通了网络，才有了接受外部优质教育资源的可能性，不管是"三通"工程中的"优质资源班班通"、"网络学习空间人人通"，还是"教学点数字教育资源全覆盖"项目中的国家级优质教育资源推送都是以学校连通网络为基本条件的。交通不便、信息闭塞的农村小规模学校，尤其需要网络这样一个连通外部世界的管道。数据统计显示有60.8%的农村小规模学校连通了校园网。作为对比，农村中大规模学校的校园网覆盖率为95.2%，城市学校的网络覆盖率为100%（表3-8）。

表3-8 校园网建设情况

		学校类型			合计
		农村小规模学校	农村中大规模学校	城市学校	
校园网	有校园网	60.8%	95.2%	100.0%	71.6%
	没有校园网	39.2%	4.8%		28.4%
合计		100.0%	100.0%	100.0%	100.0%

从数据上看，农村小规模学校的网络覆盖率虽然达到了一定的水平，但是离城市学校100%的覆盖率还存在着相当大的距离，即使只是跟农村中大规模学校相比，也存在着一定的差距。在田野观察中，我们也可以深切感受到网络的覆盖对一所农村小规模学校信息化教学的影响。

团风县某小学是一所只有12个学生、两个老师的农村小规模学校，因为没有网络，仅有的一套"班班通"设备也几乎闲置。学校的老师对我们说："我们学校现在还没有网，很不方便。上次我去县里培训计算机，领导给我们写了好几个网址，说上面有很多课件可以直接用，上课的时候直接点开就可以给学生看。问题是我们学校没联网，怎么看啊。现在的技术发展太快了，没有网，什么都干不了。就连搞培训，现在都是让我们自己上网看，还要在网上讨论。你说，国家投这么多钱，电脑都给我们配了，却不把网搞好，设备不成了摆设吗？"

在调研中我们还发现不少农村小规模学校的网络覆盖并不完

整。有不少农村小规模学校的网络只连到了教师办公室,而没有连到教室,给老师授课带来不小的影响。丹江口市某老师告诉我们:"我们教室里面没联网,我每次找到一个好的课件想给学生放一下,得先在办公室下载好了用优盘拷到教室去放,非常不方便。有的课件还很不好下载,我有一次发现一个很好的学唱歌的片子,想给学生看,结果弄了一节课都没能下载成功,只好算了。"

为了给没有网络的农村小规模学校推送信息化教学资源,地方政府往往采取了用优盘、移动硬盘等存储介质拷贝教学课件资源到学校的做法。这样的办法虽然也能够将部分信息化教学资源推送到学校,但是在实际操作过程也存在一些问题。优盘等存储介质里的内容并不能像网络资源那样做到实时更新,除非教育主管部门能保证定期派人到各学校更新这些资源,否则学校的信息化教学资源就有可能与教学内容脱节。我们在调研中就见过这样的情况,南漳县某教学点的负责人就反映了这个问题:

> "上次教育局给我们发的移动硬盘里面都是以前的班班通资源,都是2010年的。我们现在的数学课本和音乐课本都跟以前不一样了,好多课件跟教材不配套,用不了了!"
>
> "那教育局有没有给你们更新这些资源呢?"笔者问。
>
> "上次来检查的时候说是要给我们更新,并派人把新的课件拷给我们,但是一直没有来。后来我听别人说,可以自己到网上去下新的课件,我们学校又没有网,我也不会弄!"

(二)网络带宽不足

数据显示,61.3%的农村小规模学校网络带宽不足4M。相比之下,网络带宽不足4M的农村中大规模学校只占总数的9.5%,而网络带宽超过10M的农村中大规模学校占到总数的47.6%,城市学校更是全部覆盖了10M以上的网络(表3-9)。

表 3-9　　　　　　　　　　校园网带宽情况

		学校类型			合计
		农村小规模学校	农村中大规模学校	城市学校	
网络带宽	4M 以下	61.3%	9.5%		38.9%
	4M ~ 10M	38.7%	42.9%		38.9%
	10M ~ 50M		47.6%	50.0%	20.4%
	50M 以上			50.0%	1.9%
合计		100.0%	100.0%	100.0%	100.0%

　　在田野调查中，不少农村小规模学校的老师都向我们反映"上网慢"、"下载课件困难"等问题。部分使用"教学点数字教育资源全覆盖"课程资源的学校，由于网络带宽不足，出现了无法流畅播放资源视频的情况。红安县的一位老师就向我们描述了他用"教学点数字教育资源全覆盖"课程资源给学生上体育课时的情景："我们这里网不好，给学生上课放课件经常会卡。我给孩子们放侧身交叉跑的视频，一个动作还没做完，画面就不动了，孩子们也跟着扭着身体不动。过一会视频又开始放，有的孩子反应不及就摔倒了，惹得旁边的孩子哄堂大笑。本来一节体育课放 5 分钟视频就可以让孩子学会这套动作，现在非得卡个十几分钟还学不会。"

四、农村小规模学校的微机室建设

(一) 微机室建设严重滞后

　　在微机室的配置上，农村小规模学校的情况非常差，只有 11.8% 的农村小规模学校建设了微机室，而 81% 的农村中大规模学校和 100% 的城市学校配有微机室 (表 3-10)。与此对应的是，只有 5.9% 的农村小规模学校开设了信息技术课程，远低于农村中大规模学校的 85.7% 和城市学校的 100% (表 3-11)。所以，微机室建设不足极大影响了农村小规模学校信息技术课程的开设。

表 3-10　　　　　　　　　　　微机室建设情况

		学校类型			合计
		农村小规模学校	农村中大规模学校	城市学校	
微机室	有	11.8%	81.0%	100.0%	33.8%
	无	88.2%	19.0%		66.2%
合计		100.0%	100.0%	100.0%	100.0%

表 3-11　　　　　　　　　　信息技术课程开设情况

		学校类型			合计
		农村小规模学校	农村中大规模学校	城市学校	
信息技术课程	开设	5.9%	85.7%	100.0%	31.1%
	未开设	94.1%	14.3%		68.9%
合计		100.0%	100.0%	100.0%	100.0%

有的农村小规模学校虽然开设了信息技术课，但是由于没有上机环境，老师只能对着课本照本宣科，学生没有动手操练的机会，效果可想而知。团风县某位信息技术课教师这样说：

"我们确实给学生上了计算机课。"

"你们学校没有微机室啊，怎么上计算机课啊？"笔者问。

"照着课本上啊，就是讲一下计算机的组成结构，书上都有图，学生可以看。"

"这样学计算机，效果估计不太好吧？"笔者问。

"没办法，只有这样的条件，能上就不错了！"

（二）政策滞后导致农村小规模学校微机室的缺失

对于没有建微机室的原因，丹江口市某村小校长这样对我们说："我们这样的学校怎么可能配微机室呢？哪有那么好的条件！

76

要是给我们配个微机室，我这三十几个孩子人手可以一台啦！那怕是比城里的学校条件还好哩！"

丹江口市教育局的相关人员向我们解释了当地农村学校配置微机室的标准："我们这里是要求村级完小以上的小学可以配微机室，初中是全部配置，大型的学校可以建两到三个微机室。微机数量一般是 40 台左右，够一个班同时上课就行。"

目前我国农村地区进行学校规划和建设大都依据的是住房和城乡建设部、国家发展和改革委员会于 2008 年发布的《农村普通中小学校建设标准》。标准明确规定："在教学和教学辅助用房上，非完全小学设置普通教室、多功能教室（兼多媒体教室）、图书室、体育器材室；完全小学设置普通教室、音乐教室、美术教室（艺术教室）、科学教室、计算机教室、多功能教室（兼多媒体教室）、远程教育教室、图书室、科技活动室、体育活动室、心理咨询室。以及教学辅助用房。"

我们所调研的 61 所农村小规模学校中，有 54 所学校是非完全小学，占学校总数的 88.5%。所以，按照目前的国家标准，绝大多数农村小规模学校确实达不到配备微机室的标准。但是，这并不代表农村小规模学校的学生没有上机操作的需求。在调研中，我们发现许多小规模学校的学生连电脑鼠标都不太会用，在信息素养上远远落后于城市同龄孩子。基本信息素养的不足，必然会影响小规模学校学生接受信息化教学的效果。

十堰市某教学点的夏老师是一位刚毕业的大学生，刚刚来教学点工作，她谈到自己开展信息化教学的困难时就提到："我觉得学生的电脑水平也影响了教学效果。这里的孩子没怎么摸过电脑，很多基本的东西都不会，一个东西都要解释半天。我只得找最简单的课件放给他们看。我实习的时候是在一个城里的小学，那里的小孩可厉害了，有的比老师会的还多，很多东西都不用讲！"

此外，我们还必须考虑学生的家庭经济背景。在农村小规模学校上学的孩子大多家庭贫困，家里拥有电脑的比例较低。我们在调研中也特别关注了这一点，数据显示只有 12.07% 的小规模学校学生家庭拥有电脑，而根据国家信息中心 2012 年的统计数据，我国城市家庭 87% 的家庭拥有电脑。① 从这一点来说，小规模学校的学生大都来自"信息贫困"的家庭，反而比城市学生更需要有上机操练的机会。这些因素是相关部门在制定农村小规模学校信息化建设标准时所应该考虑到的。

五、农村小规模学校的信息化办公条件

调研学校样本中，有 43.1% 的农村小规模学校给教师配备了办公电脑，农村中大规模学校的这一比例略低于农村小规模学校，为 38.1%，而城市学校则全部为教师配置了办公电脑（表 3-12）。在为教师配置信息化办公设备上，农村学校普遍不如城市学校。在农村小规模学校，老师们普遍反映信息化办公设备的不足挫伤了信息化教学的积极性。"课件必须在家里先弄好，在办公室想修改一下都不成。"在小规模学校老师们反映的学校信息化发展建议中，66.2% 的教师都提到"希望给教师配备办公电脑"。

表 3-12 办公电脑配置情况

		学校类型			合计
		农村小规模学校	农村中大规模学校	城市学校	
办公电脑	已配置	43.1%	38.1%	100.0%	43.2%
	未配置	56.9%	61.9%		56.8%
合计		100.0%	100.0%	100.0%	100.0%

小结：

通过对农村小规模学校信息化硬件环境建设状况的全面调研和分析，我们发现小规模学校的信息化硬件设备配置水平已经有了长足的进步，但是仍存在着一些有待改进和优化的环节。具体来说，当前农村小规模学校的信息化硬件设施建设有如下几个特点。

———————

① 中国数字鸿沟报告 2013［EB/OL］.［2018-9-26］. http://www.sic.gov.cn/News/287/2782.htm.

　　(1)多媒体教室建设情况良好,但不能完全满足实际教学需求。调研数据显示,90.2%的农村小规模学校建有多媒体教室,可以用于日常信息化教学。这说明近年来,随着国家日益重视偏远农村地区的教育信息化发展状况,农村小规模学校的多媒体教室配置水平已得到明显提升,有了进一步开展信息化教学改革的基础土壤。进一步的数据细分显示农村小规模学校校均仅拥有1.25间多媒体教室。这样的配置水平如果按生均指标衡量是完全达标的,但是校均一间多媒体教室是不能有效满足农村小规模学校学生少却年级多、班级多的特殊教育需求的。因此,只有采取不同年级混班授课(复式班教学模式)的小规模学校才能用一间多媒体教室达到比较好的教学效果,而许多仍然采取传统分年级分班授课制的小规模学校则普遍反映现有多媒体教室配置水平无法满足实际教学需求。

　　(2)新型信息化教学设备配置率较高,后期技术支持力度有待提高。调研数据显示,得益于近些年的集中投入和建设,农村小规模学校的信息化教学设备虽然在绝对数量上还与城市学校有较大差距,但是触控式一体机、电子白板等新型信息化教学设备的配置却与城市学校保持了同步。先进设备的广泛引入虽然给小规模学校的教学改革带来了更多的活力,但是设备正常运行所需的后期技术支持力度也成倍增加,这给学校日常使用设备开展信息化教学带来了不少阻碍。其一,触控一体机、电子白板等新型设备功能繁多,操作复杂。农村小规模学校教师在没有得到充分培训的情况下,根本无法有效发掘新型设备的功能多样性优势,反而容易陷入操作繁琐的技术困境,降低其使用设备的意愿。其二,新型信息化设备造价较高,结构复杂,后期的维修升级都只能依托专业技术人员,在维修便利性上不如传统多媒体计算机,这给地处偏远之地、专业技术力量缺乏的小规模学校带来了很大的困扰。因此,在给农村小规模学校引进各类先进设备的同时,加强对其的后期技术支持力度是当下需要着力解决的关键问题。

　　(3)网络覆盖有待加强,网络带宽急需提升。随着互联网技术的不断发展,越来越多的信息化教学资源开始走进"云端",通过四通八达的网络按需分配到学习终端上。网线就是当前教育信息化发展的生命线，拥有一套覆盖好、速度快的高效网络是农村学校提升信息化建设水平，开展信息化教学改革的关键基础条件。调研数据显示，农村小规模学校尚没有实现 100% 的网络覆盖率，部分学校的校园网只覆盖了办公区域而没有覆盖到教室，部分学校完全没有联通网络。网络覆盖不全的小规模学校往往只能采取传统存储介质拷贝的方式使用信息化教学资源，而不能有效拉取网络上实时更新的优质信息化教学资源，极大地影响了学校信息化教学的质量。此外，已联通网络的小规模学校中仍有 61.3% 的学校校园网带宽不足 4M，这样的带宽水平与农村中大规模学校和城市学校相比存在着较大的差距，不能满足在线教学视频资源的实时流畅播放，无法有效利用当下日益丰富的网络慕课资源。因此，教育主管部门不仅要尽快提升农村小规模学校的网络覆盖率，做到 100% 全覆盖，还要着力拓宽小规模学校的网络带宽。

（4）学生缺少上机操练环境。调研数据显示，农村小规模学校普遍没有建设微机室，没有开设信息技术类课程，学生缺乏上机操练的实践环节。虽然按照现行的相关政策要求，小规模学校的学校类型和学生规模均没有达到建设微机室的标准，但是就读于小规模学校的生源多来自农村贫困家庭，这些孩子的信息素养本就远远落后于同龄城市学生，如果在学校学习过程中仍然不能更多地动手实操，对其信息技术能力的提升和接受信息化教学的效果都会有不少的负面效应。如何利用有限的资源尽可能地为农村小规模学校的学生提供一些可供课上课下动手实践的信息化硬件环境是教育主管部门后期应着重考虑的问题之一。

（5）信息化办公环境有待改善。调研数据显示，能够给教师配备办公用计算机的农村小规模学校数量较少。不完善的信息化办公条件影响了教师的备课上课，不利于农村教师个人信息素养的养成，还会挫伤农村教师开展信息化教学的积极性，后期应逐步完善。

第三节　农村小规模学校的信息化
软件资源建设现状

在给农村小规模学校配备了基本的信息化硬件设施后，政府必须提供配套的信息化软件资源，才能使设备运转起来，在教育教学中发挥实效。有学者曾经将教育信息化建设形象地比喻为路、车、货、驾驶员培训。"路"就是实施教育信息化所必需的硬件基础设施，"车"就是实施教育信息化所必需的软件平台如各类信息发布平台、网上的互动教学平台、各种资源管理平台等。"货"就是各级各类的教育资源和各级各类学校不同学科的教学资源或学科专题网站，"驾驶员培训"就是指各级各类学校教师的培训。①

就现阶段的情况来看，世界各国在教育信息化发展中普遍都较快地完成了基础设施建设的步骤，而在软件资源的建设和运用上进展缓慢。我们国家的情况也是如此，政府在学校的信息化发展中总是倾向于搞"轰轰烈烈"的硬件建设，而忽略"润物细无声"的软件建设，使得学校在实际教育教学中经常陷入"有路无车"、"有车无货"的尴尬境地。

农村小规模学校的信息化发展起步较晚，信息化基础硬件设施初步普及。政府有没有提供充足、适宜、简单易用的信息化软件资源是农村小规模学校发挥硬件设备效能的关键因素，所以，我们要详细调查农村小规模学校信息化软件资源的数量、类型、来源，由此才能判断这些资源是否满足了学校的教育应用和发展需要。

一、农村小规模学校信息化软件资源的来源

本研究从教育部"教学点数字教育资源全覆盖"项目资源、地方信息化教育资源平台资源、学校自费购买的信息化教学资源、学校开发制作的信息化教学资源四个方面调研了农村小规模学校信息

---

① 何克抗. 我国教育信息化理论研究新进展[J]. 中国电化教育，2011（01）：1-19.

化软件资源的建设状况。

(一)"教学点数字教育资源全覆盖"项目未实现全覆盖

教育部从 2013 年开始全面启动"教学点数字教育资源全覆盖"项目,旨在通过 IP 卫星将优质数字教育资源传输到全国 6 万多个教学点,帮助农村边远地区开齐开好国家规定课程,满足适龄儿童就近接受良好教育的基本要求。这个项目为农村教学点开发了小学一年级至三年级九门课程(语文、数学、英语、品德与生活、品德与社会、科学、音乐、美术、体育)的全套信息化教学资源。

由于本书的研究对象——农村小规模学校与农村教学点高度重合,所以我们掌握教育部"教学点数字教育资源全覆盖"项目在农村小规模学校的覆盖情况很有必要。根据数据统计的结果,有66.7%的农村小规模学校覆盖了这套优质教育资源(表 3-13)。值得注意的是,有 57.1%的农村中大规模学校也覆盖了这套优质教育资源,在对武穴市某中心小学的语文课李老师的访谈中,他就谈到了对"教学点数字教育资源全覆盖"项目的看法:"这套全覆盖资源蛮好用的,操作又简单,都是以动画的方式,点一下电脑就自己放,学生们爱看,老师们很省事。"

表 3-13　　"教学点数字教育资源全覆盖"项目覆盖情况

		学校类型			合计
		农村小规模学校	农村中大规模学校	城市学校	
教学点数字教育资源全覆盖	实施	66.7%	57.1%		62.2%
	未实施	33.3%	42.9%	100.0%	37.8%
合计		100.0%	100.0%	100.0%	100.0%

(二)地方信息化教育资源平台接入率较低

除了中央政府规划的农村教育信息化教育资源项目以外,各级地方政府大都也组织过不同类型的信息化教育资源平台的开发和建设。比如，湖北省襄阳市 2014 年就建成了教育云平台，整个平台集成了教师备课、课堂应用、网上题库、学科教研、网上答疑、家校互动、课外拓展七大资源服务体系，在全市范围内实现了优质教育资源的共建共享。① 那么，这类地方教育资源平台有多少真正接入到了农村小规模学校呢？调研数据告诉我们，只有 23.5% 的农村小规模学校接入了地方信息化教育资源平台，而农村中大规模学校的这一比例达到了 61.9%，远高于农村小规模学校（表 3-14）。

表 3-14 县级以上资源平台覆盖情况

		学校类型			合计
		农村小规模学校	农村中大规模学校	城市学校	
县级以上资源平台	有	23.5%	61.9%	100.0%	36.5%
	无	76.5%	38.1%		63.5%
合计		100.0%	100.0%	100.0%	100.0%

（三）学校自费购买资源偏少

各级教育主管部门下发的信息化教育资源有时无法满足学校信息化教学的需要，这时学校就会购买一些商业信息化教育资源予以补充。统计数据显示，自费购买了信息化教学资源的农村小规模学校只占总数的 11、8%，远远少于农村中大规模学校（33.3%）和城市学校（100%）（表 3-15）。

---

① 襄阳教育资源云平台［EB/OL］.［2018-9-26］. http://xy.czbanbantong.com/index.action.

表 3-15 学校自费购买信息化教学资源情况

		学校类型			合计
		农村小规模学校	农村中大规模学校	城市学校	
自费购买资源	有	11.8%	33.3%	100.0%	17.6%
	无	88.2%	66.7%		82.4%
合计		100.0%	100.0%	100.0%	100.0%

（四）教师自主开发信息化教学资源能力不足

除了使用外部信息化教学资源外，老师们往往也会根据教学需要自己做一些多媒体课件、教学动画、案例视频等，有条件的学校还会专门组织学科教研组或信息化支持部门牵头开发一些校本信息化教学资源。这样的做法在城市学校很常见，但是在农村学校却并不普及。统计数据显示，只有 9.8% 的农村小规模学校和 28.6% 的农村中大规模学校组织自行开发过信息化教学资源（表 3-16）。

相对城市学校教师，农村学校教师普遍年龄偏大，信息技术能力不足，往往不具备自行设计开发信息化教学资源的能力。所以，这样的学校更依赖于外部优质信息化教学资源的引进。田野调查中，通山县某教学点的肖老师跟我们谈论过他对制作多媒体课件的烦恼：

"您平时上课自己做课件吗？"笔者问。

"不做，都是四五十岁的人了，不太会弄啊。我们学校好像只有新来的那个年轻老师会做，她是刚毕业的大学生，这方面比较强。"

"那您平时都是在网上找一些现成的课件用吗？"笔者问。

"是啊，我有时候就是在网上找一些课件给学生放。不过，有的课件也不能直接用，还得改，我电脑用得不熟，有时候也改不出来。你说要搞信息化教学，其实好多老师都觉得用这个好麻烦，这比我们以前上课花费的准备时间长多了！你回去给教育局反映一下，最好是多配一些好用的课件过来，可以让我们上课的时候直接用的，这样，我想老师会更愿意用电脑上课了！"

表 3-16　　　　　　　教师开发信息化教学资源情况

		学校类型			合计
		农村小规模学校	农村中大规模学校	城市学校	
教师开发资源	有	9.8%	28.6%	87.5%	23.3%
	无	90.2%	71.4%	12.5%	76.7%
合计		100.0%	100.0%	100.0%	100.0%

对上述四种类型信息化教学资源在农村小规模学校的分布情况进行梳理后，我们可以发现在外部信息化教育资源接入上，农村小规模学校只在教育部"教学点数字教育资源全覆盖"项目资源接入上达到了相对较大的比例（66.7%），而地方信息化教学资源平台对农村小规模学校的覆盖很不理想（23.5%）。非常少的农村小规模学校自费购买了商业信息化教学资源（11.8%），自行开发信息化教学资源的情况同样非常少见（9.8%）。

虽然教育部实施的"教学点数字教育资源全覆盖"项目确实在提升农村小规模学校信息化软件建设水平上取得了一定的效果，但是，地方政府对农村小规模学校信息化软件建设的支持并不到位。同时，农村小规模学校自身进行软件资源开发建设的能力薄弱，不足以弥补外部信息化软件资源的缺口。所以，农村小规模学校的信息化软件资源获取渠道单一，在信息化软件资源建设水平上远远落后于农村中大规模学校和城市学校，也落后于自身硬件资源建设的速度。

二、农村小规模学校信息化软件资源的供应

(一)信息化软件资源供应不足

对样本学校信息化软件资源供应情况进行的调查结果显示，84.2%的农村小规模学校信息化软件资源供应不足（选择了"比较缺乏"、"非常缺乏"、"没有资源"），而农村中大规模学校的这一比例是 76.1%，城市学校的这一比例是 37.5%（表 3-17）。农村小规模学校的信息化教育资源供应情况明显不如农村中大规模学校和城市学校。

表 3-17　　　　　　　　　信息化软件资源供应情况

		学校类型			合计
		农村小规模学校	农村中大规模学校	城市学校	
信息化软件资源供应情况	非常充足			25.0%	2.3%
	比较充足	15.8%	23.8%	37.5%	19.8%
	比较缺乏	50.9%	57.1%	37.5%	51.2%
	非常缺乏	19.3%	19.0%		17.4%
	没有资源	14.0%			9.3%
合计		100.0%	100.0%	100.0%	100.0%

(二)信息化软件资源短缺限制了信息化教学的效果

我们进一步验证农村小规模学校信息化软件资源供应情况对信息化教学效果的影响，对样本学校教师的信息化教学效果进行调查，按照"非常好"、"比较好"、"一般"、"比较差"、"非常差"五个等级让教师们自我评价，并按照 5、4、3、2、1 的分值进行赋分，将学校所有老师的平均得分作为该校信息化教学效果的参考指数。同样将前述学校信息化教学资源供应的情况（分为"非常充足"、"比较充足"、"比较缺乏"、"非常缺乏"、"没有资源"）按照

5、4、3、2、1 的分值进行赋分，将此得分作为该校信息化教学资源供应情况的参考指数。

对样本学校的信息化教学资源供应指数和信息化教学效果指数进行 Pearson 相关分析（表 3-18）。结果显示两者显著相关（r = 0.494，p<0.01）。这说明，农村小规模学校信息化教学资源的供应不足确实对学校信息化教学的实施效果产生了明显的负面作用。

表 3-18　信息化教学资源供应和信息化教学效果的相关性分析

		信息化教学资源供应	信息化教学效果
信息化教学资源供应	Pearson 相关性	1	-0.494**
	显著性（双侧）		0.000
信息化教学效果	Pearson 相关性	-0.494**	1
	显著性（双侧）	0.000	

**：在 0.01 水平（双侧）上显著相关

小结：

只有搭配充足的信息化软件资源，才能让农村小规模学校已配置的信息化硬件设备真正发挥实效。调研结果显示，已有部分优质信息化教学课件资源被引入到农村小规模学校，对学校教学质量的提升起到了明显的效果。但是总体而言，农村小规模学校信息化软件资源建设仍滞后于硬件资源建设，软件资源的覆盖度、多样性、本地化都有待进一步优化。

（一）优质信息化教学资源的覆盖面不够、来源单一

调研数据显示，84.2%的农村小规模学校存在着信息化软件资源供应不足的问题，能够覆盖到小规模学校的优质信息化软件资源主要来自中央政府专项项目（"教学点数字教育资源全覆盖"项目），并且尚只覆盖到约三分之二的学校。地方政府搭建的各类公共信息化教学资源平台在小规模学校的接入率较低，未能起到实质性的作用。各类商业性质的第三方信息化教学资源由于经济成本因素也不能大规模引进农村小规模学校。所以，农村小规模学校引进优质信息化软件资源的各种外部渠道并不完全通畅，无法有效支撑起学校的信息化建设和信息化教学改革。

(二)学校自建信息化软件资源的能力薄弱

除了从外部引入信息化软件资源外，学校也应该具备一定的自行开发数字教学资源的能力。在畅通外部"输血管道"的同时，自身"造血能力"也应加强，只有具备一些"本地化"的信息化教学资源，才能最大限度地适配小规模学校独特的教育特性，实现学校信息化软件资源的可持续发展。调研数据显示，农村小规模学校教师信息技术技能短板较为明显，绝大多数不具备自行设计或制作信息化教学资源的能力。

(三)信息化软件资源缺口直接影响教学效果

农村小规模学校信息化软件资源建设的外部渠道较为单一，又不具备内部有效生成的基本条件，必然会影响学校信息化教学的效果。对样本学校的信息化教学资源供应指数和信息化教学效果指数进行 Pearson 相关分析，数据分析结果验证了这一结论。

第四节　农村小规模学校信息化资源配置的问题分析

回顾我国农村教育信息化发展的历程，从2003年启动的"农远工程"开始，"班班通"、"薄改计划"、"三通两平台"、"教学点数字教育资源全覆盖"等各种项目的实施和专项资金的投入从未间断。持续的重视和投入确实在一定程度上改善了农村学校尤其是农村薄弱学校的信息化软硬件水平。农村小规模学校作为农村薄弱学校的代表，处在农村教育系统的最底端，曾经被完全排除在了教育信息化发展的浪潮之外，如今在相关项目的扶助和各种专项资金的支持下，信息化基础建设开始起步，取得了一定的成效。相关数据表明，在部分关键指标上，农村小规模学校已经不亚于农村中大规模学校和城市学校，并且由于其规模小、学生少、班额小、教学方式灵活等特点，在信息化设备的使用和信息化教学的开展上还有其独特的优势，后续的发展潜力巨大。

　　同时，与我国城市学校信息化建设的起步阶段一样，农村小规模学校在目前的信息化建设中，重视硬件投入，忽视软件资源建设，"瘸腿走路"的现象仍然存在。与日益改善的硬件条件相比，信息化软件资源的建设却一直处于滞后甚至缺失的境地。软硬件建设的不协调，设备和课件的不匹配造成了硬件资源和软件资源的相互掣肘，形成了"1+1<2"的"双输"局面。在农村教育发展经费长期不足，教师待遇普遍偏低的情况下，这样的低效和浪费让人痛心！

　　生态学认为生态系统的进化必然伴随着能量、物质、信息的富集过程，但是在一定的时间、空间条件下并不是富集得越多越好。如果生态系统中能量流、物质流、信息流匹配不均衡，流动就会受阻，造成生态系统的失衡。这种失衡一方面可能由于某种资源的过度富集产生富营养化，另一方面也会带来资源的加速降衰，造成浪费。如果以生态学的视角来看待农村小规模学校的信息化资源配置问题，在农村小规模学校信息化发展的生态系统中，正是由于信息化经费(能量流)、信息化设施(物质流)、信息化课程资源(信息流)三者之间的关系长期没有理顺，造成了资源配置的失调，由此造成了资源使用的低效和浪费。

一、信息化经费投入不充足

　　通过近几年中央专项资金的注入和地方政府配套资金的支持，投入到农村小规模学校信息化发展的经费逐渐增多，这在很大程度上改善了这些学校的信息化办学条件，不少农村小规模学校从一块黑板、一根粉笔的简陋教学环境发展成为了宽带网络和新型设备一应俱全的现代化教学环境。但是，通过对学校信息化经费数额的统计分析后，我们可以发现农村小规模学校的信息化经费投入仍不充足。这种不充足表现在两个方面：

　　第一，班均信息化经费投入明显落后于农村中大规模学校和城市学校。虽然在政府统计口径中常见的生均信息化经费投入指标上，农村小规模学校以年生均 0.069 万超过了农村中大规模学校（0.023 万）和城市学校（0.015 万）。但是农村小规模学校学生少、班额小的根本特性却决定了其不具备大型学校的规模经济效益，不适合用生均经费指标与大型学校相比较。

为了消除生均指标对农村小规模学校信息化经费投入的"夸大"，本研究采用了更能反映农村小规模学校教学需求实际的班均经费指标来比较农村小规模学校信息化经费水平与农村中大规模学校和城市学校的差异。结果显示，在年班均信息化经费投入上，农村小规模学校为 0.76 万，明显落后于农村中大规模学校（1.02 万）和城市学校（0.97 万）。所以，农村小规模学校的信息化经费投入的真实水平应该还是和农村中大规模学校和城市学校有明显的差距。

第二，保障性经费和发展性经费缺口大。政府在对农村小规模学校的信息化经费投入上主要是按标准一次性统一购买设备分发到各学校。小规模学校在使用设备中所产生的后期经费开销却得不到足够的支持。这些经费一部分是"保运转"，主要是维持设备正常运行所产生的基本开支，如网费、电费、设备维修保养等费用；另一部分则是"保发展"，主要是设备更新、软件资源购置、教师培训等费用。政府在给农村小规模学校购置设备方面投入大量经费，却没有给学校以持续性的保障性经费和发展性经费支持。这导致了很多小规模学校在信息化设备使用上承受了巨大的经济压力，造成很多小规模学校信息化教学设备的利用率偏低，"能不用就不用"、"用一用停一停"的现象较为普遍。

所以，农村小规模学校的信息化经费配置问题除了总量投入不充足以外，更重要的是由保障性经费和发展性经费的不足所带来的结构性资金缺口。对农村小规模学校来说，这种结构性的短缺是无法靠学校自身力量来克服的，政府需要在这个方面给予小规模学校更多的支持。

教师基本相符。其一，教师老龄化状况严重。农村小规模学校教师中 50 岁以上教师占比接近一半，这一比例远高于城市学校教师。其二，教师学历、职称水平偏低。农村小规模学校教师中具有本科以上学历的教师只有 40% 左右，具有高级职称的占比为 51.2%，这些数据都远落后于城市学校教师。在性别占比上，农村小规模学校男女教师数量基本均衡，这与农村中大规模学校和城市学校教师群体"女多男少"的典型特征有较大差异。究其原因，农村小规模学校教师性别分布上的"优势"并不是来自人为的师资队伍优化举措，而更多的是因为学校所在地较为艰苦的生活条件"迫使"教育主管部门不得不指派更能吃苦耐劳的男教师去小规模学校从教。

与农村小规模学校孱弱的师资队伍相对应的却是比农村中大规模学校和城市学校教师更繁重的教学任务。调研数据显示，农村小规模学校教师平均要承担的课程门数明显多于农村中大规模学校教师，更是城市学校教师的近两倍。师资力量和教学强度的不匹配必然导致教学质量的下降。调研数据显示，小规模学校英语、体育、音乐、美术等国标课程开设率都普遍偏低。因此，孱弱的师资队伍正是农村小规模学校开不齐课、开不好课的关键原因之一。

第二节　农村小规模学校信息化教师队伍建设现状

学校信息化教师队伍建设应该关注两方面的问题，一方面是信息技术专业人员的配置及素养，另一方面是其他学科教师的信息技术能力水平。学校配置的信息技术专业人员一般为信息技术教师或技术管理人员（在农村学校这两种身份的界限较为模糊，往往由一人身兼二职，下文统一以信息技术教师指代）。所以，信息技术教师的岗位设置、工作性质、作用效果，其他学科教师的技术素养、信息化教学能力等内容就是我们研究农村小规模学校信息化教师队伍建设现状所必须探究的问题。

一、农村小规模学校信息技术教师配置现状

（一）信息技术教师配备率低

信息技术教师对学校的信息化发展起着至关重要的作用。一方面，信息技术教师可以承担学校的信息技术课程，培养学生的信息技术能力，为学生接受其他课程的信息化教学模式提供基础和保障；另一方面，信息技术教师除了授课以外还可以承担学校日常设备维护的部分责任，并对其他教师进行技术帮助和指导，为学校信息化教学的顺利开展提供必要的支持。

本研究的调查数据显示，只有19.6%的农村小规模学校配备了信息技术教师。相比之下，76.2%的农村中大规模学校和100%的城市学校都配备了信息技术教师（表4-9）。在信息技术教师的配备上，农村小规模学校远远不如农村中大规模学校和城市学校。

表4-9　　　　农村小规模学校信息技术教师配置情况

		学校类型			合计
		农村小规模学校	农村中大规模学校	城市学校	
信息技术教师	有	19.6%	76.2%	100.0%	37.8%
	无	80.4%	23.8%		62.2%
合计		100.0%	100.0%	100.0%	100.0%

（二）信息技术教师校际共享机制"名存实亡"

1. 信息技术教师无法专人专岗

师资短缺是农村小规模学校一直以来的"老大难"问题，许多学校连"音、体、美"的老师都配不齐，配齐信息技术教师在现阶段确实更是"奢望"。所以，各地方政府普遍采取的是一种折中的办法，由中心小学或中心学校的电教管理人员统一负责其下辖所有

104

为51.2%，农村中大规模学校为52.4%，而城市学校的这一比例高达75.9%（表4-6）。

表4-6　　　　　　农村小规模学校教师职称结构

		学校类型			合计
		农村小规模学校	农村中大规模学校	城市学校	
高级职称	有	51.2%	52.4%	75.9%	56.9%
	无	48.8%	47.6%	24.1%	43.1%
合计		100.0%	100.0%	100.0%	100.0%

五、教师教学任务繁重、开课科目单一

（一）承担课程门数多

按照规定农村学校的师生比为1：23。农村小规模学校虽然学生人数少，但年级相对较多，且各年级学生分布不均匀，按照1：23的师生比来配备老师的话根本无法配齐各科目的教师。所以在农村小规模学校中普遍存在着一名老师上多门课程甚至出现"包班制"（一个老师负责一个班级的所有课程的讲授）。本研究的调查结果很好地验证了这一点。数据显示，农村小规模学校教师平均承担2.14门课程，而农村中大规模学校教师平均承担1.47门课程，城市学校教师平均承担1.09门课程（表4-7）。

表4-7　　　　　农村小规模学校教师承担课程门数

学校类型	均值	标准差	极小值	极大值
农村小规模学校	2.14	1.182	1	6
农村中大规模学校	1.47	0.755	1	5
城市学校	1.09	0.407	1	4
总计	1.55	0.900	1	6

(二)"小科目"课程开设情况差

对农村小规模学校教师的授课科目分布进一步进行统计,结果显示,59%的教师承担了语文课,50.6%的教师承担了数学课,18.7%的教师承担了英语课,19.9%的教师承担了音乐课,26.5%的教师承担了美术课,16.9%的教师承担了体育课,16.9%的教师承担了科学课,11.4%的教师承担了品德课,5.4%的教师承担了心理课,6%的教师承担了信息技术课(表4-8)。通过数据对比可以明显发现,以"英、体、美、音"为代表的"小课"教师在农村小规模学校的短缺情况依然严重。从教师的授课科目分布也能推断,除了语文、数学两门课程外,其他科目在农村小规模学校的开设情况不容乐观,尤其是信息技术课程和心理课程,几乎处于"消失"状态。

表4-8 农村小规模学校教师授课科目分布

课程名称	开课频率
语文	59.0%
数学	50.6%
英语	18.7%
音乐	19.9%
美术	26.5%
体育	16.9%
科学	16.9%
品德	11.4%
心理	5.4%
信息技术	6.0%

小结:

调研结果显示,农村小规模学校教师群体基本特征与普通农村

二、信息化硬件建设不均衡

2010 年以后，在密集的农村教育信息化发展政策攻势之下，农村小规模学校的信息化硬件办学条件已经得到了初步改善。大部分农村小规模学校通了网路，配置了电子白板、触控一体机等新型的信息化教学设备，具备了开展信息化教学的基本条件。本研究的调研数据显示，90.2％的农村小规模学校至少拥有 1 间多媒体教室，62.7％的农村小规模学校配置了触控一体机，60.8％的农村小规模学校通了网络。在信息化硬件设施建设上，农村小规模学校已经不是以前那副贫瘠不堪的模样。

虽然农村小规模学校的信息化硬件水平已经大幅提高，但是在一些指标上农村小规模学校仍然远远落后于城市学校，甚至是农村中大规模学校。在网络带宽上，61.3％的农村小规模学校网络带宽不足 4M，与之相比，47.6％的农村中大规模学校和所有城市学校都普及 10M 以上的网络；在教师办公电脑配置上，只有 43.1％的农村小规模学校给教师配备了办公电脑，而在城市学校这一比例是100％；在微机室的建设上，只有 11.8％的农村小规模学校建设了微机室，而 81％的农村中大规模学校和 100％的城市学校都配有微机室。此外，对样本学校的信息化设备类型分布进行统计后发现，农村小规模学校的信息化设备类型单一，设备丰富程度也远不如农村中大规模学校和城市学校。绝大多数农村小规模学校的设备只分布在触控一体机这一项上，而农村中大规模学校和城市学校的信息化设备分布则较为平均，既有诸如"电子白板、触控一机体"等新式设备，也有"幻灯投影、多媒体展台"等传统设备。

所以说，近几年的密集建设确实让农村小规模学校的信息化硬件设施"好看"了许多，各种城市学校都未必能够普及的"高大上"设备都能在农村小规模学校见到，往往给人以学校硬件设施完备的错觉。但是仔细分析就会发觉与各种"新式武器"相配套的网络带宽条件、信息化办公条件、学生上机环境仍远远落后于城市学校，也不如农村中大规模学校。

三、信息化软件资源缺口大

学校的信息化硬件设备只有和相应的软件资源相配合才能发挥实质的作用。没有丰富、易用、适宜的电子课件、课程案例、教学视频，再多的高端设备在农村学校都成了"摆设"。多年以来，软件资源的缺乏一直是制约我国农村教育信息化发展的症结所在。这一问题也早已引起相关部门的注意，近几年的农村学校信息化政策中都把软件资源的配套作为了建设重点，不仅有国家层面的专项优质信息化教学资源的开发，各地方政府也大都组织建设了地方教育资源共享平台，力求实现区域内的优质教育资源的共建共享。农村小规模学校作为这些政策的受益者，确实拥有了一些优质的信息化教学资源。但总体而言，与日益改善的硬件资源条件相比，农村小规模学校的软件资源建设相对滞后，现有的信息化教学资源无法完全满足学校信息化教学的需求，也制约了硬件设备的充分使用。

"重硬轻软"仍然是农村小规模学校信息化资源配置的显著特征。

四、信息化资源要素配置失调

分析农村小规模学校信息化资源配置的问题，我们需要将各资源要素联系起来，分析其相互的作用和联系。从这个意义上来说，农村小规模学校可以看成是一个生态系统，学校的信息化资源要素是整个生态系统的生态因子。我们可用生态学的相关原理来理顺各资源要素之间的关系，实现各资源要素之间的相互促进，以促进学校整体的信息化发展。

在农村小规模学校的生态系统里，经费资源、硬件资源、软件资源无疑是学校信息化发展的三种基本资源。生态系统的发展无疑需要三种资源的投入，但是更重要的是这三种资源之间是否达到了适应。协调和统一的平衡状态才是最终决定学校信息化资源配置效率乃至学校信息化发展水平的关键。正像生态学所认为的，生态系统的进化必然伴随着能量、物质、信息的富集过程，但是在一定的时间、空间条件下并不是富集得越多越好。

通过分析我国政府现行的农村教育信息化发展的各项政策方针和实际做法，可以发现各项政策在很大程度上就是寄希望于利用信息化的课程资源来弥补农村学校师资资源的短缺。这也正是各级政府在农村小规模学校大力推广信息技术普及应用的原动力，政策制定者很容易就把信息技术当成了解决农村小规模学校"缺师少教"难题的一剂"灵丹妙药"。但是，对于农村小规模学校而言，引入信息技术的问题存在着两面性。一方面，学校缺乏优秀教师的问题难以解决，所以需要引入信息技术优化教学以弥补师资的短缺问题；另一方面，信息技术要在教育教学中发生效用就必须有优秀的教师，二者相互联系又相互矛盾。政策制定者们往往只看到了前者，大力在农村小规模学校普及信息化硬件设备和软件资源，为学校的师资短缺下"猛药"，却忽视了后者才是药效的关键。

所以，对于农村小规模学校而言，利用信息化的手段缓解学校的师资短缺，辅助提升教学质量确实是一个切实可行的办法，但是如果将信息技术当成万能钥匙，甚至寄希望于用信息化教学设备和信息化课程资源来完全填补优秀教师的缺口就是本末倒置了。"物"只有为"人"所用才能转化为真正的教育生产力。

本章将着重分析当前我国农村小规模学校信息化教师队伍建设的现状和问题。

第一节　农村小规模学校教师的整体特征

一所学校的信息化教师队伍建设成效显然会受整体师资水平的影响。想要探究农村小规模学校信息化教师队伍建设的现状和问题就必须首先了解农村小规模学校的整体师资状况。农村小规模学校教师的性别分布、年龄结构、文化层次、职称水平和农村中大规模学校和城市学校到底有无差别、有多大差别需要我们用实证数据逐一对比分析。

一、教师性别分布较为均衡

本研究的调查数据显示，农村小规模学校教师中男性教师占

56.1%，女性教师占43.9%。与之相比，农村中大规模学校中男性教师占39.0%，女性教师占61.0%；城市学校男性教师占24.8%，女性教师占75.2%（表4-1）。对比之后可以发现，农村小规模学校的教师性别分布较为平均，这一点与农村中大规模学校和城市学校教师"女多男少"的典型特征有着明显差异。

表 4-1　　　　　　　　　　农村小规模学校性别结构

		学校类型			合计
		农村小规模学校	农村中大规模学校	城市学校	
性别	男	56.1%	39.0%	24.8%	38.3%
	女	43.9%	61.0%	75.2%	61.7%
合计		100.0%	100.0%	100.0%	100.0%

二、教师平均年龄较大、老龄化严重

本研究的调查数据显示，农村小规模学校的教师平均年龄为42.2岁，农村中大规模学校教师平均年龄为39.7岁，城市学校教师平均年龄为38.5岁（表4-2）。从教师平均年龄上看，农村小规模学校大于农村中大规模学校和城市学校。如果对学校50岁以上教师占所有教师的比例进行统计，可以进一步发现农村小规模学校教师老龄化严重。其中，农村小规模学校50岁以上教师占教师总数的比例为40.36%，而农村中大规模学校和城市学校的这一比例分别为26.08%、13.1%。

表 4-2　　　　　　　农村小规模学校教师年龄结构

学校类型	均值	标准差	极小值	极大值
农村小规模学校	42.19	13.115	21	70
农村中大规模学校	39.73	11.862	20	60
城市学校	38.46	9.021	20	61
总计	39.99	11.529	20	70

第四章　农村小规模学校的信息化教师队伍建设

　　"技术是教育中的工具性要素，技术只有为人所使用才能转化为现实的教育'生产力'。"①从这个意义上来说，"人"的信息化才是真正的教育信息化。不管目前中国的教育信息化发展大潮中涌现出多少的新技术、新设备、新软件冲击我们的眼球，教育信息化终究还是要指向教育的实质内涵——促进人的发展。所以，一所学校的信息化发展水平不仅仅取决于硬件设备多么豪华，软件资源多么丰富，更取决于是否有一支合格的信息化教师队伍。只有教师具备合格的信息技术能力，才能使信息化软硬件资源真正应用于实际教学，从而起到帮助促进学生学习成长的作用。

　　长期以来，"缺师少教"是农村小规模学校最"引人注目"的标签。师资的极度匮乏让农村小规模学校"开不齐课，开不好课"，教学质量难以保障，各项活动无法开展，成为影响学校发展的最大痼疾。针对这一问题，教育部出台了多项措施补充农村学校的师资力量，从早期的"特岗教师计划"到最近的"免费师范生"，都致力于将优秀的教师资源引入到农村学校尤其是农村小规模学校。同时，各级地方政府及教育主管部门也都为农村小规模学校的师资补充给予了各项政策补偿。有的地方优先安排新入职的年轻教师到农村小规模学校工作，有的地方规定县城教师晋升高一级职称必须到农村小规模学校支教一年以上，有的地方实施"启明星计划"，安排城市优质学校校长和农村薄弱学校校长轮岗交流。这些年来，从

----

①　梁丽，吴长城.宁夏地区农村中小学教师现代远程教育资源应用能力调查研究[J].电化教育研究，2010(05)：56-59.

中央政府到地方政府，都在推行种种政策致力于建立健全农村小规模学校的教师流动机制和教师补充机制。然而，从农村小规模学校的师资发展现状来看，各项政策的实施效果却并不理想。由于生活环境、福利待遇、发展潜力等多方面的不利因素，农村小规模学校难以留住优秀的人才，新引入的新鲜血液往往用不了几年又流回到了乡镇中心学校或进一步流动到城市学校。如何有效地为农村小规模学校补充优秀的师资成为一个政策难点。

信息技术的开放性、共享性和交互性以及无与伦比的传播广度与传播速度使得优质教育资源能够轻易地在不同区域、不同学校、不同个体之间共建共享。利用信息化的手段来提高农村学校尤其是农村偏远薄弱学校的教育质量成为了一个切实可行、容易操作的办法。教育部 2012 年颁发的《教育信息化十年发展规划（2011—2020年）》就提出："提高所有学校在信息基础设施、教学资源、软件工具等方面的基本配置水平，全面提升应用能力。促进所有学校师生享用优质数字教育资源，开足开好国家课标规定课程。"①2012 年，《国务院办公厅关于规范农村义务教育学校布局调整的意见》也谈到："为村小学和教学点配置数字化优质课程教学资源……提高村小学和教学点教学质量。"②2012 年，《教育部等九部门关于加快推进教育信息化当前几项重点工作的通知》也明确指出：改善教学点办学条件，开齐课、开好课，是满足农村边远地区适龄儿童就近接受良好教育的基本要求。省级教育、财政、广电等部门要统筹安排，结合广电部门实施的直播卫星户户通工程，为布局调整中确需保留和恢复的教学点配备视频接收播放设备，并组织配送优质数字教育资源。县级教育行政部门要统一组织安排各教学点利用视频接收播放设备与数字教育资源开展教学活动。③

<hr>

① 教育信息化十年发展规划（2011—2002 年）［EB/OL］. ［2018-9-26］. http://www.edu.cn/zong_he_870/20120330/t20120330_760603_5.shtml.
② 国务院办公厅关于规范农村义务教育学校布局调整的意见［EB/OL］. ［2018-9-26］. http://www.gov.cn/zwgk/2012-09/07/content_2218779.htm.
③ 教育部等九部门关于加快推进教育信息化当前几项重点工作的通知［EB/OL］. ［2018-9-26］. http://www.gzy.com.cn/content/? 256.html.

三、教师文化程度不高

本研究的调查结果显示，农村小规模学校教师的学历分布为：初中以下学历的教师占比 0.5%，初中学历的教师占比 0.5%，高中学历的教师占比 19.0%，专科学历的教师占比 39.8%，本科学历的教师占比 40.3%。将农村小规模学校教师的学历分布情况与农村中大规模学校以及城市学校教师的学历分布情况进行比较后可以发现，农村小规模教师的学历结构重心偏低，学历水平显著落后于农村中大规模学校和城市学校。其中，高中及以下学历的教师占农村小规模学校教师总数达到了 20%，这一比例在农村中大规模学校和城市学校分别为 10.5% 和 0.7%；本科及以上学历的教师在农村小规模学校教师中不到一半（40.3%），而农村中大规模学校和城市学校教师中本科及以上学历的教师占比均超过了一半（50.7% 和 51%）（表 4-5）。

表 4-5 **农村小规模学校教师学历结构**

		学校类型			合计
		农村小规模学校	农村中大规模学校	城市学校	
学历	初中以下	0.5%	0.3%		0.3%
	初中	0.5%	0.3%		0.2%
	高中	19.0%	9.9%	0.7%	9.4%
	专科	39.8%	39.0%	48.3%	38.6%
	本科	40.3%	50.4%	50.3%	50.9%
	研究生		0.3%	0.7%	0.6%
合计		100.0%	100.0%	100.0%	100.0%

四、教师专业技术职称偏低

农村小规模学校教师的平均职称水平低于农村中大规模学校和城市学校。在高级职称教师占教师总数的比例上，农村小规模学校

  对三个层次学校的教师年龄差异进行方差分析，以验证这种差异是否达到了统计学意义上的显著性（表 4-3）。因为不同组别没有通过方差同质性检验（P = 0.000 < 0.05，达到了 0.05 的显著性水平），所以这里采用 Tamhane's T2 检验法进行组间的多重比较（表 4-4）。方差分析的结果显示，农村小规模学校教师的平均年龄与城市学校教师的平均年龄的均值差为 3.732，显著性 p 值为 0.001，达到了统计学上的显著水平（p<0.05）；而农村小规模学校教师的平均年龄与农村中大规模学校教师的平均年龄的均值差为 2.463，显著性 p 值为 0.062，没有达到统计学上的显著水平（p<0.05）。所以，农村小规模学校的教师平均年龄显著大于城市学校的教师，但是与农村中大规模学校的教师并无显著差别。

表 4-3   不同类型学校教师年龄的方差同质性检验

Levene 统计量	df1	df2	显著性
62.802	2	868	.000

表 4-4   不同类型学校教师年龄的多重比较

(I) 学校类型	(J) 学校类型	均值差 (I-J)	标准误	显著性	95% 置信区间	
					下限	上限
第一组	第二组	2.463	1.065	0.062	−0.09	5.02
	第三组	3.732*	1.048	0.001	1.22	6.24
第二组	第一组	−2.463	1.065	0.062	−5.02	0.09
	第三组	1.269	0.822	0.326	−0.70	3.24
第三组	第一组	−3.732*	1.048	0.001	−6.24	−1.22
	第二组	−1.269	0.822	0.326	−3.24	0.70

  *：均值差的显著性水平为 0.05

  注：第一组：农村小规模学校；第二组：农村中大规模学校；第三组：城市学校

村小和教学点的设备维护及信息技术课程教学任务。英山县教育装备站的李站长在介绍教学点技术人员的配备上就谈到了这种做法："村小和教学点没法单独配技术人员，没那个条件。但是原则上中心校肯定有技术人员，这个我们还是可以保证的。我们这里叫做技术联络员，就是一个中心小学必须配有一个技术联络员，下面所有教学点的设备问题和信息化教学问题都可以找他，联络员解决不了的问题可以再上报给我们装备站。我们就是靠这种一级级的管理模式来实现全县这么多教学点的技术保障的！"

这种农村中大规模学校与农村小规模学校之间的技术人员共享现象在农村学校普遍存在。一方面，以教学点为代表的大部分农村小规模学校并无独立的行政地位，本就在管理上隶属于农村中大规模学校，这种教师流动更像是一所"大学校"内部的人事调配，实行起来很方便。另一方面，各地教育主管部门普遍鼓励、支持农村中大规模学校对周边小规模学校进行帮扶，"联片教研"、"走教"、"送教"等做法被各地普遍借鉴和采用，在帮助小规模学校开齐开好"英、音、体、美"等"小课"上也取得了很好的效果。所以，一所农村中大规模学校和其周边几个小规模学校共用信息技术教师的模式虽然是对现实的一种妥协，但是在一定程度上也是对农村有限教师资源的灵活配置和充分利用，有其可取可行之处。然而，这种模式在实际操作过程中却被"打了折扣"，效果并不尽如人意。

首先，现阶段农村学校的信息技术教师普遍由其他科目老师或学校管理人员兼任。本研究的调查数据显示，农村小规模学校配备的均是兼职信息技术教师。同样，大部分农村中大规模学校也只有兼职信息技术教师，有专职信息技术教师的学校只占学校总数的31.2%（表4-10）。这些兼职信息技术教师连自己学校的"分内工作"都难以满足，根本无暇顾及其他小规模学校。在访谈中，所调研的农村小规模学校的校长普遍向我们反映，中心校的信息技术教师无法很好地对小规模学校提供技术支持。

　　"他们（中心小学的技术员）哪管得了我们啊，一两个月来
　一次就不错了！我电脑坏了都是自己找人修的！"（某教学点饶

老师)

　　"镇小的那个老师以前是教数学的，年龄也不小了，现在让他兼着电教主任的工作而已。他也不怎么管事的！"(某村小徐老师)

　　"以前好多学校的电教管理员都是随便找个老师当一下，就是个门面，外人问起来学校有这个岗位！这几年进来不少大学生，现在一般就让这些年轻人负责电教这一块了。但是他们什么课都要上，忙得很，不太愿意干这个(技术员)！"(某中心小学校长)

表 4-10　　　不同类型学校信息技术教师专兼职设岗情况

		学校类型			合计
		农村小规模学校	农村中大规模学校	城市学校	
信息技术教师	专职		31.2%	100.0%	25.0%
	兼职	100.0%	68.8%		75.0%
合计		100.0%	100.0%	100.0%	100.0%

　　2. 信息技术教师普遍缺乏专业学科背景

　　其次，农村学校的信息技术教师大多不具备专业学科背景。本研究的调查数据显示，有76%的农村学校信息技术教师没有学过信息技术或相关专业(计算机相关专业和教育技术相关专业)。所以，许多农村学校的信息技术教师并不具备足够的技术能力承担起学校的信息化工作。在实地调研中，我们经常会发现学校的信息技术教师对一些简单的技术问题束手无策。比如，在某村小调研时，老师们反映教室里的平板电视上周突然不显示画面了，中心小学的电教管理员过来也弄不好，说是只能往县里报修。结果，课题组的成员在反复排查后发现其实只是内置的电源开关没有开。

　　某镇中心小学的夏老师是一位工作才一年多的省招教师，毕业于师范院校的体育专业，她在上体育课之外还被校长任命为学校的电教主任，负责学校技术方面的工作。我们对她进行了访谈：

"您平时在学校负责哪些技术工作?"笔者问。

"就是老师们用电脑不会的,我有时候帮着指导一下。"

"如果设备出故障了,您能处理吗?"笔者问。

"硬件问题我肯定不行,我又没学过这个。设备坏了只能往县里报了!"

"您不是这个专业的,为什么学校要您做技术工作呢?"笔者问。

"我们学校没有技术出身的老师,校长觉得年轻人多少懂点技术,就让我做了。"

二、农村小规模学校教师信息技术能力水平现状

教师信息技术能力水平是决定学校信息化教学实际效果的关键因素。本节将调查农村小规模学校教师的信息技术能力水平现状,并在此基础上进一步探讨影响小规模学校教师信息技术能力水平的各种因素,找出提升农村小规模学校教师信息技术能力发展的有效途径。

(一) 教师信息技术能力的界定

关于教师信息技术能力的定义、内涵、分类等问题国内外学者作了较为充分的研究。国内有学者对教师信息技术能力进行了定义,即为"能够利用信息科学的理论、方法、手段和工具,对教学设计、教学实施、教学评价过程中的有关信息进行获取、分析、处理、传递和利用的能力"。[①] 有学者界定了教师信息技术能力的涵盖范围,指出信息技术能力应包括三个部分:信息化教学设计能

---

① 解月光,姜玉莲. 农村中小学教师信息素养教育的分析与思考[J].
电化教育研究,2004(09):61-63.

力、信息化教学实施能力、信息化教学监控能力。① 还有学者具体研究了教师实施信息化教学应该具备的几种技能：应用信息技术的能力、合理使用媒体的能力、学习资源设计和开发的能力。② 美国学者科勒（Koehler）和米什拉（Mishra）于 2005 年在舒尔曼（Shulman）的学科教学知识 PCK 基础上提出了著名的教师 TPACK 能力。TPACK 框架包含三个核心要素，即学科内容知识（CK）、教学法知识（PK）和技术知识（TK）；四个复合要素，即学科教学知识（PCK）、整合技术的学科内容知识（TCK）、整合技术的教学法知识（TPK）、整合技术的学科教学知识（TPACK）。③ TPACK 理论在对教师信息技术能力进行分类的同时更加强调的是知识的交叉和融合。它强调教师的信息技术能力不应该只是简单地强调技术能力，应该强调教师对学科知识的掌握，更重要的是通过先进的教学方法把技术能力融入到实际教学内容中去。TPACK 理论认为教师信息化教学的效果不取决于任何一种知识能力，而是取决于教师对技术知识、学科知识、教学法知识的认知灵活性和融合能力。

除了学术界对教师信息技术能力的探讨外，许多国家和国际组织也发布了本国的教师信息技术能力标准，对教师信息化教学、信息化培训、信息化专业发展提供了参考标准。2011 年，UNESCO 发布了第二版《教师信息和通信技术能力框架》，从技术素养、知识深化、知识创造三个角度对教师信息技术能力进行描述。④ 加纳、尼日利亚和坦桑尼亚等国在此能力框架的基础上根据本国的实际情况对框架内容进行了细化和微调，推出了国家级的《教师信息

---

① 彭立. 有效教学——信息化教学中的问题与对策［M］. 长春：东北师范大学出版社，2007：41-43.

② 陈丽，李芒，陈青. 论网络时代教师新的能力结构［J］. 中国电化教育，2003（4）：65-68.

③ Technological Pedagogical Content Knowledge ［EB/OL］. ［2018-9-26］. http://baike. baidu. com/link？ url ＝ BXGwUJ44IIfpPhRyrr6CVch4dFTxF3n6z-KAeykwO5yzocNck859psfPK2Rj4A1AL6EOB-HtqhmTGxfZOI1-jK.

④ UNESCO ICT Competency Framework for Teachers，version2. 0［DB/OL］. ［2018-9-26］. http://iite.Unesco.org/ pics/ publications/en/fies/3214694.pdf.

技术能力标准》。2004 年，我国教育部正式颁布了《中小学教师信息技术能力标准》，这是我国第一个国家级的教师信息技术能力标准。标准从意识与态度、知识与技能、应用与创新、社会责任四个维度界定了教师的信息技术能力。① 2014 年，教育部对这一标准进行了修订，颁布了新一版《中小学教师信息技术应用能力标准（试行）》。这一标准从实际教学的自然发生过程出发，从技术素养、计划与准备、组织与管理、评估与诊断、学习与发展五个阶段对教师的信息技术能力标准进行界定，操作性更强。并且，该标准还对教师信息技术能力从基本要求和发展性要求两个维度进行描述，在将利用信息技术优化课堂教学作为基本要求的基础上更是提出了利用信息技术转变学习方式的发展性要求。标准的提高，适应了我国教育信息化发展的新形势，有利于促进信息技术与教育的真正融合。②

通过对相关研究成果的梳理可以发现，教师的信息技术能力既包括基础的信息化教学理念，也包括了实际教学过程中的操作方法和技能，更重要的是信息化手段与教育内容相融合的技巧。而就农村小规模学校目前的师资状况和信息化发展水平来说，教师应该掌握的是信息化教学基础理念和简单的信息化教学操作技巧方法等基本能力要求，以满足学校信息化教学"从无到有"的初始转变。而创新学习方式、引导学生个性化学习、促进自身信息化专业发展等发展性能力对农村小规模学校教师而言无疑要求过高。所以，本研究对农村小规模学校教师的信息技术能力的调研聚焦于教学实际过程，着重了解教师的基本信息化教学能力。具体而言，本研究从信息化教学理念、信息化教学设备操作技能、信息化教学资源的获取与开发、信息化教学融合创新能力四个方面对农村小规模学校教师的信息技术能力进行调查分析。

---

① 张屹，马静思，周平红，等 . 中小学教师信息技术应用能力现状及培训建议［J］. 中国电化教育，2015（01）：104-110.

② 中小学教师信息技术应用能力标准［EB/OL］. ［2018-9-26］. http://www.moe.edu.cn/publicfiles/business/htmlfiles/moe/s6991/201406/170123.html.

(二)农村小规模学校教师信息技术能力水平偏低

调查问卷从信息化教学理念、信息化教学设备操作技能、信息化教学资源的获取与开发、信息化教学融合创新能力四个方面设计问题,采用李克特五级量表法让教师选择,选项分别为"完全同意"、"同意"、"无意见"、"不同意"、"完全不同意"。

1. 信息化教学理念明显落后

教师的信息化教学理念分为两个方面,一是是否熟悉信息化教学基本理念,理解信息技术对改进课堂教学的作用,二是是否掌握了教学设计的理论和方法,能够完成一堂课的信息化教学设计。

统计数据显示,在"掌握了信息化教学基本理念,理解信息技术对改进课堂教学的作用"的选项上,农村小规模学校教师中25.3%选择了"完全同意",42.2%的教师选择了"同意",16%的教师选择了"无意见",9.2%的教师选择了"不同意",7.3%的教师选择了"完全不同意"(表4-11)。如果把选择了"完全同意"和"同意"的教师视作已具备熟练操作信息化教学设备的能力,那么有67.5%

表4-11　农村小规模学校教师掌握"信息化教学基本理念"的情况

		学校类型			合计
		农村小规模学校	农村中大规模学校	城市学校	
熟悉了信息化教学基本理念,理解信息技术对改进课堂教学的作用	完全同意	25.3%	35.7%	44.8%	36.9%
	同意	42.2%	58.2%	46.9%	53.6%
	无意见	16.0%	5.3%	6.9%	6.8%
	不同意	9.2%	0.8%	1.4%	2.7%
	完全不同意	7.3%			
合计		100.0%	100.0%	100.0%	100.0%

的农村小规模学校教师达到了这一标准。将这一数据与农村中大规模学校和城市学校教师的调研数据进行对比，93.9%的农村中大规模学校教师和91.7%的城市学校教师在此项能力上达标。农村小规模学校教师在信息化教学基本理念的掌握上大幅落后于农村中大规模学校和城市学校的教师。

统计数据显示，在"掌握了信息化教学设计的理论和方法"的选项上，农村小规模学校教师中14.4%选择了"完全同意"，33.5%的教师选择了"同意"，24.5%的教师选择了"无意见"，18.1%的教师选择了"不同意"，9.5%的教师选择了"完全不同意"（表4-12）。如果把选择了"完全同意"和"同意"的教师视作具备熟练操作信息化教学设备的能力，那么有47.9%的农村小规模学校教师达到了这一标准。将这一数据与农村中大规模学校和城市学校教师的调研数据进行对比，77.6%的农村中大规模学校教师和83%的城市学校教师在此项能力上达标。农村小规模学校教师在信息化教学设计的理论和方法的掌握上同样大幅落后于农村中大规模学校和城市学校的教师。

表4-12　农村小规模学校教师掌握"信息化教学设计的理论和方法"的情况

		学校类型			合计
		农村小规模学校	农村中大规模学校	城市学校	
掌握了信息化教学设计的理论和方法	完全同意	14.4%	31.1%	42.7%	32.9%
	同意	33.5%	46.5%	40.3%	43.5%
	无意见	24.5%	10.4%	7.4%	12.8%
	不同意	18.1%	5.8%	9.6%	10.8%
	完全不同意	9.5%	6.2%		
合计		100.0%	100.0%	100.0%	100.0%

2. 信息化教学设备操作尚不熟练

教师的技术操作技能一方面是电脑、投影、电子白板等各种硬件教学设备的实际操作能力,另一方面是对网络浏览、文字处理、演示文稿、动画制作等常用教学办公软件的使用熟练程度。

统计数据显示,在"熟练操作信息化教学设备"的选项上,农村小规模学校教师中有19.3%选择了"完全同意",37.3%的教师选择了"同意",26.5%的教师选择了"无意见",14.5%的教师选择了"不同意",2.4%的教师选择了"完全不同意"(表4-13)。如果把选择了"完全同意"和"同意"的教师视作具备熟练操作信息化教学设备的能力,那么有56.6%的农村小规模学校教师达到了这一标准。将这一数据与农村中大规模学校和城市学校教师的调研数据进行对比,71.4%的农村中大规模学校教师和76.5%的城市学校教师能够熟练操作信息化教学设备。农村小规模学校教师在信息化教学设备操作技能上落后于农村中大规模学校和城市学校的教师。

表4-13 　　　　　农村小规模学校教师掌握
"熟练操作信息化教学设备"能力的情况

		学校类型			合计
		农村小规模学校	农村中大规模学校	城市学校	
能熟练地操作多媒体教室等信息化设备	完全同意	19.3%	16.7%	19.3%	17.8%
	同意	37.3%	54.7%	57.2%	51.1%
	无意见	26.5%	14.4%	10.3%	16.4%
	不同意	14.5%	14.2%	12.4%	13.9%
	完全不同意	2.4%		0.7%	0.7%
合计		100.0%	100.0%	100.0%	100.0%

统计数据显示,在"使用常用办公软件处理日常教学工作"的选项上,农村小规模学校教师中18.7%选择了"完全同意",31.9%的教师选择了"同意",30.1%的教师选择了"无意见",17.5%的教师选择了"不同意",1.8%的教师选择了"完全不同意"(表4-14)。如果把选择了"完全同意"和"同意"的教师视作具备熟

练操作日常办公软件的能力，那么有 50.6% 的农村小规模学校教师达到了这一标准。将这一数据与农村中大规模学校和城市学校教师的调研数据进行对比，65.8% 的农村中大规模学校教师和 73.1% 的城市学校教师能够熟练操作信息化教学设备。农村小规模学校教师在常用办公软件操作技能上同样落后于农村中大规模学校和城市学校的教师。

表 4-14　农村小规模学校教师掌握"熟练使用信息化办公软件"
能力的情况

		学校类型			合计
		农村小规模学校	农村中大规模学校	城市学校	
能使用常用办公软件处理日常教学工作	完全同意	18.7%	18.7%	21.4%	19.3%
	同意	31.9%	47.1%	51.7%	44.5%
	无意见	30.1%	14.4%	9.0%	17.0%
	不同意	17.5%	19.5%	16.6%	18.4%
	完全不同意	1.8%	0.3%	1.4%	0.8%
合计		100.0%	100.0%	100.0%	100.0%

3. 信息化教学资源的获取和开发能力相对薄弱

除了学校提供的资源平台以外，教师主要是通过网络搜索信息化课程资源，所以具有良好的网络浏览、检索、下载信息化教学资源的能力也是教师开展信息化教学的重要保障之一。此外，调查发现 82.7% 的教师认为现有的信息化教学资源需要修改后才能使用。所以，教师应具备基本的信息化教学资源开发能力，能够做一些简单的教学课件。

统计数据显示，在"熟练使用互联网检索下载教学资源"的选项上，农村小规模学校教师中 22.3% 选择了"完全同意"，39.2% 的教师选择了"同意"，26.5% 的教师选择了"无意见"，10.8% 的教师选择了"不同意"，1.2% 的教师选择了"完全不同意"（表

4-15)。如果把选择了"完全同意"和"同意"的教师视作具备熟练使用互联网获取教学资源的能力,那么有 61.5% 的农村小规模学校教师达到了这一标准。将这一数据与农村中大规模学校和城市学校教师的调研数据进行对比,70.1% 的农村中大规模学校教师和 80% 的城市学校教师能够熟练操作信息化教学设备。农村小规模学校教师在使用互联网获取信息化教学资源的能力上明显落后于农村中大规模学校和城市学校的教师。

表 4-15　农村小规模学校教师掌握"熟练使用互联网检索下载教学资源"能力的情况

		学校类型			合计
		农村小规模学校	农村中大规模学校	城市学校	
能熟练地利用互联网浏览、检索、下载教学资料	完全同意	22.3%	19.0%	26.2%	21.2%
	同意	39.2%	51.1%	53.8%	48.9%
	无意见	26.5%	14.2%	10.3%	16.3%
	不同意	10.8%	15.7%	9.0%	13.2%
	完全不同意	1.2%		0.7%	0.4%
合计		100.0%	100.0%	100.0%	100.0%

统计数据显示,在"能够熟练加工制作多媒体课件"的选项上,农村小规模学校教师中 16.9% 选择了"完全同意",33.1% 的教师选择了"同意",20.5% 的教师选择了"无意见",25.9% 的教师选择了"不同意",3.6% 的教师选择了"完全不同意"(表 4-16)。如果把选择了"完全同意"和"同意"的教师视作具备熟练加工制作多媒体课件的能力,那么有 50% 的农村小规模学校教师达到了这一标准。将这一数据与农村中大规模学校和城市学校教师的调研数据进行对比,62.8% 的农村中大规模学校教师和 66.9% 的城市学校教师能够达到这一标准。农村小规模学校教师在加工制作多媒体课件的能力上同样明显落后于农村中大规模学校和城市学校的教师。

表 4-16 　　　　**农村小规模学校教师掌握"熟练加工制作多媒体课件"能力的情况**

		学校类型			合计
		农村小规模学校	农村中大规模学校	城市学校	
能自己加工制作多媒体教学课件	完全同意	16.9%	17.7%	20.0%	18.0%
	同意	33.1%	45.1%	46.9%	42.6%
	无意见	20.5%	11.1%	6.2%	12.3%
	不同意	25.9%	25.6%	26.2%	25.8%
	完全不同意	3.6%	0.5%	0.7%	1.3%
合计		100.0%	100.0%	100.0%	100.0%

4. 信息化教学融合创新能力差距显著

教师在熟悉了基本的信息化教育理论，掌握了一定的技术操作技能，也具备一定的教学资源获取和开发能力之后，如果想要在实际教学过程中有效应用信息技术就必须做到对相关理论知识的融会贯通和对技术知识的综合运用。这对教师的信息技术能力提出了更高的要求。一方面，教师要依据课程标准、学习目标、学生特征和技术条件，选择适当的教学方法，找准运用信息技术解决教学问题的契合点。另一方面，教师要能够利用技术支持，转变学习方式，有效地开展学生自主、合作、探究学习。

统计数据显示，在"能够依据课程选择适当的教学方法和技术资源"的选项上，农村小规模学校教师中 17.5% 选择了"完全同意"，31.9% 的教师选择了"同意"，16.9% 的教师选择了"无意见"，30.1% 的教师选择了"不同意"，3.6% 的教师选择了"完全不同意"（表 4-17）。如果把选择了"完全同意"和"同意"的教师视作具备了依据课程选择适当的教学方法和技术资源的能力，那么有 49.4% 的农村小规模学校教师达到了这一标准。将这一数据与农村中大规模学校和城市学校教师的调研数据进行对比，63% 的农村中大规模学校教师和 74.4% 的城市学校教师达到了这一标准。农村小规模学校教师在依据课程选择适当的教学方法和技术资源的能力上大幅落后于农村中大规模学校和城市学校的教师。

表 4-17　　　农村小规模学校教师掌握"依据课程选择
适当的教学方法和技术资源"能力的情况

		学校类型			合计
		农村小规模学校	农村中大规模学校	城市学校	
能够依据课程标准、选择适当的教学方法和技术资源	完全同意	17.5%	15.9%	17.2%	16.6%
	同意	31.9%	47.1%	57.2%	45.6%
	无意见	16.9%	16.2%	6.2%	14.3%
	不同意	30.1%	20.0%	19.3%	22.2%
	完全不同意	3.6%	0.8%		1.3%
合计		100.0%	100.0%	100.0%	100.0%

统计数据显示，在"能够利用技术支持，改进教学方式，有效开展学生自主、合作、探究学习"的选项上，农村小规模学校教师中15.7%选择了"完全同意"，27.1%的教师选择了"同意"，19.9%的教师选择了"无意见"，27.7%的教师选择了"不同意"，9.6%的教师选择了"完全不同意"（表4-18）。如果把选择了"完全同意"和"同意"的教师视作具备了依据课程选择适当的教学方法和技术资源的能力，那么有42.8%的农村小规模学校教师达到了这一标准。将这一数据与农村中大规模学校和城市学校教师的调研数据进行对比，59%的农村中大规模学校教师和57.2%的城市学校教师达到了这一标准。农村小规模学校教师在利用技术支持，改进教学方式，有效地开展学生自主、合作、探究学习的能力上同样大幅落后于农村中大规模学校和城市学校的教师。

表 4-18　农村小规模学校教师掌握"有效开展学生自主、
合作、探究学习"能力的情况

		学校类型			合计
		农村小规模学校	农村中大规模学校	城市学校	
能利用技术支持，改进教学方式，有效开展学生自主、合作、探究学习	完全同意	15.7%	14.7%	17.2%	15.4%
	同意	27.1%	44.3%	40.0%	39.4%
	无意见	19.9%	12.7%	10.3%	13.9%
	不同意	27.7%	27.3%	30.3%	28.0%
	完全不同意	9.6%	1.0%	2.1%	3.3%
合计		100.0%	100.0%	100.0%	100.0%

5. 综合分析

（1）农村小规模学校教师与农村中大规模学校、城市学校教师在信息技术能力层面具有显著差异

问卷数据显示，农村小规模学校教师的信息技术能力水平较低，且明显落后于农村中大规模学校和城市学校教师的平均水平。为了对城乡之间教师信息技术能力的差异作更细致的分析，可将上述五级量表题进行评分。答案中的"完全同意"、"同意"、"无意见"、"不同意"、"完全不同意"，分别按照5、4、3、2、1的得分方式进行评分赋值。每项能力的得分按照信息化教学理念、信息化教学操作、信息化教学资源获取和开发以及信息化教学融合创新四个维度加成，分别按农村小规模学校、农村中大规模学校、城市学校三个学校类型进行汇总比较（表 4-19）。

从整体水平上来说，从城市学校到农村中大规模学校，再到农村小规模学校，教师的信息技术能力水平逐渐下降。并且，农村小规模学校教师在信息技术能力水平上落后于农村中大规模学校教师的幅度明显大于农村中大规模学校教师落后于城市学校教师的幅度（图 4-1）。同样作为农村学校，农村小规模学校教师的信息技术水平却大幅落后于农村中大规模学校，这值得我们深思。

117

表 4-19　　　　　**不同类型学校教师信息技术能力评分比较**

学校类型	教学理念维度得分	教学操作能力维度得分	资源获取与开发能力维度得分	教学融合能力维度得分	信息技术能力总分
农村小规模学校	6.57	7.05	7.04	6.41	27.07
农村中大规模学校	7.75	7.38	7.27	7.02	29.42
城市学校	8.13	7.57	7.55	7.12	30.37

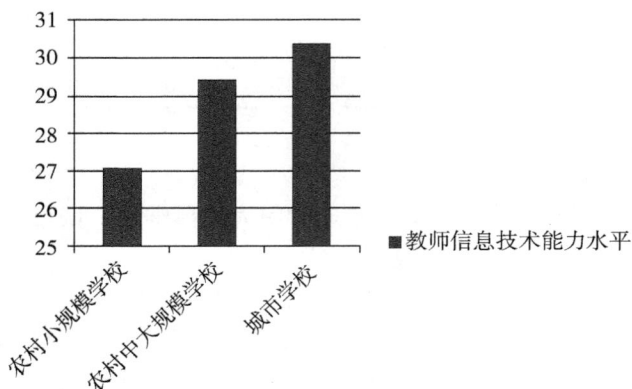

图 4-1　不同类型学校教师信息技术能力水平差异示意图

（2）农村小规模学校教师与农村中大规模学校、城市学校教师在信息化教学理念、信息化教学融合创新两个能力维度上落后幅度较大

从四个维度的能力水平差异来看，农村小规模学校教师在信息化教学理念、信息化教学操作、信息化教学资源获取和开发以及信息化教学融合创新四个方面的能力水平上全面落后于农村中大规模学校和城市学校，尤其是信息化教学理念和信息化教学融合创新能力上的落后幅度比较大（图 4-2）。这说明，农村小规模学校教师在信息技术能力发展上存在着两个问题。

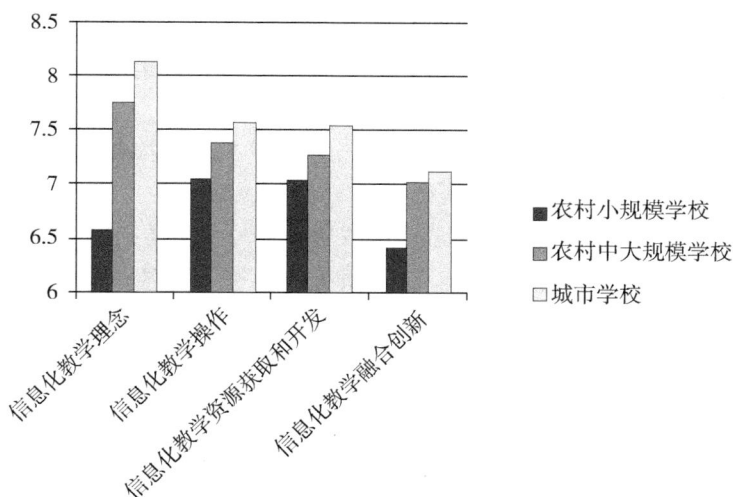

图 4-2　不同类型学校教师信息技术能力水平分维度差异示意图

　　第一个问题是"重实践轻理论"。农村小规模学校教师普遍缺乏对信息化教育理论、教学设计方法等基础理论知识的学习，在对待信息化教学设备和课程资源上往往抱有"用了就行"的态度，并不注重在理论指导下对各种设备资源的调整匹配和灵活运用。在田野观察中，我们发现不少农村小规模学校教师将信息化教学生硬地理解成就是给学生放教学课件或教学视频，自己完全沦为了"放录像、看设备"的技术人员，成为了教学的旁观者。农村小规模学校教师在信息化教学理念上的缺失很大程度上跟当前农村教师信息技术培训的要求不合理有关。我们就信息技术相关培训的主要内容对教师们进行访谈时发现，现有的各级农村教师信息技术培训都是以讲授设备操作和软件应用为主，很少有信息化教学理论的学习内容。比如，表 4-20 是湖北省某市 2013 年针对农村教师组织的"教学点数字教育资源全覆盖"项目专项培训的内容简介。从培训内容的设置可以发现，七个培训模块中只有第三个模块(利用多媒体设备和优质数字教育教学资源进行教学设计和教学)涉及信息化教学理论学习，其余六个模块全是关于硬件设备和软件资源的操作使用介绍。某教学点的萧老师是学校的骨干教师，参加过几次信息技术相关培训，他在给我们介绍他参加培训的情况就谈到：

　　"我参加的信息技术培训就是学一下设备的操作和一些软件的用法，做课件之类的。"

　　"有讲一些信息化教学的理论知识吗？"笔者问。

　　"几乎没有学理论，都是讲操作。有的时候课表安排了理论课，老师一般也不讲啊，估计觉得我们不爱听吧。"

·表 4-20　　　　湖北省某市"教学点数字教育资源全覆盖"
项目专项培训内容模块

模块一	优质数字教育教学资源检索、加工和利用
模块二	多媒体设备的使用
模块三	利用多媒体设备和优质数字教育教学资源进行教学设计和教学
模块四	同步课堂介绍
模块五	专递课堂资源介绍及使用
模块六	远程培训平台的基本使用
模块七	县级和校本培训的组织和管理

　　第二个问题是技术与教学的融合能力短板明显。由图可见，农村小规模学校教师在信息化教学融合创新能力水平这一评价维度上落后于农村中大规模学校和城市学校教师的幅度是最大的。这说明，农村小规模学校教师还缺乏将信息技术融入日常教学的能力，无法依据课程标准、学习目标、学生特征和技术条件，选择适当的教学方法，找准运用信息技术解决教学问题的契合点；也无法有效地利用信息技术支持学生开展自主、合作、探究等学习活动。农村小规模学校的学生少、年级多，复式班教学的情况较为常见，教学情境非常复杂，然而我们在田野调查中却发现有不少农村小规模学校教师在面对这些年龄各异、知识水平和接受能力参差不齐的学生

时只会"生搬硬套"现有的信息化课程资源。这种"生搬硬套"的做法本质上只是将以往对着书本的"照本宣科"转变成了对着机器的"照本宣科",难以将技术元素和课程知识融会贯通,难以支持学生的个性化学习活动,无法达成有效的教学效果。

根据教育部2014年颁布的《中小学教师信息技术应用能力标准(试行)》,中小学教师的信息技术能力被分为两个层次。第一个是基本要求,指应用信息技术优化课堂教学的能力,主要包括教师利用信息技术进行讲解、启发、示范、指导、评价等教学活动应具备的能力;第二个是发展性要求,指应用信息技术转变学习方式的能力,主要针对教师在学生具备网络学习环境或相应设备的条件下,利用信息技术支持学生开展自主、合作、探究等学习活动所应具有的能力。很明显,农村小规模学校教师在技术与教学有效融合能力上的短板正是发展能力要求的相关内容。教师信息技术发展能力的缺失一方面固然是因为农村小规模学校长期以来贫瘠的师资状况所造成的"基础差、底子薄";另一方面更是因为现有农村教师信息技术培训内容设置得不合理,局限于计算机基础知识和软硬件操作技能方面的学习,而缺乏对现代教育理论和信息技术与学科整合知识的讲授。

小结:

一所学校的信息化发展水平高低在初创阶段往往取决于硬件环境的搭建和软件资源的配置。但是一旦有了基本的信息化设施和信息化教学资源以后,学校能否有效推进信息化教学改革,提升教育教学质量就更多地取决于人的因素了。信息化师资力量的强弱一方面依赖于教师整体的信息技术能力水平,另一方面则依赖于专业技术人员的支持和辅助。调研结果显示,农村小规模学校在信息化教师队伍建设的这两大维度上都有着较为明显的短板,成为制约学校信息化发展进程的最大问题。

信息技术能力水平量表的测量结果显示,农村小规模学校教师信息素养较为薄弱,显著落后于农村中大规模学校教师和城市教师水平。在信息化教学理念维度上,农村小规模学校教师信息意识偏弱，信息化教学理论的掌握度偏低。信息化教学理念的欠缺导致小规模学校教师运用各类信息化设备和软件资源的动力不足，使用模式单一。在信息化设备操作维度上，农村小规模学校教师对新型信息化教学设备的基本操作技巧掌握不够，因设备操作不当影响教学正常运行的情况时有发生，新型设备的各类功能模块普遍没有得到充分利用。在信息化教学资源的获取和开发维度上，农村小规模学校教师制作信息化课件的能力不足，既无法对现有信息化课程资源进行二次加工，更无力开发具有学校特色的本土化数字教学资源，无法有效提高现有课程资源对小规模学校教学环境和生源条件的适配度，制约了信息化教学的实施效果。在信息化教学融合创新维度上，农村小规模学校教师普遍不具备信息技术与课程深度融合的能力，无法依据课程性质、教学内容、授课环节灵活地选取和运用信息化软硬件资源，无法有效地运用多种不同的信息化教学模式引导学生积极思考、自主探究。信息化教学融合创新在教师信息技术能力框架中属于发展性领域，需要教师具有较高的基本素养和长期的信息化教学积累。农村小规模学校教师群体老龄化严重，基础较为薄弱，接触信息化教学的时间也有限，其信息化融合创新能力的改善周期较长，应制定长效型的培训和提升机制。

在技术师资配置上，农村小规模学校也处于相对落后的境地。第一，调研数据显示，只有不到五分之一的小规模学校有技术员或信息技术教师。这些技术员和信息技术教师绝大多数没有专业学科背景，以兼职为主，无法做到专人专岗。第二，小规模学校作为乡镇中心校或乡镇中心小学的"附属机构"，也得不到上级学校更多的专业技术人员支持。目前，整个农村地区学校都面临信息技术教师配备不足的问题，现阶段依赖上级学校通过师资共享、走教送教的方式给小规模学校提供更多的技术师资支援并不具备现实条件。技术师资的缺位同样是小规模学校信息化师资建设中的一个突出问题。一方面，缺乏信息技术教师使得小规模学校无法开设信息技术类课程，不利于补足农村生源的信息技术能力缺口，扩大了其与城市同龄孩子的数字鸿沟。另一方面，缺乏技术人员，不利于提高小规模学校信息化设备及课程资源的使用效率。设备故障和软件操作障碍是现阶段小规模学校信息化教学普及不够的直接原因，这一问题的解决只能依靠技术人员给小规模学校提供支持。在目前农村技术师资力量普遍薄弱的大环境下，如何创新机制方法尽可能地为地处偏远的小规模学校提供足够的技术支持是主管部门应着力思考和解决的关键问题。

第三节　农村小规模学校教师信息技术
能力水平的影响因素

　　造成农村小规模学校教师信息技术能力水平全面落后于农村中大规模学校和城市学校教师的原因是多方面的，既可能源于教师个人因素，也可能受限于学校的办学条件。教师的年龄、学历、职称、观念、意愿，学校的硬件环境、软件支持、管理机制等种种因素显然都会对教师的信息技术能力形成和发展产生影响。那么，什么因素会有利于教师信息技术能力水平的提升？什么因素会阻碍教师信息技术能力水平的提升？什么因素起决定性作用？什么因素发挥的作用较少？解答这些问题需要我们通过数据分析来逐一进行分析和比较。

一、研究假设

　　国内外学者关于教师信息技术能力或者信息化教学能力的相关研究较多。外国学者 Afshari 认为教师本身的特点（受教育水平、年龄、性别、教育经历）会影响教师对新方法的接受，并且学校基础设施的建设水平、教师的培训质量以及学校是否对教师使用信息技术提供了有效的支持也会影响教师的信息技术能力水平。[1] Kreijns

---

　　① Afshari M, Bakar K A, Luan W S, et al. *Factors Affecting Teachers' Use of Information and Communication Technology*[M]. Online Submission, 2009(1): 77-104.

K认为教师态度、主观规范、自我效能感会影响教师对信息技术的运用。① 我国学者张屹、刘晓莉等在实证研究的基础上认为影响教师信息技术应用水平的主要因素是学校基础设施水平、教师态度以及教师信息技术培训。② 顾晓玲认为影响教师信息化教学水平的因素有教师素质、学生素质以及教学软件和硬件。③ 李娟、张家铭认为影响农村中小学教师信息化教学能力发展的因素主要有四个：培训问题、教师观念问题、学校对教师的信息化支持问题以及学校信息化管理机制的问题。④ 梁丽、吴长城认为影响农村教师信息技术应用能力的主要因素是培训和软件资源建设。⑤

通过对相关研究的梳理可以发现，现有成果认为影响教师信息技术能力的因素分为两大类：教师因素和学校因素。教师因素一般包括教师的年龄、性别、教育背景、教育观念等；学校因素一般包括学校的信息化软硬件建设、教师培训组织、信息化支持机构的设立、信息化管理机制等。而对于农村小规模学校来说，学校因素和教师因素都会对教师信息技术能力水平产生影响。小规模学校的基础设施水平落后，软件资源相对不足，同时普遍缺乏对教师信息化教学提供帮助和支持的培训机制、管理机构、规章制度，这些都使得小规模学校无法为教师的信息技术能力提升提供一个良好的硬件环境和人文环境。而农村教师普遍年龄较大，教育背景单薄，教育观念落后，这些也成为教师自身信息技术能力发展的阻碍。所以，

---

① Kreijns K, Van Acker F, Vermeulen M, et al. *What stimulates teachers to integrate ICT in their pedagogical practices? The use of digital learning materials in education*[J]. Computers in Human Behavior, 2013, 29(1)：217-225.

② 张屹，刘晓莉，范福兰，等. 中小学教师信息技术应用水平影响因素分析——基于 X 省 14 个市的实证分析[J]. 现代教育技术，2015(06)：44-50.

③ 顾晓玲. 对中小学教学中影响信息化教学的因素与对策的思考[J]. 黑龙江科技信息，2012(28).

④ 李娟，张家铭. 甘肃省农村中小学教师信息化教学能力发展策略研究[J]. 电化教育研究，2011(07)：107-111.

⑤ 梁丽，吴长城. 宁夏地区农村中小学教师现代远程教育资源应用能力调查研究[J]. 电化教育研究，2010(05)：56-59.

本研究从学校因素和教师因素两个层面来设定研究假设。

学校因素方面：

H1——学校基础设施条件越好，教师信息技术能力水平越高。

H2——学校信息化软件资源越丰富，教师信息技术能力水平越高。

H3——教师参加信息化培训的次数和层级越高，教师信息技术能力水平越高。

教师因素方面：

H4——教师年龄越大，教师信息技术能力水平越低。

H5——教师学历越高，教师信息技术能力水平越高。

H6——教师职称越高，教师信息技术能力水平越高。

H7——教师对信息技术的认同度越高，教师信息技术能力水平越高。

二、模型建构

调查问卷中信息技术能力量表的测量结果经过赋值后即获得一个连续数值，可作为反映教师信息技术能力水平的变量值，所以我们可以将教师信息技术能力水平作为被解释变量进行多元线性回归分析。

多元线性回归除了要求被解释变量是连续变量，解释变量一般也应是连续变量。研究假设中，影响教师信息技术能力水平的学校因素和教师因素大部分能较为方便地找到连续变量指标，如教师年龄、教师学历水平、教师培训次数、学校硬件数量等。有一些回归分析涉及的变量指标可能是分类变量，不满足多元线性回归的基本要求，需要作进一步的选择和处理。

解释变量中的教师因素主要有教师性别、教师年龄、教师学历、教师职称、教师态度五个变量。其中，教师年龄本身就是连续变量；教师态度由教师信息技术态度量表赋值后获得连续变量值；教师性别是一个二分类变量，可以转化为"是否为男性"的虚拟变量(1 为男性，0 为非男性)；教师学历是一个序列分类变量，可以通过赋值后当成连续变量使用(初中学历,高中学历,专科学历,本科学历,研究生学历分别赋值为 1,2,3,4,5);教师职称是一个多分类变量,处理为是否有高级职称的虚拟变量(1 为高级职称,0 为非高级职称)。

解释变量中的学校因素包括学校信息化硬件建设情况、学校信息化课程资源配置情况、教师信息化培训情况三部分。学校硬件建设情况涉及四个变量,一是学校给教师配置办公电脑的情况,转化为虚拟变量(1 代表已配置,0 代表未配置);二是学校连通网络情况,转化为虚拟变量(1 代表已连通网络,0 代表未连通网络);三是学校网络带宽情况,直接采用网络带宽值表示;四是学校设备运行情况,是一个序列分类变量(零故障,极少故障,有时故障,经常故障,长期故障),按照 5,4,3,2,1 进行赋值后转换成连续变量。学校信息化课程资源配置情况由学校的信息化课程门数来表示。教师信息化培训的情况涉及两个变量,一是教师参加信息化培训的次数,用教师近三年参加信息化培训的次数来表示;二是培训层次,即教师参加学校培训、市县级培训、省培、国培的情况,转换为是否参加过高等级培训的虚拟变量(1 表示参加过国培,2 表示没有参加过国培)。

对相关变量的设计、定义、赋值的情况如表 4-21 所示。

表 4-21　　　　　　　　相关变量的定义、赋值及说明

变量名称	编码	定义及赋值	预期方向
教师特征			
性别	gen	男 = 1,女 = 0	?
年龄	age	以周岁计算(单位:岁)	−
学历	edu	初中 = 1,高中 = 2,专科 = 3,本科 = 4,研究生 = 5	+
职称	title	1 = 高级职称,0 = 非高级职称	+

变量名称	编码	定义及赋值	预期方向
态度	att		+
学校特征			
教师办公电脑配置	comp	1＝已配置，0＝未配置	+
学校网络连通	net	1＝已连通网络，0＝未连通网络	+
学校网络带宽	width	单位；Mb	+
信息化设备运行	sta	1＝长期故障，2＝经常故障，3＝有时故障，4＝极少故障 5＝零故障	+
信息化课程资源	cour	信息化课程数量	+
教师信息化培训次数	trainN	近三年参加培训的次数	+
教师信息化培训层次	trainL	1＝参加过国培，0＝未参加过国培	+

在对解释变量和被解释变量进行操作化处理后，得到了教师信息技术能力水平影响因素的多元线性回归方程：

$$Y=\beta_0+\beta_1 gen+\beta_2 age+\beta_3 edu+\beta_4 title+\beta_5 att+\beta_6 comp+\beta_7 net+\beta_8 width+$$
$$\beta_9 sta+\beta_{10} cour+\beta_{11} trainN+\beta_{12} trainL$$

三、回归分析

进行回归分析之前，首先建立 12 个解释变量之间的相关矩阵，如表 4-22 所示。由解释变量之间的相关性分析可以预测解释变量间是否可能存在共线性问题。从相关矩阵图中可以看出，12 个解释变量中有 7 个解释变量显著相关（$p<0.05$），但相关系数均小于 0.75，并不具有强相关性。所以，解释变量之间应该没有明显的共线性问题。

表 4-22

解释变量的相关矩阵

相关		性别	年龄	学历	职称	态度	办公电脑	网络	带宽	设备运行	课程资源	培训次数	培训层次
	性别	1.000	0.485	-0.341	0.201	-0.110	0.062	0.091	-0.002	-0.005	0.022	-0.071	-0.183
	年龄	0.485	1.000	-0.642	0.652	-0.049	0.107	-0.048	-0.114	0.020	0.037	0.081	-0.174
	学历	-0.341	-0.642	1.000	-0.421	0.054	-0.059	0.004	0.054	-0.070	-0.065	-0.002	0.175
	职称	0.201	0.652	-0.421	1.000	-0.005	0.132	-0.186	-0.081	0.059	0.080	0.089	-0.126
	态度	-0.110	-0.049	0.054	-0.005	1.000	0.076	-0.048	-0.024	-0.020	0.174	0.090	0.137
	办公电脑	0.062	0.107	-0.059	0.132	0.076	1.000	0.223	0.227	0.204	0.149	0.129	0.101
	网络	0.091	-0.048	0.004	-0.186	-0.048	0.223	1.000	0.646	0.157	-0.023	-0.175	-0.036
	带宽	-0.002	-0.114	0.054	-0.081	-0.024	0.227	0.646	1.000	0.177	0.010	-0.041	0.090
	设备运行	-0.005	0.020	-0.070	0.059	-0.020	0.204	0.157	0.177	1.000	0.208	0.087	0.037
	课程资源	0.022	0.037	-0.065	0.080	0.174	0.149	-0.023	0.010	0.208	1.000	0.113	0.087
	培训次数	-0.071	0.081	-0.002	0.089	0.090	0.129	-0.175	-0.041	0.087	0.113	1.000	0.310
	培训层次	-0.183	-0.174	0.175	-0.126	0.137	0.101	-0.036	0.090	0.037	0.087	0.310	1.000

续表

		性别	年龄	学历	职称	态度	办公电脑	网络	带宽	设备运行	课程资源	培训次数	培训层次
Sig.（单侧）	性别		0.000	0.000	0.000	0.002	0.051	0.008	0.484	0.443	0.275	0.030	0.000
	年龄	0.000		0.000	0.000	0.095	0.002	0.100	0.001	0.295	0.163	0.016	0.000
	学历	0.000	0.000		0.000	0.075	0.057	0.459	0.075	0.031	0.042	0.482	0.000
	职称	0.000	0.000	0.000		0.446	0.000	0.000	0.016	0.057	0.017	0.009	0.000
	态度	0.002	0.095	0.075	0.446		0.022	0.102	0.265	0.294	0.000	0.009	0.000
	办公电脑	0.051	0.002	0.057	0.000	0.022		0.000	0.000	0.000	0.000	0.000	0.004
	网络	0.008	0.100	0.459	0.000	0.102	0.000		0.000	0.000	0.275	0.000	0.170
	带宽	0.484	0.001	0.075	0.016	0.265	0.000	0.000		0.000	0.396	0.141	0.008
	设备运行	0.443	0.295	0.031	0.057	0.294	0.000	0.000	0.000		0.000	0.011	0.166
	课程资源	0.275	0.163	0.042	0.017	0.000	0.000	0.275	0.396	0.000		0.001	0.010
	培训次数	0.030	0.016	0.482	0.009	0.009	0.000	0.000	0.141	0.011	0.001		0.000
	培训层次	0.000	0.000	0.000	0.000	0.000	0.004	0.170	0.008	0.166	0.010	0.000	

a. 行列式 = 0.074

129

采用强迫进入变量法对多个解释变量进行回归分析。

模型的拟合优度检验结果如表 4-23 所示，12 个解释变量与被解释变量之间的多元相关系数（R）为 0.570，判定系数（R 方）为 0.325，估计的标准误为 4.559。这说明 12 个解释变量能够解释被解释变量 32.5%的变异量，解释度良好。

表 4-23　　　　　　　　　回归模型的拟合优度检验

模型	R	R 方	调整 R 方	估计的标准误
	0.570	0.325	0.314	4.559

模型的显著性检验结果如表 4-24 所示，变异量显著性检验的 F 值为 27.862，显著性 p 值为 0.000，小于 0.05 的显著性水平，说明回归模型整体解释变异量达到了显著水平，回归方程至少有一个解释变量会达到显著水平。

表 4-24　　　　　　　　　回归模型的方差分析

模型	平方和	df	均方	F	Sig.
回归	6947.751	12	578.979	27.862	0.000
残差	14400.545	693	20.780		
总计	21348.296	705			

回归模型的回归系数分析结果如表 4-25 所示。由容忍度和方差膨胀系数（VIF）的结果可以看出，12 个解释变量的容忍度在 0.300 至 0.900 之间，方差膨胀系数均在 4.000 以下。这进一步说明了解释变量间确实不存在明显的共线性问题。由非标准化的回归系数结果，我们可以得出未标准化的回归方程：

$$Y = 2.310 + 0.151gen - 0.119age + 0.758edu + 0.178title + 1.210att +$$
$$0.163comp + 1.003net - 0.109width + 0.642sta + 0.384cour +$$
$$0.623trainN + 0.535trainN$$

为了比较不同解释变量的解释力，可以用标准化的回归系数去除解释变量的不同单位影响。将标准化回归系数代入回归方程，得到标准化的回归方程：

$$Y = 2.310 + 0.013\text{gen} - 0.256\text{age} + 0.095\text{edu} + 0.016\text{title} + 0.364\text{att} +$$
$$0.011\text{comp} + 0.073\text{net} - 0.018\text{width} + 0.128\text{sta} + 0.067\text{cour} +$$
$$0.170\text{trainN} + 0.049\text{trainN}$$

由标准化的回归方程可知，12 个解释变量中"年龄"、"态度"、"设备运行"、"培训次数"4 个变量对教师信息技术能力的影响较大；而"性别"、"职称"、"带宽"三个变量对教师信息技术能力的影响较小（表 4-25）。回归系数达到显著的解释变量有"年龄"、"学历"、"态度"、"设备运行"、"课程资源"、"培训次数"；回归系数未达显著的解释变量有"性别"、"职称"、"办公电脑"、"网络"、"带宽"、"培训层次"。回归分析中，未达显著水平的解释变量未必一定与被解释变量没有关系，在后面的结果讨论部分都将其纳入分析。

表 4-25　　回归模型的回归系数及回归系数的显著性检验

模型	非标准化系数		标准化系数	t	Sig.	共线性统计量	
	B	标准误	Beta 分布			容忍度	VIF
（常量）	2.310	2.576		0.896	0.370		
性别	0.151	0.416	0.013	0.362	0.717	0.713	1.402
年龄	−0.119***	0.025	−0.256	−4.715	0.000	0.331	3.023
学历	0.758**	0.328	0.095	2.311	0.021	0.576	1.737
职称	0.178	0.485	0.016	0.368	0.713	0.511	1.958
态度	1.210***	0.107	0.364	11.282	0.000	0.936	1.068
办公电脑	0.163	0.485	0.011	0.336	0.737	0.849	1.177
网络	1.003	0.609	0.073	1.648	0.100	0.503	1.990
带宽	−0.109	0.254	−0.018	−0.428	0.669	0.541	1.849
设备运行	0.642***	0.166	0.128	3.870	0.000	0.889	1.125
课程资源	0.384**	0.189	0.067	2.037	0.042	0.900	1.111

模型	非标准化系数		标准化系数	t	Sig.	共线性统计量	
	B	标准误	Beta 分布			容忍度	VIF
培训次数	0.623***	0.125	0.170	4.972	0.000	0.829	1.206
培训层次	0.535	0.378	0.049	1.416	0.157	0.827	1.209
R=0.570　　R 方=0.325　　调整后的 R 方=0.314　　F=27.862***							

注：*、**、***分别表示通过 0.1、0.05 和 0.01 的显著性水平检验

四、小结与讨论

（一）年龄、学历对教师信息技术能力有显著影响，性别和职称对教师信息技术能力的影响不显著

本研究涉及的教师的人口统计学特征有性别、年龄、学历和职称。根据回归方程的分析结果，年龄对教师信息技术能力有显著的负向影响（p<0.05），学历对教师信息技术能力有显著的正向影响（p<0.05），而性别和职称对教师信息技术能力的影响并不显著。

年龄变量的标准化回归系数的绝对值为 0.256，对教师信息技术能力差异具有较高的解释力。这一点也符合人们的普遍认知，年轻教师对新技术的学习能力强，接受程度高，在信息技术应用能力上比年长教师有明显优势。现实情况中，农村小规模学校在这一点上明显处于弱势地位。数据显示，农村小规模学校教师老龄化严重，教师年龄偏大成为了显著影响农村小规模学校教师信息技术能力水平的重要因素之一。

回归分析结果显示，教师文化程度也对教师信息技术能力水平有显著影响。学历高的教师一方面学习能力强，能够更快更好地学习新技术和新方法。另一方面，更高的学历往往意味着教师接受过正规本科教育或研究生教育，而经过正规本科教育和研究生教育的学生，尤其是师范专业的学生在学校中已经习得了大量计算机以及

教育技术方面的知识，为其成为老师后的信息化教学能力提升打下了坚实的基础。调研数据显示，农村小规模学校具有本科以上学历的教师仅占教师总数的 40.3%，而农村中大规模学校和城市学校的这一比例分别为 50.7% 和 51%。所以，教师文化程度较低也影响了农村小规模学校教师的信息技术能力水平。

回归分析结果显示，教师职称水平对教师信息技术能力水平并无显著影响，这与人们的普遍认知并不相符。通常来说，高职称教师在教学能力上应该显著优于低职称教师。造成本研究中教师职称变量未达显著性水平的原因有可能是由于教师年龄变量的影响，因为高职称的教师往往年龄更大，而年龄又对教师信息技术能力有显著的负向影响。对年龄变量和职称变量进行 spearman 相关分析（表 4-26），发现这两个变量的相关程度较高（r = 0.639），且相关性极为显著（$p<0.01$）。年龄变量和职称变量的高相关性说明在本研究的回归方程中，年龄变量确实可能影响了职称变量对教师信息技术能力水平的解释程度，造成了后者回归系数的不显著。

表 4-26　　教师年龄和教师职称的 **spearman** 相关性分析

			年龄	职称
Spearman's rho	年龄	相关系数	1.000	0.639**
		Sig.（双侧）		0.000
	高职称	相关系数	0.639**	1.000
		Sig.（双侧）	0.000	

**：在置信度（双侧）为 0.01 时，相关性是显著的

（二）教师应用信息技术的态度对教师信息技术能力水平有显著的正向影响

回归方程的分析结果显示，教师应用信息技术的态度对教师信息技术能力水平有显著的正向影响（$p<0.05$）。并且这一变量的标

准化回归系数为 0.364，是所有解释变量中最高的，对教师信息技术能力差异的解释力最强。

　　农村小规模学校的教师受传统教育思想的影响较深，教育观念较为陈旧，无法从教育发展的高度正确认识信息化教学的必要性。在我们的实地调研中，部分老师对于信息化设备及信息化教学方式常常表露出诸如"用处不大"、"浪费钱"、"增加老师负担"等想法。教师对待信息技术应用的消极乃至排斥态度必然会影响教师信息技术水平的提升。

　　教师对待应用信息技术的态度本质上就是教师对待在教学中应用信息技术的认同感。这种认同感包含三个方面：价值认同、成本认同和应用意愿。价值认同，包括对教师个人（如专业发展、教学方便等）和学生发展的价值认同（如促进学业成就、创新能力培养等）；成本认同，即考查教师如何评价信息技术应用可能带来的生理和心理上的要求（如时间、精力、焦虑等）；应用意愿，反映教师参与信息技术应用相关活动的意愿和倾向。①

　　问卷结果显示，在"信息技术能够帮助提高学生学业成绩"的选项上，农村小规模学校教师中有 71.3% 表示赞同（选择了"完全同意"或"同意"），而城市学校教师则有 92.7% 表示赞同，这说明农村小规模学校教师在对待信息技术应用的价值认同上不如城市学校教师。而在"信息技术能够提高自己工作效率"的选项上，农村小规模学校教师中有 79.6% 表示赞同（选择了"完全同意"或"同意"），而城市学校教师则有 93.1% 表示赞同，说明农村小规模学校教师在对待信息技术应用的成本认同上同样不如城市学校教师。在信息技术的应用意愿上，农村小规模学校教师中认同"信息技术很有用，能够有效提升教学效果"仅占教师总数的 69.3%，而城市学校的这一比例达到了 81.4%。对教师信息化教学的实施频率进行统计后的结果显示，农村小规模学校教师信息化教学仅占课时的 22.01%，而城市学校教师的信息化教学课时超过了总上课课时的

____

　　① 林秀钦，黄荣怀. 中小学教师信息技术应用的态度与行为调查［J］. 中国电化教育，2009（09）：17-22.

一半，达到了 53.53%。从实际教学情况来说，农村小规模学校教师应用信息技术的意愿也远低于城市学校教师。

所以，农村小规模学校教师在信息技术应用认同感的不同维度上均和城市学校教师有着明显的差距。这说明，信息意识和态度上的落后确实对农村小规模学校教师信息技术水平发展有极大的负面影响。

（三）学校信息化硬件条件对教师信息技术能力水平的影响不显著，但设备的运行保障和后期维护情况却显著影响教师信息技术能力水平

回归方程的结果显示，学校信息化基础设施条件的相关指标对教师信息技术能力水平的影响均未到达显著水平。其中，办公电脑、网络、带宽三个解释变量的标准化回归系数分别为 $0.011（p=0.737）$、$0.073（p=0.100）$、$0.018（p=0.669）$。但是值得注意的是，设备运行稳定度变量对教师信息技术能力水平的影响却极为显著，其标准化回归系数为 0.128，显著性 $p=0.000$。这说明，学校信息化基础设施的配置水平对教师信息技术能力水平的提升并无明显影响，但是硬件设备运行是否稳定却显著影响了教师信息技术能力水平。

这样的数据分析结果恰恰符合目前农村小规模学校的信息化基础设施建设情况。一方面，近几年各级政府的政策推动和密集投入已经大大改善了农村小规模学校的信息化硬件办学条件。另一方面，在农村小规模学校信息化硬件设施基本到位的情况下，设备的运行保障和后期维护成了影响教师信息化教学的新问题。数据显示，74.7% 的农村小规模学校教师认为学校的设备故障严重影响了教学，这一比例在城市学校教师中只有 47.6%。实地调研中，我们发现农村小规模学校的硬件设备运行经费不足，维护不及时是一个普遍存在的现象。

所以，对于农村小规模学校教师来说，基础设施条件对其信息技术能力水平还是存在显著的影响。只是这种影响并不仅仅取决于设备配置的数量，更重要的是取决于设备维护的水平。

(四)信息化课程资源的充足度对教师信息技术能力水平有显著的正向影响

回归分析结果显示,信息化课程资源的充足度对教师信息技术能力水平有显著的正向影响(p<0.05)。

农村小规模学校的信息化课程资源建设落后于硬件建设的脚步,在配置了基本的信息化设备后,往往面临"有车无货"的尴尬。调查数据显示,农村小规模学校中只有46.4%的教师认为学校提供的课程资源与教学内容较为匹配(选择了"完全匹配"或"大部分匹配"的选项),而城市学校教师中则有58.6%认为学校提供的课程资源与教学内容较为匹配。

现有的信息化课程资源大多基于城市学校的教育背景和城市学生的认知特点来设计,不一定完全适合农村小规模学校的实际教育需求和学生特点,造成了现有信息化课程资源与教学内容的脱节。此外,限于学校整体教育资源的贫乏和教师自身技术素养的薄弱,农村小规模学校也无力自行开发信息化课程资源或对现有资源进行二次加工,只能更加依赖外部引进的现成资源,这又加剧了"资源与教学不匹配"所带来的不利影响。"巧妇难为无米之炊",教师信息技术能力的习得在很大程度上来源于日常教学的操作与演练,缺乏适宜的信息化课程资源造成了农村小规模学校教师学习和应用信息技术能力上的困境。

(五)教师参加信息化培训的次数对教师信息技术能力有显著的正向影响

回归分析结果显示,教师参加信息化培训的次数和层次都对教师信息技术能力水平有正向影响,两个变量的标准化回归系数分别为0.170和0.049。其中,教师参加信息化培训的次数对教师信息技术能力的影响达到了显著水平(显著性水平为0.000,p<0.05),而教师参加信息化培训的层次对教师信息技术能力的影响未达到显著水平(显著性水平为0.157,p>0.05)。

　　信息化培训是教师信息技术能力水平提升的有效途径。农村小规模学校教师信息技术能力的底子薄，对信息化专项培训的需求更为强烈。但是在现实情况中，农村小规模学校教师得到的培训机会偏少，这成为了影响其信息技术能力提升的重要原因之一。调查数据显示，农村小规模学校教师近三年人均只参加过1.27次信息技术相关培训，而农村中大规模学校教师近三年人均参加过1.77次信息技术相关培训，城市学校教师近三年人均参加过2.61次信息技术相关培训（表4-27）。农村小规模学校教师得到的信息化培训机会远远不如城市学校教师，也明显落后于农村中大规模学校教师。

表4-27　不同类型学校教师近三年人均参加信息化培训的次数比较

学校类型	均值	标准差
农村小规模学校	1.27	1.034
农村中大规模学校	1.77	1.413
城市学校	2.61	1.846
总计	1.82	1.504

　　对农村小规模学校教师参加的信息化培训层次进行分类分析。结果显示，有40.4%的教师参加过学校内部培训，27.1%的教师参加过市县级培训，12%的教师参加过省级培训，22.9%的教师参加过国培。由此可见，农村小规模学校教师参加培训的层次普遍较低。如果将农村小规模学校教师参加过国培的情况与农村中大规模学校和城市学校作比较，可以发现农村小规模学校教师参加高等级培训的机会不到农村中大规模学校和城市学校教师的一半，三个层次学校参加过国培的教师比例分别为22.9%，52.7%，57.9%（表4-28）。

表4-28　　不同类型学校老师近三年参加国培的情况比较

		学校类型			合计
		农村小规模学校	农村中大规模学校	城市学校	
国培	参加	22.9%	52.7%	57.9%	46.7%
	未参加	77.1%	47.3%	42.1%	53.3%
总计		100.0%	100.0%	100.0%	100.0%

　　在对农村小规模学校教师的问卷调查中，"教师培训不足"高居阻碍学校信息化发展影响因素的第二位（71.1%的教师选择），仅次于"经费投入不足"（81.9%的教师选择）。这也从侧面说明，信息化培训数量和质量的全面落后确实成为阻碍农村小规模学校教师信息技术能力水平提升的重要因素之一。

第四节　农村小规模学校信息化教师 队伍建设的问题分析

　　一所学校的信息化发展水平不仅仅取决于丰富的硬件设施和软件资源，更取决于是否有一支合格的信息化教师队伍。没有足够的信息化师资力量，再先进的信息化硬件设备和信息化课程资源也难以真正在实际教育教学中发挥作用。所以说，信息化教师队伍的质量是决定一所学校信息化发展水平的核心因素，这种因素在生态学中被称为"限制因子"。德国化学家尤斯图斯·冯·李比希在研究化学物质对植物的影响时发现植物的产量往往不被其所需大量营养元素的影响，而是被某些微量元素所限制。这一发现逐渐发展成为生态学中的"限制因子定律"：生态系统的平衡和生长依赖于各种生态因子的综合作用，其中的关键性因子就是限制因子。[①] 限制因子会影响其他生态因子的作用范围和效果，从而限制了整个生态系统的进化。如果把农村小规模学校看成一个生态系统，学校的信息

---

　　①　吴鼎福. 教育生态学［M］. 南京：江苏教育出版社，2000：89-95.

化发展水平受经费、硬件、师资、管理等多种因子的交互影响，那么信息化师资力量的不足就明显成为了影响整个学校信息化发展的限制因子。

"缺师少教"一直以来都是农村小规模学校教育发展面临的最大难题。政府把信息技术当成解决这一难题的"金钥匙"，试图通过信息化手段实现优质教育资源对农村小规模学校的覆盖。然而在实际操作过程中，政府往往偏重于给农村小规模学校"配设备，推资源"，而对学校信息化师资力量的补充和提升却没有给予足够重视。政策背后隐藏的逻辑其实是："农村小规模学校不是没有老师吗？好吧，现在技术这么先进，弄一些好设备过去，再配一些课程资源不就解决了吗？"这种逻辑的实质是盲目崇拜技术所造成的"本末倒置"。再先进的设备和资源如果没有教师去使用、去操作，将如何应用于实际教育教学呢？教育的本质目的是促进人的发展，同样，教育信息化的实质不是"物"的信息化，而是"人"的信息化。

外部引进的硬件设备和软件资源等"产品"要想被学生合理"消费"，需要教师的有效"分解"，生产、分解、消费三大功能健全才能保障学校信息化发展的动态平衡。①

一、农村小规模学校专业技术力量缺失

信息技术教师对学校的信息化建设和信息化教学有着不可或缺的作用。信息技术教师可以为学生开设信息技术课程，提升学生的技术素养。更重要的是，信息技术教师作为学校的"技术专家"，可以负责信息化软硬件的维护升级，还可以帮助其他学科教师解决信息化教学中碰到的问题，提升其信息技术能力水平。可以说，信息技术教师就是学校信息化发展的技术支持和保障。

然而本研究的调查结果显示，信息技术教师在当前的农村小规模学校配备较少。只有19.6%的农村小规模学校配备了信息技术教师，相比之下，76.2%的农村中大规模学校和100%的城市学校配备了信息技术教师。如此少的信息技术教师明显无法承担起小规

---

① 吴鼎福. 教育生态学［M］. 南京：江苏教育出版社，2000：136-161.

模学校的信息技术课程教学。实地调研中我们还发现鲜有农村小规模学校开设了信息技术课程。另外，农村小规模学校的信息技术教师由其他科目教师或管理人员兼任是一个普遍现象。调研数据显示，没有一所农村小规模学校设有专职信息技术教师。作为比较，31.2%的农村中大规模学校有专职信息技术教师，100%的城市学校有专职信息技术教师。

　　面对巨大的信息技术教师缺口，农村小规模学校的信息技术课程无人可上，老师们在技术上碰到了难题也找不到人帮忙。调查数据显示，农村小规模学校教师在信息化教学中碰到问题的主要解决方式排第一位的是"找同事帮忙"（45.2%），排第二位的是"改用其他授课方式"（24.1%），排第三位的是"自己想办法"（20.5%），"找学校技术人员帮忙"排在最后一位（10.2%）（表4-29）。而城市学校教师的情况却正好相反，在碰到技术难题时有55.2%的教师首先想到的就是寻求学校技术人员的帮助，只有20.7%的教师是去找同事帮忙解决或者自己想办法。从统计数据的差异可以明显看出信息技术教师的缺失使得本来就"信息贫困"的小规模学校得不到足够的技术支持，极大地影响了学校信息化教学的实施效果。某农村小规模学校的校长在访谈中对我们直言："配了这么多电脑，却不派相关的老师过来，我们又不太会用，有时候用一下，发现屏幕黑了，又没人来修，所以我们都不爱用这些东西"。

表4-29　　农村小规模学校教师信息化教学问题解决方式

		学校类型		合计
		农村小规模学校	城市学校	
信息化教学问题解决方式	找学校技术人员帮忙	10.2%	55.2%	31.2%
	找同事帮忙	45.2%	14.5%	30.9%
	自己想办法	20.5%	6.2%	13.8%
	改用其他授课方式	24.1%	24.1%	24.1%
合计		100.0%	100.0%	100.0%

农村小规模学校在信息技术教师配备上存在巨大缺口。究其原因，教育主管部门在制定农村学校师资政策时总是以"规模小，学生少"为理由忽视农村小规模学校的实际需求，将其"选择性遗忘"。比如，在信息技术教师的配备上，各地教育主管部门往往明确规定中心小学必须配备至少一名信息技术教师，村小及教学点等农村小规模学校的信息技术教师配备则不作要求，学生信息化教学和设备维护的需求可以就近由中心小学的信息技术教师兼顾。农村小规模学校总是处在政策的边缘地带，在政策文本中常常作为附带条款被灵活处理，结果就是学校得不到与其他类型农村学校同等的信息化教师资源供给。

二、农村小规模学校教师信息技术能力薄弱

农村小规模学校教师信息技术能力水平普遍较低。调查数据显示，农村小规模学校教师在信息化教学理念、信息化教学设备操作、信息化教学资源获取和开发以及信息化教学融合创新四个信息技术能力维度上全面落后于农村中大规模学校和城市学校，尤其是信息化教学理念和信息化教学融合创新能力上的落后幅度比较大。

信息技术能力的短板，使得农村小规模学校教师无法很好地将信息化教学资源与实际教学相结合，丰富多变的信息化教学方式被简化为给学生播放视频、布置作业等单一模式，教学效果堪忧。农村小规模学校由于规模小，经常采用复式班的教学方式，不同年龄层次和认知风格的孩子被放在同一个教室一起上课。面对如此复杂的授课对象，如果不能根据课程内容、学习环境、学生特点灵活选用多媒体形式和教学方法，教学效果必然事倍功半，甚至适得其反。数据显示，只有49.4%的农村小规模学校教师认为自己"能够依据课程选择适当的教学方法和技术资源"（选择了"完全同意"或"同意"）。相比之下，74.4%的城市学校教师认同这一点。同样，只有42.8%的农村小规模学校教师认为自己"能够利用技术支持，改进教学方式，有效开展学生自主、合作、探究学习"。相比之

下，57.2%的城市学校教师认同这一点。

农村小规模学校教师信息技术能力的不足来源于多重原因。

一方面，农村小规模学校教师信息技术能力的先天"底子薄"。长期的师资资源匮乏使得农村小规模学校教师不管是在年龄结构上，还是在学历水平上都显著落后于农村中大规模学校和城市学校。

另一方面，学校及教育主管部门对小规模教师信息技术提升的支持不到位。农村小规模学校教师在信息技术能力上本就"先天不足"，又没有得到足够的"后天给养"。调研数据显示，只有2%的农村小规模学校设立了对教师提供技术支持和帮助的机构或组织，而23.8%的农村中大规模学校和全部的城市学校都设立了这样的机构或组织（表4-30）。农村小规模学校教师在面对技术难题时往往得不到及时的帮助，实地调研中，经常有老师向我们抱怨"碰到技术问题时找不到人问，无法解决"，还有老师因为"上一节课要花很长时间自己钻研摸索，太费时间了"的原因排斥信息化教学。调查数据显示有24.1%的农村小规模学校教师会因为在信息化教学中碰到问题无法解决而改用传统教学方式。除此之外，教育主管部门组织的各级各类信息技术培训也没有很好地惠及农村小规模学校教师。统计结果显示，农村小规模学校教师近三年人均只参加过1.27次信息技术相关培训，而农村中大规模学校教师近三年人均参加过1.77次信息技术相关培训，城市学校教师近三年人均参加过2.61次信息技术相关培训。此外，小规模学校教师参加的培训层次也较低，受训教师中只有34.9%参加过省级以上的培训，而农村中大规模学校和城市学校参加过省级以上培训的受训教师却分别占到了总数的72.7%和88.9%。数据分析结果也验证了这一点，信息技术培训对小规模学校教师信息技术能力水平有显著的正向影响。然而现实情况中，自身信息技术能力水平处于较低水平，最需要通过培训"补充营养"的农村小规模学校教师得到了最少的培训机会，更是被高层次培训所忽视。

表 4-30　　**不同类型学校信息化支持部门设立的比较**

		学校类型			合计
		农村小规模学校	农村中大规模学校	城市学校	
信息化支持部门	已建立	2.0%	23.8%	100.0%	10.8%
	没建立，计划 1~2 年建	15.7%	47.6%		24.3%
	未建立，也无建立计划	82.4%	28.6%		64.9%
合计		100.0%	100.0%	100.0%	100.0%

第五章　农村小规模学校的信息化教学资源应用

随着农村小规模学校硬件设备和软件资源的逐步覆盖到位，人们的关注重点也从学校的信息化软硬件环境建设转到了信息化资源的使用现状及实施效果上来。现有的信息化软硬件资源在农村小规模学校是否被充分应用，是否与实际教学紧密联系，是否能够有效提升教学质量，解决长期以来困扰农村小规模学校发展的"缺师少教"难题。这些问题需要我们立足实地调研，在对现实数据准确把握的基础上逐一进行分析。

第一节　农村小规模学校信息化教学资源应用现状

一、农村小规模学校信息化教学资源的应用频率

（一）多媒体电脑、电子白板、触控一体机的使用频率均偏低

多媒体电脑、电子白板、触控一体机是农村小规模学校较为常见的三种信息化教学设备。我们首先对小规模学校老师教学中使用这三种设备的频率进行了调查，让老师们对这三种设备的使用频率按"每次都用"、"经常使用"、"有时使用"、"偶尔使用"、"完全不用"五个级别进行选择。统计结果显示，农村小规模学校教师对这三种设备的使用频率均偏低。其中，只有31.9%的教师较多地使用了多媒体电脑（选择了"每次都用"或"经常使用"），只有23.5%的教师较多地使用了电子白板，只有10.8%的教师较多地使用了触控一体机。值得注意的是，有52.4%的教师完全不用电子

144

白板，69.3%的教师完全不用触控一体机。由此可见，这些新型信息化教学设备在农村小规模学校完全没有得到充分的应用（表5-1）。

表5-1　农村小规模学校教师使用三种常见信息化设备的频率

设备	多媒体电脑	电子白板	触控一体机
每次都用	2.4%	0.6%	1.2%
经常使用	29.5%	22.9%	9.6%
有时使用	21.1%	10.8%	7.2%
偶尔使用	21.1%	13.3%	12.7%
完全不用	25.9%	52.4%	69.3%

下面我们就农村小规模学校教师使用信息化设备的频率与农村中大规模和城市学校教师的使用情况进行对比。为了方便比较，我们将教师应用这三种设备的频率进行量化，将"每次都用"、"经常使用"、"有时使用"、"偶尔使用"、"完全不用"按照5、4、3、2、1的方式赋分，得分越高代表设备使用频率越高。如图所示，农村小规模学校教师在三种信息化教学设备的使用频率上都明显低于农村中大规模学校和城市学校的教师（表5-2）。

表5-2　不同类型学校三种常见信息化设备使用频率得分对比

学校类型	多媒体电脑	电子白板	平板电视
农村小规模学校	2.61	2.06	1.61
农村中大规模学校	3.26	2.98	1.64
城市学校	3.45	3.01	2.21

注：得分越高代表该设备使用频率越高

（二）每周仅约五分之一的课时应用信息化教学方式

本研究的调查数据显示，农村小规模学校教师每周总课时平均为17.9节，其中信息化教学课时平均为4.2节；农村中大规模学校教师每周总课时平均为13.5节，其中信息化教学课时平均为

145

5.1 节；城市学校教师总课时平均为 12 节，其中信息化教学课时平均为 7.3 节。对教师每周信息化教学课时占每周总课时的比例进行统计，农村小规模学校教师每周只有约五分之一的课时应用了信息化教学方式（23.5%），农村中大规模学校教师每周有超过三分之一的课时应用了信息化教学方式（37.8%），而城市学校教师每周则有超过一半的课时应用了信息化教学方式（60.8%）。所以，农村小规模学校教师的信息化教学应用频次明显低于农村中大规模学校和城市学校的教师（表 5-3）。

表 5-3　　　　不同类型学校教师信息化授课频次对比

学校类型	每周总课时	每周信息化教学课时	信息化教学课时占比
农村小规模学校	17.9	4.2	23.5%
农村中大规模学校	13.5	5.1	37.8%
城市学校	12.0	7.3	60.8%

二、农村小规模学校信息化教学资源的应用方式

教师在课堂中使用信息技术的方式对信息化教学应用的效果有非常大的影响。有的教师只是简单地将书本内容生硬地搬到电脑屏幕上，变传统的"人力灌输"为现代的"电力灌输"。这样的应用方式没有利用信息技术的交互性来改进教学方法和模式，没有利用信息技术的多样化和开放性支持学生的探究性、个性化学习，对于教学质量的改善完全没有效果。

将教师应用信息化教学资源的方式按照"呈现教学内容"、"拓展教学内容"、"辅助课堂练习"、"开展学生自主、合作、探究学习"四个主要类别对农村小规模学校教师进行调查。结果显示：66.3%的农村小规模学校教师应用了信息技术呈现教学内容，58.4%的农村小规模学校教师应用了信息技术辅助课堂练习，43.4%的农村小规模学校教师应用了信息技术拓展教学内容，38.0%的农村小规模学校教师利用信息技术开展学生自主、合作、探究学习。

将农村中大规模学校教师和城市学校教师应用信息化教学资源

的方式纳入比较，结果显示：

在"呈现教学内容"的应用维度上，有66.3%的农村小规模学校教师，83%的农村中大规模学校教师和86.9的城市学校教师应用了信息化教学资源呈现教学内容（表5-4）。

在"拓展教学内容"的应用维度上，有43.4%的农村小规模学校教师，68.9的农村中大规模学校教师和77.9%的城市学校教师应用了信息化教学资源拓展教学内容（表5-5）。

在"辅助课堂练习"的应用维度上，有58.4%的农村小规模学校教师，64.1%的农村中大规模学校教师和77.9%的城市学校教师应用了信息化教学资源辅助课堂练习（表5-6）。

在"开展学生自主、合作、探究学习"的应用维度上，有38%的农村小规模学校教师，45.8%的农村中大规模学校教师和57.9%的城市学校教师利用信息化教学资源开展学生自主、合作、探究学习（表5-7）。

表5-4　不同类型学校教师信息化教学资源的应用方式（一）

应用方式		学校类型			合计
		农村小规模学校	农村中大规模学校	城市学校	
呈现教学内容	有	66.3%	83.0%	86.9%	79.9%
	无	33.7%	17.0%	13.1%	20.1%
合计		100.0%	100.0%	100.0%	100.0%

表5-5　不同类型学校教师信息化教学资源的应用方式（二）

应用方式		学校类型			合计
		农村小规模学校	农村中大规模学校	城市学校	
拓展教学内容	有	43.4%	68.9%	77.9%	64.7%
	无	56.6%	31.1%	22.1%	35.3%
合计		100.0%	100.0%	100.0%	100.0%

表 5-6　不同类型学校教师信息化教学资源的应用方式(三)

应用方式		学校类型			合计
		农村小规模学校	农村中大规模学校	城市学校	
辅助课堂练习	有	58.4%	64.1%	77.9%	65.6%
	无	41.6%	35.9%	22.1%	34.4%
合计		100.0%	100.0%	100.0%	100.0%

表 5-7　不同类型学校教师信息化教学资源的应用方式(四)

应用方式		学校类型			合计
		农村小规模学校	农村中大规模学校	城市学校	
开展学生自主、合作、探究学习	有	38.0%	45.8%	57.9%	46.5%
	无	62.0%	54.2%	42.1%	53.5%
合计		100.0%	100.0%	100.0%	100.0%

由此可见,大部分农村小规模学校教师在信息化教学资源应用方式上比较单一。大部分教师停留在呈现教学内容和布置作业的简单应用上,本质上还是将信息技术作为"黑板粉笔"式传统教学的一种辅助。只有相当少的教师能够利用信息技术优势拓展教学内容,丰富教学情境,乃至组织学生开展自主、合作、探究学习,改进教学模式。

三、农村小规模学校信息化教学资源的应用效果

当前,农村小规模学校信息化建设的主要目的是借助信息化手段解决学校长期以来"开不齐课,开不好课"的难题。《教育部等九部门关于加快推进教育信息化当前几项重点工作的通知》就明确指出:要实现教学点数字教育资源全覆盖,改善教学点办学条件,开齐课、开好课,满足农村边远地区适龄儿童就近接受良好教育的基

本要求。所以现阶段我们应该从两方面来衡量农村小规模学校的信息化教学应用成效，首先是能否帮助"开齐"国家规定课程，其次是能否帮助"开好"国家规定课程。

（一）难以"开齐课"：音、体、美课程开设率有显著提高，科学、信息技术、品德、心理健康等课程开设率仍然很低

本研究按照教育部 2011 年修订的义务教育课程标准，对语文、数学、英语、音乐、美术、体育、科学、信息技术、品德、心理健康 10 门课程在农村小规模学校的开设情况进行了调查（表 5-8）。调查结果显示，农村小规模学校在覆盖了数字化教育资源以后，课程开设率虽然与农村中大规模学校和城市学校仍有一定差距，但是的确有了明显提高。很多以往难以开设的课程如今在大部分农村小规模学校能够开设，比如农村学校通常所说的三门"小课"——音、体、美在农村小规模学校的开课率分别达到了 78.4%、86.3%、70.6%。

表 5-8　　农村小规模学校应用信息化教学资源开课的情况

		学校类型		
		农村小规模学校	农村中大规模学校	城市学校
课程开设	语文	100.0%	100.0%	100.0%
	数学	100.0%	100.0%	100.0%
	英语	45.1%	100.0%	100.0%
	音乐	78.4%	100.0%	100.0%
	美术	70.6%	100.0%	100.0%
	体育	86.3%	100.0%	100.0%
	科学	35.3%	95.2%	100.0%
	信息技术	5.9%	85.7%	100.0%
	品德	31.4%	81.0%	100.0%
	心理健康	5.9%	66.7%	100.0%

但是，与"音、体、美"的较高开课率相比，科学、信息技术、品德、心理健康等课程在农村小规模学校的开设率仍然很低。其中，只有35.3%的农村小规模学校开设了科学课，这一比例在农村中大规模学校和城市学校分别是95.2%和100%；只有5.9%的农村小规模学校开设了信息技术课，这一比例在农村中大规模学校和城市学校分别是85.7%和100%；只有31.4%的农村小规模学校开设了品德课，这一比例在农村中大规模学校和城市学校分别是81%和100%；只有5.9%的农村小规模学校开设了心理健康课，这一比例在农村中大规模学校和城市学校分别是66.7%和100%。究其原因，这并不是信息化教学资源本身的匹配问题，而是因为小规模学校长期以来的师资建设欠债太多，地方教育主管部门和学校在努力达成"音、体、美"开课任务之余，根本无暇顾及科学、品德等更为"小众"的课程。

此外，值得注意的是，作为传统意义上与语文、数学同为"主课"的英语课在农村小规模学校的开设情况也不容乐观。统计结果显示，只有45.1%的农村小规模学校开设了英语课，这一比例不仅远低于语文、数学课（均为100%），也远不如音乐、体育、美术（78.4%、86.3%、70.6%）。英语课程开课困难成为了现阶段农村小规模学校教学中较为普遍的难题之一。南漳县某村小校长在访谈中就谈到了这个问题："现在我们这里英语老师非常缺，都找不到人上课。英语跟音乐、美术这些课不一样，又不能只放放视频，总得读读课本什么的，一般老师哪有这个基础，都不敢接这个课。"

所以，即使配置了相应的数字化教学资源，如果没有具有一定专业素养的教师，英语课开课难在小规模学校仍然是一个难以解决的问题。这也进一步说明了农村小规模学校的信息化教学应用要想起到实效，不能本末倒置地仅仅寄希望以数字化教学资源完全替代教师的全部作用，而必须重视师资力量的补充和优化。

（二）未完全"开好课"：对艺术类课程和语言类课程的效果较好，而对逻辑推理类课程和运动类课程的效果一般

本研究按照"效果非常好"、"有一定效果"、"不好说"、"没太大效果"、"完全没有效果"五个层次对农村小规模学校各门课程实施信息化教学的效果进行了调查。调查结果显示,农村小规模学校各门课程的信息化教学效果均比较理想,分别有96%、94.9%、92%,97.5%,94.8%,64.4%的农村小规模学校教师认可语文、数学、英语、音乐、美术、体育这6门课程的信息化教学效果(选择了"效果非常好"或"有一定效果")。其中,有超过半数的教师认为音乐和美术两门课的信息化教学效果非常好(比例分别为63.4%和55.1%)。认为语、数、外三门课程信息化教学效果非常好的教师也达到了相当比例(比例分别为39.5%、30.5%和46.7%)。认为体育课信息化教学效果非常好的教师比例相当低,仅为17.8%(表5-9)。

表5-9 农村小规模学校教师对不同课程应用信息化教学资源的评价

课程	语文	数学	英语	音乐	美术	体育
效果非常好	39.5%	30.5%	46.7%	63.4%	55.1%	17.8%
有一定效果	56.5%	64.4%	45.3%	34.1%	39.7%	46.6%
不好说	2.4%	4.2%	6.7%	1.2%	3.8%	21.9%
没太大效果	1.6%	0.8%	1.3%	1.2%	1.3%	11.0%
完全没有效果	0%	0%	0%	0%	0%	2.7%

为了方便比较不同课程应用信息化教学资源的效果,将课程效果层次量表中的"效果非常好"、"有一定效果"、"不好说"、"没太大效果"、"完全没有效果"5个层级按照"5,4,3,2,1"的分值进行赋分,由此得出语文、数学、英语、音乐、美术、体育6门课程应用信息化教学资源效果的评分,结果如图5-1所示。从图中可以明显看出,音乐和美术两门课程应用信息化教学资源的效果最好,得分明显高于其他几门课程,这说明信息化教学资源对农村小规模学校以往难以开设的艺术类课程教学帮助很大;语文、数学、英语三门传统主干课程中语文和英语两门课的效果差不多,均好于数学课,这说明语言类课程实施信息化教学的效果要优于重视逻辑

推理的课程；体育课的信息化教学效果得分是 6 门课程中最低的，且拉开了较大差距，这说明信息化教学资源与运动技能类课程的适配度较低。

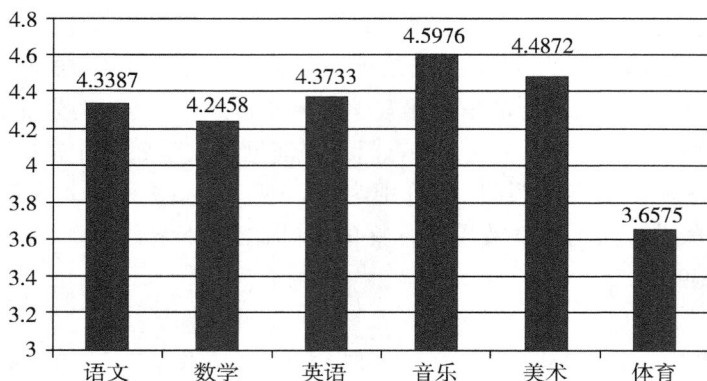

图 5-1　农村小规模学校不同课程应用信息化教学资源的效果比较

由此可见，虽然数字教育资源的覆盖确实在很大程度上帮助了农村小规模学校开设各类国家规定课程，也提升了各门课程的教学质量，但是不同课程信息化教学的实施效果也不能一概而论。信息化教学的多媒化和强交互性可以发挥文字、图片、音频、视频、动画等多种媒介丰富的表现优势，创造多种学习情境，给学生以直观、感性的认知体验。这样的特性让信息化教学在重视感性体验的艺术类课程和语言类课程中能够发挥出最大的效果，而对于重视逻辑推理的数学课和重视身体动作技能的体育课来说，就无法发挥出同等的效果。要想进一步提升农村小规模学校信息化教学应用的效果，就必须依据不同课程的特性进行更细致的开发和适配。

小结：

在购置了基本的信息化设备，初步完善了信息化硬件环境后，农村小规模学校又面临着信息化软硬件资源的有效应用问题。从现有情况来看，不管是新购置的信息化设备，还是外部引入的数字化课程资源，在小规模学校的使用效率并不高，离预期效果还有一段距离。笔者从应用频率、应用方式、应用效果三个维度深入调研了农村小规模学校信息化教学资源应用的基本状况，具体结论如下：

第一，信息化教学资源的应用频率偏低。从硬件设备的使用率上来看，农村小规模学校教师使用各类信息化设备的频率较低，且明显落后于农村中大规模学校和城市学校。从软件资源的使用率上来看，农村小规模学校教师运用教学视频、教学课件的频率同样偏低，信息化教学课时占总课时的比例显著低于农村中大规模学校和城市学校。这些调研数据说明农村小规模学校现阶段对信息化教学资源的应用效率整体偏低，不能有效促进教学改革和教育质量的提升。

第二，信息化教学资源的应用方式较为单一。影响信息化教学资源应用效率的不仅仅是应用频率，更多地取决于信息化资源在使用过程中与课程教学的融合程度。是简单地课本搬家、"照屏"宣科，还是真正给学生提供自主发现、合作探究的良好支撑和帮助，不同的应用方式所带来的信息化教学效果有着天差地别。按照"呈现教学内容"、"拓展教学内容"、"辅助课堂练习"、"开展学生自主、合作、探究学习"四种类型对农村小规模学校教师使用各类信息化课件资源的方式进行分析和比较，结果显示小规模学校教师使用信息化资源的方式较为单一，软件资源和课程教学的融合程度不高。农村小规模学校教师使用信息化教学资源有两种倾向，一种是将其作为一种更形象、更有趣的知识呈现方式，给学生更多元的视觉体验和学习经验；另一种就是作为一种更简便、更高效的课堂练习和课后作业的手段，节省教师的精力和时间。这两种应用信息化教学资源的方式虽然在激发学生学习兴趣、帮助学生理解知识、提升教学效率等方面能起到一定的效果，但是仍处于信息技术与教学融合的最初级阶段，并不能从根本上改变传统教学结构，优化教学效果。调研数据显示，能够有效运用信息化教学资源"开展学生自主、合作、探究学习"的农村小规模学校教师占比较少，这一比例

153

与城市教师有着较大差距。这说明，农村小规模学校对于信息化教学资源的应用需要从"会用"到"用好"逐步升级，才能紧跟国家信息技术与教育教学深度融合的发展步伐。

第三，信息化教学资源的应用效果不太理想。农村小规模学校师资资源极度匮乏，许多国标课程难以开设，教学质量得不到保障。引入信息化教学资源的直接原因就是用来解决小规模学校"开不好课、开不齐课"的问题。而从调研数据来看，信息化教学资源在小规模学校的应用效果上并没有完全达到预期效果。从课程开设率这一指标上来看，应用信息化教学资源确实帮助小规模学校开设了不少课程，不少国标课程的开设率有了明显的改善。但是，科学、心理、品德、信息技术等课程在小规模学校的开设率仍然很低，大幅落后于农村中大规模学校和城市学校。作为主干课程之一的英语课在小规模学校的开课率也显著落后于农村中大规模学校和城市学校。这说明，要想充分释放信息化课程资源的全部效能就必须搭配合适的师资队伍。只依靠教学视频、数字化课件，而不辅以优秀教师的参与和引导，再好的信息化资源也无法解决小规模学校全部的教学难题。从每门课程应用信息化资源的效果来看，现有信息化课程资源应用于音乐、美术等艺术类课程教学的效果最好，应用于语文、英语等语言类课程教学的效果较好，应用于数学等逻辑推理类课程的效果一般，应用于体育类课程的效果较差。小规模学校各类课程在应用信息化教学资源时产生的效果差异主要源于现有信息化课程资源本身的特性。信息化课程资源普遍以图形图像、视音频为主要载体的特性使之更适合给学生视觉体验和感性经验，这些都是艺术类和语言类课程更加注重的知识体验方式。而这种特性的优势在逻辑推理类课程和体育类课程中就显现得不那么突出了。因此，教育主管部门在开发后续信息化课程资源时不宜再采取一刀切式的统一标准，以城市学校教育教学运行特点去简单类推农村小规模学校教育教学运行状态。课程设计者应考虑小规模学校师资力量薄弱、复式班教学的独特教育环境，分析不同类型课程在小规模学校实际运作的教学规律，从而对每一门课程的数字化课程资源进行更精细化的开发和适配。

第二节　农村小规模学校信息化教学
资源应用效率的影响因素

　　资源应用现状的分析数据告诉我们，现阶段农村小规模学校信息化教学资源的应用问题存在一定的复杂性。一方面，数字化教育资源的覆盖确实对学校"开齐课、开好课"提供了一些帮助。借助信息化课程资源的支持，以往在农村小规模学校难以见到的各种"小课"如今的开课率明显提高，如"音、体、美"三门课程的开课率均达到了 70% 以上。对语文、数学、英语、音乐、美术五门课程任课教师的调查显示，90% 以上的教师也认可应用信息化课程资源后的教学效果。然而另一方面，农村小规模学校的信息化教学资源的应用效率不高也是一个普遍现象。各种信息化教学资源的闲置与浪费情况在我们的调研中随处可见。统计数据显示，农村小规模学校教师能够经常使用电子白板的人数不到总人数的 30%，能够经常使用触控一体机的人数更是只占总人数的 10.8%，有 52.4% 的教师从来不用电子白板，有 69.3% 的教师从来不用触控一体机。此外，农村小规模学校教师每周只有约五分之一的课时应用了信息化教学资源，而城市学校教师每周则有超过一半的课时应用了信息化教学资源。

　　信息化教学资源对于提升学校的办学质量无疑有明显的效果，但是现有的信息化教学资源在农村小规模学校却得不到充分的应用。这看似矛盾的局面其实恰恰说明了农村小规模学校在信息化教学应用上的最大短板并不是信息化教学资源的短缺，而是信息化教学资源的应用效率太低。"硬件设备不会用，课程资源不想用"成为现阶段农村小规模学校信息化教学应用中一个普遍存在的现象。某县教育局相关人员在访谈中就曾谈到："现在教学点搞教育信息化最大的问题不是设备的问题，也不是课件的问题，而是老师们不用。现有的资源的使用率估计五分之一都不到！某村小校长也跟我们直言：'这几年给我们配的电脑、资源平台说实话我们用得不多，很多老师们应用的积极性不高，有的是不会弄，有的是不想

155

用，大家也不重视这个。'"

信息化教学资源的应用效率低成为了现阶段限制农村小规模学校信息化教学效果的最突出问题。造成这个问题的原因是多方面的，既可能是教师个人能力因素，也可能受限于学校教学环境和管理机制。此外，信息化资源本身的特性是否与学校师生的实际教学需求相符也显然会对资源的利用率产生影响。

一、研究假设

影响教师信息化教学资源应用效率和水平的影响因素很多，国内外学者从不同的分析角度出发，对此问题进行了丰富的研究。有学者从学校外在环境、教师内在因素两个维度进行分析，认为学校信息化办学条件、信息化管理机制和教师的信息技术能力水平、课程资源使用方式都对学校信息化教学应用效果有影响。[①] 有学者认为分析农村中小学远程教育资源应用绩效应该从硬件、软件、教师、学生四个维度出发。[②] 有学者通过现有文献的内容分析，认为影响教师接受信息技术的因素主要包括组织、环境、技术、个人四个方面。[③] 有学者通过实证调研后发现，农村中小学所用的信息化课程资源与实际教学内容存在着多方面的不适配：优秀教学片和教案比较缺乏，有些软件资源与教材不配套，实践等课程的软件资源很少，学校获取的软件资源与教学进度不统一，软件资源建设没有考虑到城乡差异。这种不适配显著影响了农村中小学教师信息化教学应用的效果。[④] 有学者认为影响教师信息化教学资源应用水平的关键因素是教师对待信息化教学的态度，这种态度又可细分为教师

---

① 杨永贤，罗瑞，杨晓宏. 宁夏南部山区农村中小学现代远程教育资源教学应用调查[J]. 电化教育研究，2009(06)：93-95.

② 王继新，杨九民，贾成净，等. 提高农村中小学远程教育工程设施教学应用绩效的对策研究[J]. 中国电化教育，2005(12)：27-30.

③ 张志梅，郑起运. 技术接受模型在教育中应用研究的元分析[J]. 开放教育研究，2009(2)：72-76.

④ 梁丽，吴长城. 宁夏地区农村中小学教师现代远程教育资源应用能力调查研究[J]. 电化教育研究，2010(05)：56-59.

对信息化教学的价值认同、成本认同和应用意愿三个层次。①

通过对现有文献的梳理可以发现，不同学者从不同的研究角度和理论流派出发得出了众多可能影响教师应用信息化教学资源的影响因素。这些因素纷繁复杂又互相作用，这就需要我们找出一个合适的研究视角对这些因素进行统筹分类，凸显最有可能影响农村小规模学校教师信息化教学应用的核心要素。

对于教师而言，影响信息化教学资源利用率的最直接原因就是资源"好不好用"。好用就用，不好用自然不用，这本质上取决教师个人的使用意愿，是一种主观感受。为了对教师使用信息化教学资源的意愿进行解释和量化，我们可以使用技术接受模型理论。技术接受模型(Technology Acceptance Model，TAM)是 Davis 用理性行为理论研究用户对于信息技术接受程度的一套理论模型。技术接受模型认为技术的使用是由行为意向(Behavioral Intention，BI)决定的，而行为意向由想用的态度(Attitude Toward Using，AU)和感知有用性(Perceived Usefulness，PU)共同决定(BI = AU+PU)，想用的态度由感知有用性和感知易用性(Perceived Ease of Use，PEOU)共同决定(AU = PU+PEOU)，感知有用性由感知易用性和外部变量(External Variables)共同决定，感知易用性是由外部变量决定的。②感知有用性是指用户认为某一技术能够提高其工作表现的程度；感知易用性是指用户所认识到的技术容易使用的程度，外部变量包括系统设计特征、用户特征(包括感知形式和其他个性特征)、任务特征、开发或执行过程的本质、政策影响、组织结构等，为技术接受模型中存在的内部信念、态度、意向和不同的个人之间的差异、环境约束、可控制的干扰因素之间建立起一种联系。③所以，技术接受模型认为两大核心因素：感知有用性和感知易用性以及一些相关

① 张屹，刘晓莉，范福兰，等. 中小学教师信息技术应用水平影响因素分析——基于 X 省 14 个市的实证分析[J]. 现代教育技术，2015(06)：44-50.

② Davis F D. *Perceived usefulness, perceived ease of use, and user acceptance of information technology*[J]. Mis Quarterly, 1989, 13(3)：319-340.

③ Davis F D. *Perceived usefulness, perceived ease of use, and user acceptance of information technology*[J]. Mis Quarterly, 1989, 13(3)：319-340.

的外部变量是影响个体对于技术使用行为意向的决定性因素(图 5-2)。

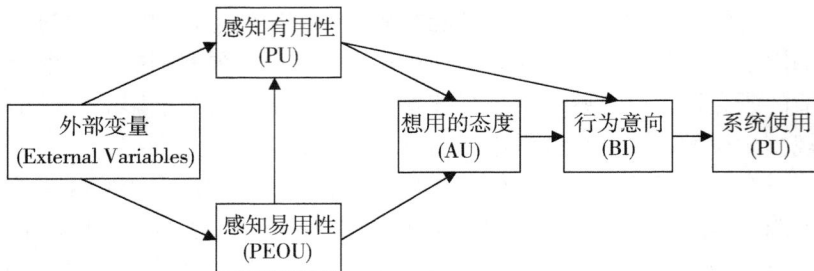

图 5-2　技术接受模型图(Technology Acceptance Model，TAM)

　　技术接受模型被应用于许多研究，对人类应用技术行为的解释力得到了广泛验证。现有研究大都聚焦于探究感知有用性和感知易用性两个核心要素对用户技术使用行为的影响，在不同研究情境中往往也会加入一些相关度高和操作性强的外部变量以提高理论模型的解释力和适用性。在本书的研究情境中，农村小规模学校的信息化教学资源应用效率无疑在很大程度上取决于教师对于信息技术的接受度。使用技术接受模型来分类整理、细化提炼影响小规模学校信息化教学资源应用效率的影响因素无疑是可行的。

　　从技术接受模型出发，学校的信息化教学资源应用效率主要被教师的主观使用意愿所决定。这种使用意愿一方面取决于教师对于信息技术的意识态度(感知有用性)，另一方面取决于现有技术资源在实际教学过程中的好用程度(感知易用性)。此外，农村小规模学校教育资源长期匮乏，信息化发展刚刚起步，在硬件设施建设、软件资源配置、教师信息技术能力水平、制度建设等方面都和农村中大规模学校和城市学校有着显著差异。这些差异同样会对学校的信息化教学资源应用效率产生一定的影响，无疑应该作为除了感知有用性和感知易用性两大核心因素之外的外部变量纳入分析。

　　所以，本研究从感知有用性、感知易用性、外部变量三个维度来设定研究假设。

　　"感知有用性"维度：

H1：教师信息技术应用的意识态度对信息化教学资源的应用效率有正向影响

"感知易用性"维度：

H2：信息化硬件设备的易用性对信息化教学资源的应用效率有正向影响

H3：信息化课程资源的适用性对信息化教学资源的应用效率有正向影响

"外部变量"维度：

H4：教师信息技术能力水平对信息化教学资源的应用效率有正向影响

H5：学校信息化办学条件对信息化教学资源的应用效率有正向影响

二、模型建构

本研究的目的在于探究多个变量与学校信息化教学资源应用效率之间的关系，并对每种变量对学校信息化教学资源应用效率的影响大小做出解释。分析变量之间的描述、解释、预测关系一般是做回归分析。因为本研究的解释变量有多个，所以考虑建构多元线性回归模型。多元线性回归分析可以得出自变量与因变量之间的回归方程式，以此来描述一组自变量与因变量之间的关系以及自变量间的线性组合与因变量之间关系的强度大小。

在建构回归模型以前，首先要根据研究假设对变量进行操作化处理。变量的操作化一方面要选取能够准确描述研究假设的指标，另一方面也要注意变量指标是否容易获取和便于量化统计。此外，由于本研究采取的是多元线性回归方程，还要注意选取的解释变量与被解释变量是否满足多元线性回归的基本要求。

研究假设中影响学校信息化教学资源应用效率的核心因素之一是"感知有用性"，即用户认为某一技术能够提高其工作表现的强度。农村小规模学校教师对信息化教学资源的"感知有用性"在问卷中通过三个李克特量表题进行测量：①我认为运用信息化教学资源可以提高我的教学质量；②我认为应用信息技术可以提高我的工

159

作效率；③我认为信息化教学方式有利于学生的学习成长。三个问题均按照"完全同意"、"同意"、"无意见"、"不同意"、"完全不同意"五个层级让教师选择。由于多元线性回归方程要求解释变量一般应为连续变量，所以还须对这五个选项按照"5，4，3，2，1"的评分进行赋值处理。将以上三个量表题进行赋值处理后相加所得到的连续变量值即为反映"感知有用性"的量化指标。

　　研究假设中影响学校信息化教学资源应用效率的另一个核心因素是"感知易用性"，及用户所认识到的技术容易使用的程度。农村小规模学校教师对于信息化教学资源的"感知易用性"应该分为硬件设施和课程资源两个方面。农村小规模学校信息化硬件配置中最影响教师使用感受的问题是硬件的维修与保养不及时（这一点在本书第三章中已有详细论述）。所以，本研究中对于硬件设施的"感知易用性"采用设备故障率这一指标来进行衡量。这个指标分为"零故障"，"极少故障"，"有时故障"，"经常故障"，"长期故障"五个层级，按照5，4，3，2，1的评分进行赋值后转换为连续变量进入回归分析。有研究证明，影响农村中小学教师对于信息化课程资源使用感受的重要因素是资源与教学内容多方面的不适配，包括优秀教学片和教案比较缺乏，有些软件资源与教材不配套，实践等课程的软件资源很少，学校获取的软件资源与教学进度不统一，软件资源建设没有考虑到城乡差异等方面。① 所以本研究中软件资源的"感知易用性"采用软件资源与教师实际教学内容的适配度来进行衡量，分为"完全匹配"、"大部分匹配"、"一般匹配"、"小部分匹配"、"完全不匹配"五个层级让教师选择。这五个层次同样需要按照5，4，3，2，1的评分进行赋值转换为连续变量进行回归分析。

　　除了"感知有用性"和"感知易用性"两个核心影响因素外，本研究还须纳入一些有可能对学校信息化教学资源应用效率产生较大

---

　　① 梁丽，吴长城．宁夏地区农村中小学教师现代远程教育资源应用能力调查研究［J］．电化教育研究，2010(05)：56-59．

影响的相关因素进行分析。有相当数量的研究①②③证明，学校的信息化基础设施水平对教师使用信息技术的意愿和水平有直接影响。也有不少研究④⑤认为教师个人的信息技术能力水平是影响学校信息化教学效果的关键因素。农村小规模学校的信息化发展水平有限，学校信息化办学条件明显落后于农村中大规模学校和城市学校；学校的教师资源不足，教师老龄化严重，信息技术能力相对薄弱；学校与外界联系少，教师能够获取的外部支持和学习培训的机会有限。农村小规模学校的这些独特性无疑会对教师使用信息化教学资源产生显著影响。所以，本研究在此基础上按照数据的可获取性和可测量性选取了六个相关变量进入回归分析。一是学校给教师配置办公电脑的情况，转化为虚拟变量(1 代表已配置，0 代表未配置)；二是学校连通网络情况，转化为虚拟变量(1 代表已连通网络，0 代表未连通网络)；三是学校网络带宽情况，直接采用网络带宽值表示；四是教师信息技术能力水平，由信息技术能力量表测量获得(详见第四章相关章节)；五是教师参加信息化培训的次数，用教师近三年参加过的信息化培训次数来表示；六是教师参加信息化培训的等级，即教师参加学校培训、市县级培训、省培、国培的情况，转换为是否参加过高等级培训的虚拟变量(1 表示参加过国培，2 表示没有参加过国培)。

此外，有研究证明教师本身的特点(年龄、性别、职称、教育经历)会影响教师对新方法的接受。教师的个人基本特征差异显然

① 杨永贤，罗瑞，杨晓宏.宁夏南部山区农村中小学现代远程教育资源教学应用调查[J].电化教育研究，2009(06)：93-95.
② 胡超，陈妍，吴砥，等.少数民族地区义务教育信息化发展评估——以保靖、凤凰两县为例[J].开放教育研究，2013(03)：94-102.
③ 龚道敏.农村中小学现代远程教育资源应用现状调查及对策研究——以湖北省恩施自治州为例[J].中国电化教育，2007(02)：66-70.
④ 杨永双.农村中小学"班班通"应用现状的调查与分析——以重庆市武隆县为例[J].中国电化教育，2010(09)：64-67.
⑤ 杨永贤，罗瑞，杨晓宏.宁夏南部山区农村中小学现代远程教育资源教学应用调查[J].电化教育研究，2009(06)：93-95.

会对应用信息化教学资源产生一定的影响。这些特征并不是本研究关注的重点因素，所以作为控制变量进入回归分析，以消除这些因素对其他因素解释力的干扰。本研究的控制变量有四个：教师性别、教师年龄、教师学历、教师职称。其中，教师性别是一个二分类变量，可以转化为"是否为男性"的虚拟变量（1 为男性，0 为非男性）；教师年龄本身就是连续变量；教师学历是一个序列分类变量，可以通过赋值后当成连续变量使用（初中学历，高中学历，专科学历，本科学历，研究生学历分别赋值为 1，2，3，4，5）；教师职称是一个多分类变量，处理为是否有高级职称的虚拟变量（1 为高级职称，0 为非高级职称）。

对相关变量的设计、定义、赋值的情况如表 5-10 所示。

表 5-10　　　　　　　　相关变量的定义、赋值及说明

变量名称	编码	定义及赋值	预期方向
感知有用性	PU	由教师信息技术态度量表赋值后得到 1＝完全不同意，2＝不同意，3＝无意见，4＝同意，5＝完全同意	＋
感知易用性（硬件）	PEOU1	设备故障率 1＝长期故障，2＝经常故障，3＝有时故障，4＝极少故障，5＝零故障	－
感知易用性（软件）	PEOU2	课程资源适配度 1＝完全不匹配，2＝小部分匹配，3＝一般匹配，4＝大部分匹配，5＝完全匹配	＋
办公电脑配置	comp	1＝已配置，0＝未配置	＋
网络连通	net	1＝已连通网络，0＝未连通网络	＋
网络带宽	width	单位：Mb	＋
教师信息技术能力水平	cap	由信息技术能力量表赋值后得到	＋
教师信息化培训次数	trainN	近三年参加培训的次数	＋

变量名称	编码	定义及赋值	预期方向
教师信息化培训层次	trainL	1＝参加过国培，0＝未参加过国培	+
控制变量			
性别	gen	男＝1，女＝0	？
年龄	age	以周岁计算（单位：岁）	？
学历	edu	初中＝1，高中＝2，专科＝3，本科＝4，研究生＝5	？
职称	title	1＝高级职称，0＝非高级职称	？

在对解释变量和被解释变量进行操作化处理后，得到了农村小规模学校信息化教学资源应用效率影响因素的多元线性回归方程：

$$Y=\beta_0+\beta_1 PU+\beta_2 PEOU1+\beta_3 PEOU12+\beta_4 comp+\beta_5 net+\beta_6 width+\beta_7 cap+\beta_8 trainN+\beta_9 trainL+\beta_{10} gen+\beta_{11} age+\beta_{12} edu+\beta_{13} title$$

三、回归分析

进行回归分析之前，首先建立 13 个解释变量之间的相关矩阵，如表 5-11 所示。由解释变量之间的相关性分析可以预测解释变量之间是否可能存在共线性问题。从相关矩阵图中可以看出，13 个解释变量中有 5 个解释变量显著相关（$p<0.05$），但相关系数均小于 0.75，并不具有强相关性。所以，解释变量之间应该没有明显的共线性问题。

采用强迫进入变量法对多个解释变量进行同时回归分析。

模型的拟合优度检验结果如表 5-12 所示，13 个解释变量与被解释变量之间的多元相关系数（R）为 0.583，判定系数（R 方）为 0.340，估计标准误为 0.235。这说明 13 个解释变量能够解释被解释变量 34% 的变异量，解释度良好。

表 5-11

解释变量的相关矩阵

		PU	PEOU1	PEOU2	comp	net	width	cap	trainN	trainL	gen	age	edu	title
相关	PU	1.000	-0.020	0.174	0.076	-0.048	-0.024	0.409	0.090	0.137	-0.110	-0.049	0.054	-0.005
	PEOU1	-0.020	1.000	0.208	0.204	0.157	0.177	0.151	0.087	0.037	-0.005	0.020	-0.070	0.059
	PEOU2	0.174	0.208	1.000	0.149	-0.023	0.010	0.166	0.113	0.087	0.022	0.037	-0.065	0.080
	comp	0.076	0.204	0.149	1.000	0.223	0.227	0.084	0.129	0.101	0.062	0.107	-0.059	0.132
	net	-0.048	0.157	-0.023	0.223	1.000	0.646	0.044	-0.175	-0.036	0.091	-0.048	0.004	-0.186
	width	-0.024	0.177	0.010	0.227	0.646	1.000	0.077	-0.041	0.090	-0.002	-0.114	0.054	-0.081
	cap	0.409	0.151	0.166	0.084	0.044	0.077	1.000	0.206	0.215	-0.193	-0.308	0.261	-0.178
	trainN	0.090	0.087	0.113	0.129	-0.175	-0.041	0.206	1.000	0.310	-0.071	0.081	-0.002	0.089
	trainL	0.137	0.037	0.087	0.101	-0.036	0.090	0.215	0.310	1.000	-0.183	-0.174	0.175	-0.126
	gen	-0.110	-0.005	0.022	0.062	0.091	-0.002	-0.193	-0.071	-0.183	1.000	0.485	-0.341	0.201
	age	-0.049	0.020	0.037	0.107	-0.048	-0.114	-0.308	0.081	-0.174	0.485	1.000	-0.642	0.652
	edu	0.054	-0.070	-0.065	-0.059	0.004	0.054	0.261	-0.002	0.175	-0.341	-0.642	1.000	-0.421
	title	-0.005	0.059	0.080	0.132	-0.186	-0.081	-0.178	0.089	-0.126	0.201	0.652	-0.421	1.000

续表

Sig. （单侧）	PU	PEOU1	PEOU2	comp	net	width	cap	trainN	trainL	gen	age	edu	title
PU		0.294	0.000	0.022	0.102	0.265	0.000	0.009	0.000	0.002	0.095	0.075	0.446
PEOU1	0.294		0.000	0.000	0.000	0.000	0.000	0.011	0.166	0.443	0.295	0.031	0.057
PEOU2	0.000	0.000		0.000	0.275	0.396	0.000	0.001	0.010	0.275	0.163	0.042	0.017
comp	0.022	0.000	0.000		0.000	0.000	0.013	0.000	0.004	0.051	0.002	0.057	0.000
net	0.102	0.000	0.275	0.000		0.000	0.122	0.000	0.170	0.008	0.100	0.459	0.000
width	0.265	0.000	0.396	0.000	0.000		0.021	0.141	0.008	0.484	0.001	0.075	0.016
cap	0.000	0.000	0.000	0.013	0.122	0.021		0.000	0.000	0.000	0.000	0.000	0.000
trainN	0.009	0.011	0.001	0.000	0.000	0.141	0.000		0.000	0.030	0.016	0.482	0.009
trainL	0.000	0.166	0.010	0.004	0.170	0.008	0.000	0.000		0.000	0.000	0.000	0.000
gen	0.002	0.443	0.275	0.051	0.008	0.484	0.000	0.030	0.000		0.000	0.000	0.000
age	0.095	0.295	0.163	0.002	0.100	0.001	0.000	0.016	0.000	0.000		0.000	0.000
edu	0.075	0.031	0.042	0.057	0.459	0.075	0.000	0.482	0.000	0.000	0.000		0.000
title	0.446	0.057	0.017	0.000	0.000	0.016	0.000	0.009	0.000	0.000	0.000	0.000	

a. 行列式 = 0.050

165

表 5-12　　　　　　　　　　　回归模型的拟合优度检验

模型	R	R 方	调整 R 方	估计标准误
	0.583	0.340	0.327	0.235

　　模型的显著性检验结果如表 5-13 所示，变异量显著性检验的 F 值为 27.384，显著性 p 值为 0.000，小于 0.05 的显著性水平，说明回归模型整体解释变异量达到了显著水平，回归方程至少有一个解释变量会达到显著水平。

表 5-13　　　　　　　　　　　回归模型的方差分析

模型	平方和	df	均方	F	Sig.
回归	19.664	13	1.513	27.384	0.000
残差	38.225	692	0.055		
总计	57.889	705			

　　回归模型的回归系数分析结果如表 5-14 所示。由容忍度和方差膨胀系数（VIF）的结果可以看出，13 个解释变量的容忍度均小于 1.000，方差膨胀系数均在 4.000 以下。这进一步说明了解释变量间确实不存在明显的共线性问题。由非标准化的回归系数结果，我们可以得出未标准化的回归方程：

$$Y = 0.138 + 0.059\text{PU} - 0.082\text{PEOU1} + 0.006\text{PEOU12} + 0.087\text{comp} +$$
$$0.074\text{net} + 0.049\text{width} + 0.009\text{cap} + 0.028\text{trainN} + 0.046\text{trainL} -$$
$$0.061\text{gen} - 0.001\text{age} + 0.001\beta_{12}\,\text{edu} + 0.02\text{title}$$

为了比较不同解释变量的解释力，可以用标准化的回归系数去除解释变量的不同单位影响。将标准化回归系数代入回归方程，得到标准化的回归方程：

$$Y = 0.138 + 0.093\text{PU} - 0.315\text{PEOU1} + 0.019\text{PEOU12} + 0.116\text{comp} +$$
$$0103\text{net} + 0.159\text{width} + 0.180\text{cap} + 0.149\text{trainN} + 0.081\text{trainL} -$$
$$0.103\text{gen} - 0.022\text{age} + 0.003\beta_{12}\,\text{edu} + 0.35\text{title}$$

表 5-14 回归模型的回归系数及回归系数的显著性检验

模型	非标准化系数		标准系数	t	Sig.	共线性统计量	
	B	标准误	Beta 分布			容忍度	VIF
（常量）	0.138	0.133		1.041	0.298		
感知有用性	0.059 ***	0.020	0.093	2.910	0.004	0.932	1.073
设备故障率	-0.082 ***	0.009	-0.315	-9.563	0.000	0.881	1.135
课程资源适配度	0.006	0.010	0.019	0.573	0.567	0.900	1.111
办公电脑配置	0.087 ***	0.025	0.116	3.477	0.001	0.852	1.174
网络连接	0.074 **	0.031	0.103	2.362	0.018	0.501	1.996
网络带宽	0.049 ***	0.013	0.159	3.781	0.000	0.541	1.850
教师信息技术能力水平	0.009 ***	0.002	0.180	5.138	0.000	0.775	1.290
教师信息化培训次数	0.028 ***	0.007	0.149	4.320	0.000	0.802	1.247
教师信息化培训层次	0.046 **	0.019	0.081	2.379	0.018	0.827	1.209
性别	-0.061 ***	0.021	-0.103	-2.831	0.005	0.718	1.393
年龄	-0.001	0.001	-0.022	-0.412	0.681	0.322	3.103
学历	0.001	0.017	0.003	0.062	0.950	0.571	1.752
职称	0.020	0.025	0.035	0.799	0.425	0.508	1.969

R=0.583 R 方=0.340 调整后的 R 方=0.327 F=27.384 ***

注：*、**、***分别表示通过 0.1、0.05 和 0.01 的显著性水平检验

回归系数达到显著的解释变量有"感知有用性"、"设备故障率"、"办公电脑配置"、"网络连接"、"网络带宽"、"教师信息技术能力水平"、"教师信息化培训次数"、"教师信息化培训层次"、

"性别"。回归系数未达显著的解释变量有"资源适配度"、"年龄"、"学历"、"职称"(表5-14)。回归分析中，未达显著水平的解释变量未必一定与被解释变量没有关系，在后面的结果讨论部分都将纳入分析。

四、小结与讨论

回归分析结果显示信息化教学资源的感知有用性和感知易用性、学校的信息化基础设施水平和教师个人的信息技术能力水平对信息化教学资源应用效率有显著的影响。而教师个人特征中的性别变量作为被控制的变量也对信息化教学应用效率有显著的影响。下面将结合回归分析的结果对不同变量对信息化教学资源应用效率的影响进行探讨。

(一)资源的感知有用性对教师应用信息化教学资源效率的影响

回归分析结果显示，感知有用性对教师使用信息化教学资源的意愿有显著的正向影响($p<0.05$)。这与 TAM 模型理论中感知有用性直接影响用户行为意向的结论一致。现实情况中，教师如果觉得信息化教学资源"有用"，可以提高自己的工作效率，改进教学效果，促进学生发展，那么他自然会更积极地使用这些资源。问卷调查的结果显示，在"我认为应用信息技术可以提高我的工作效率"的题项上，农村小规模学校教师中有 79.6%表示认同(选择了"完全同意"或"同意")，而城市学校教师则有 93.1%表示认同；在"我认为运用信息化教学资源可以提高我的教学质量"的题项上，农村小规模学校教师中有 69.3%表示认同(选择了"完全同意"或"同意")，而城市学校教师则有 81.4%表示认同，在"我认为信息化教学方式有利于学生的学习成长"的题项上，农村小规模学校教师中有 71.3%表示认同(选择了"完全同意"或"同意")，而城市学校教师则有 92.7%表示认同。数据说明农村小规模学校教师对信息化教学资源"有用性"的认可度远远不如城市学校教师，这必然影响教师使用信息化教学资源的行为意向，成为造成农村小规模学校信息化教学资源应用效率低的重要原因之一。

（二）资源的感知易用性对教师应用信息化教学资源效率的影响

回归分析结果显示，设备故障率对教师应用信息化教学资源有非常显著的负向影响（p<0.05），并且这一变量的标准化回归系数为-0.315，是所有解释变量中最高的。这说明农村小规模学校教师对硬件设备的感知易用性极大地影响了其使用信息化教学资源的频率。如今的农村小规模学校虽然大多已经配备了一定的信息化硬件设施，但是与之相配套的设备保养维护机制却没有建立到位。后期保障经费的短缺和专业技术人员的不足让小规模学校的硬件设备故障频发而又得不到解决，无法持续稳定的运行，往往使本想实施信息化教学的教师望而却步。调查数据显示，74.7%的农村小规模学校教师认为学校的设备故障严重影响了教学，这一比例在城市学校教师中只有47.6%。根据 TAM 模型理论，感知易用性的降低会显著降低用户的使用意愿，进而改变用户的行为意向。设备故障频发、维护不力的情况显然极大地降低了教师对信息化教学资源"易用"的感受水平，成为了拉低农村小规模学校信息化教学资源利用率的重要因素之一。

与硬件设备的感知易用性对教师应用信息化教学资源效率的显著影响相比，软件资源的感知易用性虽然对教师运用信息化教学方式有积极影响（标准化回归系数为0.019），但其影响并未达到统计学意义上的显著水平（p<0.05）。课程资源是否好用显然会直接影响教师信息化教学的积极性，造成结果不显著的原因有可能是当前农村小规模学校信息化教学刚刚起步，老师们关注的重点更多地集中在硬件设备是否可用以及是否好用上。调查数据显示，不到三分之一的农村小规模学校教师能经常使用多媒体电脑、电子白板、触控一体机这三种常见信息化教学设备。农村小规模学校硬件设备的使用率远低于农村中大规模学校和城市学校。在设备的使用率如此之低的情况下，小规模学校的教师自然不会过多"苛求"软件资源的易用性。所以，这样的结果并不能说明软件资源的易用性对小规模学校教师信息化教学应用效率没有影响。我们在实地调研中也了解到，小规模学校现有的信息化课程资源与教师实际教学内容的适

配性并不好,不少老师反映"软件难以操作"、"资源与课本不配套"、"课件内容没有照顾城乡差异"等问题,这在很大程度上必然降低教师应用信息化教学资源的积极性。

此外,TAM 理论模型认为感知易用性对感知有用性也有正向影响。将本研究中感知有用性指标和课程资源适配性指标进行皮尔逊相关分析。结果显示,课程资源适配性与感知有用性呈现显著的正相关(r=0.174,p<0.01)。此结果在一定程度上验证了 TAM 理论模型的观点,也进一步说明了资源适配度不够对教师感知易用性的影响也可能降低教师的感知有用性,从而对教师应用信息化教学资源造成消极影响。

(三)学校信息化硬件环境对教师应用信息化教学资源效率的影响

回归分析结果显示,反映学校信息化基础设施水平的三个指标"办公电脑"、"网络连接"、"网络带宽"均对教师信息化教学资源应用有显著的影响(p<0.05)。三个指标的标准化回归系数分别为0.116、0.103、0.159。这说明对于农村小规模学校而言,信息化基础设施条件差限制了教师的信息化教学资源应用。调查数据表明,只有43.1%的农村小规模学校为教师配置了办公电脑,老师的日常教学准备工作经常陷入"无机可用"的尴尬境地,严重挫伤了教师开展信息化教学的积极性。农村小规模学校大多处于偏远之地,网络成为了学校与外界连通、接入优质信息化教育资源的重要渠道。然而当前农村小规模学校的网络覆盖率与城市学校还存在着较大的差距。统计结果显示,只有60.8%的农村小规模学校连通了校园网,而农村中大规模学校的校园网覆盖率为95.2%,城市学校的网络覆盖率更是达到了100%。没有覆盖网络的小规模学校往往只能通过教育主管部门定期发放装有相关教案、课件的光盘、优盘或移动硬盘等第三方存储介质的方式来获取信息化教学资源。这种资源推送方式操作繁琐,又常常疏于更新,造成了许多小规模学校的信息化教学资源极度短缺,设备也随之闲置不用。此外,对于已连通网络的农村小规模学校来说,网络带宽不足也成为影响教

师信息化教学应用体验的明显短板。调查数据显示，61.3%的农村小规模学校网络带宽不足4M，而网络带宽不足4M的农村中大规模学校只占总数的9.5%，城市学校更是全部覆盖了10M以上的网络。在田野观察中，经常有小规模学校的教师向我们抱怨"网络差，课件下载慢"，"上课时在线播放教学视频卡顿"等问题。网络带宽不足给教师备课、上课造成的不良体验无疑会降低其运用信息化教学资源的积极性。

TAM理论模型认为外部变量决定了用户的感知易用性，又和感知易用性一起决定了用户的感知有用性。学校的信息化基础设施水平显然是能够影响教师对信息化教学资源感知易用性和感知有用性的外部变量之一。农村小规模学校相比农村中大规模学校和城市学校在信息化办学条件上还存在着诸多不足之处。这些不足既降低了教师对信息化教学资源的易用性感受，又进一步可能让教师怀疑信息化教学资源的有用性价值，成为最终改变教师信息化教学行为意向的重要因素之一。

(四)教师信息技术能力水平对教师应用信息化教学资源效率的影响

回归分析结果显示，教师信息技术能力水平对其应用信息化教学资源有极其显著的正向影响($p<0.01$)。从TAM理论模型来说，决定用户感知易用性的外部变量包括系统设计特征、用户特征(包括感知形式和其他个性特征)、任务特征、开发或执行过程的本质、政策影响、组织结构等。[①] 教师个人的信息技术能力水平作为一种用户特征显然会影响其对信息化教学资源易用性的感受，是起决定性作用的外部变量之一。这一点在农村小规模教师身上表现得尤为明显。调查结果显示，农村小规模学校教师在信息化教学理念、信息化教学操作、信息化教学资源获取和开发以及信息化教学融合创新四个方面的能力水平上全面落后于农村中大规模学校和城

① Davis F D. *Perceived usefulness, perceived ease of use, and user acceptance of information technology*[J]. Mis Quarterly, 1989, 13(3)：319-340.

市学校。农村小规模学校教师信息技术能力上的短板，使他们在设备操作、课件制作、教学设计等方面相比农村中大规模学校和城市学校教师更容易碰到困难，由此造成的挫败感无疑会降低其对信息化教学资源易用性的感受，进而减弱了其信息化教学的行为意向。

教师信息化培训与教师信息技术能力水平的形成有直接关系。回归方程中的两个培训方面的变量：教师信息化培训次数和教师信息化培训层次对教师应用信息化教学资源的影响都达到了显著（$p<0.05$）。教师参加信息化培训的次数越多，参加的培训等级越高，其信息化教学的积极性也就越高。农村小规模学校教师在参加信息化培训的次数和等级上均远远落后于城市学校。调查数据显示，农村小规模学校教师近三年人均参加过 1.27 次信息技术相关培训，而城市学校教师近三年人均参加过 2.61 次信息技术相关培训。农村小规模学校教师参加的信息化培训以校内培训为主，培训等级普遍不高，只有 22.9% 的教师参加过国培；而城市学校教师中的这一比例达到了 57.9%。信息化培训不到位使得农村小规模学校教师的设备操作、软件使用、上网检索能力处于较低水平。统计数据显示，只有 19.3% 的农村小规模学校教师能够非常熟练地操作信息化教学设备，只有 22.3% 的农村小规模学校教师能够非常熟练地使用网络检索教学资料，只有 16.9% 的农村小规模学校教师能够非常熟练地加工制作多媒体课件。所以，教师参加信息化培训的次数和等级影响了教师信息技术能力水平的提升，同样成为影响信息化教学资源应用效率的外部变量之一。

（五）教师的人口统计学特征对教师应用信息化教学资源效率的影响

教师的四项人口统计学特征：性别、年龄、学历、职称作为控制变量放入了回归方程，其对教师应用信息化教学资源效率的影响并不是本研究关注的重点，这里只作简要的分析讨论。回归分析的结果显示，教师的年龄、文化程度、职称对其应用信息化教学资源效率的影响均不显著。而教师的性别（是否为男性）对其应用信息化教学资源效率有显著的消极影响（标准化回归系数为 -0.103，

p<0.05），这说明女老师会比男老师更多地使用信息化教学资源。出现这种情况的原因可能是由不同课程任课教师性别分布的差异以及信息化教学资源对不同课程门类的适用性这两方面的因素共同造成的。调查数据显示，农村小规模学校教师中女教师略少于男教师，而承担语言类课程和艺术类课程的女教师均明显多于男教师（语文、英语、音乐、美术四门课程中女教师的比例分别为54.1%、74.2%、66.7%、54.5%）。信息化教学资源呈现形式丰富、交互性强，更容易为学生提供直观、感性的认知体验，这使得信息化教学资源在艺术类课程和语言类课程中应用的效果更受认可，而在数理逻辑类课程中的效果则相对不明显。农村小规模学校的女教师作为承担艺术类课程和语言类课程的主力军，其使用信息化教学资源的积极性自然会高于以承担数理逻辑类课程为主的男教师。

第三节　农村小规模学校信息化教学资源应用的问题分析

一、农村小规模学校信息化教学资源应用中存在的问题

农村小规模学校的信息化硬件设备闲置率较高、信息化课程资源的使用方法单一，信息化教学资源的应用对学校办学水平和教学质量的提升效果不明显。

（一）信息化教学资源使用频率低

农村小规模学校信息化硬件设备长期闲置浪费的情况较为严重。对多媒体电脑、电子白板、触控一体机这三种主要信息化硬件设备在农村小规模学校的使用频率进行调查后发现，经常使用这些信息化教学设备的教师不多，有约五分之一的教师完全不用信息化教学设备。教师使用信息化设备的积极性不高，原因可能是多方面的。农村小规模学校信息化办学条件相对较差，教师在实际教学需求中得不到充足的信息化教学资源。教育主管部门对农村小规模学校教师的信息化培训不够，使教师不具备足够的信息化教学操作技

能。小规模学校教师老龄化严重，专业素养不强，也阻碍了他们对新的教学技术及方法的接受和运用。

(二)信息化教学资源应用方式单一

农村小规模学校教师对信息化教学资源的应用方式相对单一，仍停留在将信息技术作为传统教学方式辅助工具的低水平应用阶段。通过实地调研，我们发现大部分农村小规模学校教师应用信息化教学资源采取了两种模式，一种是给学生播放教学课件或视频，学生跟着课件或视频学习。在这种模式下，教师除了担任"录像播放员"外基本不参与其他教学环节。另一种教学模式就是利用丰富的信息化教学资源平台以及多样化的呈现方式，布置课堂练习让学生自己做题。在这种模式下，教师除了"落得一身轻松"，同样成为了教学的"局外人"。所以，当前农村小规模学校实施的信息化教学本质上还是"换汤不换药"的传统教学，信息技术更多地被当成了"现代化的黑板粉笔"来使用，除了能减轻教师体力上的负担以外并不能有效改进教学方式，促进学生的自主、合作、探究学习。

将教师应用信息化教学资源的方式按照"呈现教学内容"、"拓展教学内容"、"辅助课堂练习"、"开展学生自主、合作、探究学习"四个类别对农村小规模学校教师进行调查。结果显示：66.3%的教师应用了信息化教学资源呈现教学内容，58.4%的教师应用了信息化教学资源辅助课堂练习，43.4%的教师应用了信息化教学资源拓展教学内容，38%的教师应用了信息化教学资源开展学生自主、合作、探究学习。作为对比，68.9%的农村中大规模学校教师和77.9%的城市学校教师应用了信息技术拓展教学内容；45.8%的农村中大规模学校教师和57.9%的城市学校教师应用了信息技术开展学生自主、合作、探究学习。由此可见，农村小规模学校教师应用信息化教学资源的方式单一，主要停留在"呈现教学内容"和"辅助课堂练习"的低层次应用上，在"拓展教学内容"和"开展学生自主、合作、探究学习"等高层次应用上明显落后于农村中大规模学校和城市学校教师。

174

(三)信息化教学资源应用效果不甚显著

整体而言,引入信息化教学资源确实在一定程度上解决了农村小规模学校"开课难"的问题。调查结果显示,农村小规模学校音乐、体育、美术的开课率分别达到了 78.4%、86.3%、70.6%。这些以前在偏远农村地区难得一见的课程如今逐步走上了山区孩子们的课程表。然而与此同时,不少国家规定的课程在大部分农村小规模学校仍然难以开设。调查数据显示,科学课程在农村小规模学校的开设率只有 35.3%,品德课程在农村小规模学校的开设率只有 31.4%,心理课程在农村小规模学校的开设率只有 5.9%,信息技术课程在农村小规模学校的开设率只有 5.9%。农村小规模学校在这些课程的开设率上大幅落后于农村中大规模学校和城市学校,离相关政策表述中"开齐课、开好课"的目标尚有较大差距。

国家大力投入的"教学点数字教育资源全覆盖"项目在农村小规模学校却没有达到预期的应用效果,其根本原因还在于现行的政策没有充分考虑农村小规模学校复杂的教育现实情况,简单地以为只要覆盖了数字化教学资源,长期以来困扰小规模学校的"缺师少教"问题就能迎刃而解。数字化教育资源效用的充分发挥跟学校基础办学条件、人文环境、教师专业能力密不可分。小规模学校在这些教育资源上长期处于极度匮乏状态,即使配备了再优质的数字化教育资源,也往往陷入"没人用"、"用不好"的窘境。比如英语课作为一门重要的主干课程,在农村小规模学校只有 45.1% 的开课率,甚至落后于音、体、美等"小课",原因就在于英语教学对教师的专业知识能力有较高的要求,这不是配备一些课件、几个教学视频就能够替代的。农村小规模学校在基础办学条件、专业教师资源上的短缺极大地限制了信息化教学资源的实际应用效果。

二、农村小规模学校信息化教学资源应用效率低下的原因分析

农村小规模学校信息化教学资源应用的最突出问题就是资源应用效率低。本就有限的信息化硬件设备和信息化课程资源得不到充

分的利用，成为制约农村小规模学校信息化教学效果和信息化发展水平的根本症结所在。造成这种局面的原因是复杂的，教育主管部门的政策制定、学校的办学环境及管理水平、教师个人的能力和素养以及信息化课程资源本身的设计开发，种种方面的因素都会影响农村小规模学校对信息化教学资源的实际应用。但是，不管是来自学校外部还是来自学校内部的影响因素，最终都要归结到信息化教学资源的实际使用者——教师身上。教师的实际教学过程才是信息化教学资源真正发生效用的地方，教师的使用意愿决定了信息化教学资源的利用率。所以，农村小规模学校的信息化教学资源应用效率高低归根结底还是老师们"想不想用"这些资源，如果"想用"是什么因素促成的，如果"不想用"又是什么因素阻碍了。

根据 TAM 理论模型，用户使用信息技术的行为意向由想用的态度和感知有用性共同决定，而想用的态度由感知有用性和感知易用性共同决定，感知有用性由感知的易用性和外部变量共同决定，感知易用性主要是由外部变量决定的。所以，教师使用信息化教学资源的行为意向取决于两大核心要素：感知有用性和感知易用性。

教师对信息化教学资源有用性的感受就是其对运用信息技术能够提升工作效率、教学效果以及帮助学生成长的认可程度。农村小规模学校教师对这三点的认可度明显落后于农村中大规模学校和城市学校教师。对调查数据的多元回归分析结果验证了这一点，小规模学校教师对信息化教学资源的感知有用性对其实施信息化教学有显著的正向影响。

教师对信息化教学资源易用性的感受包括其对硬件设备易用性的感受和对课程资源易用性的感受。农村小规模学校受限于资金不足和专业技术人员的缺失，在配置了信息化设备后却无力保障设备的维修养护，使得设备的故障率较高，极大地影响了教师对信息化教学设备的正常使用。而当前提供给农村小规模学校的信息化课程资源和教师的实际教学内容适配度并不高。课程资源难以操作，课程资源与课本不配套，课程资源没有充分考虑城乡差距等问题在小规模学校普遍存在，这也同时挫伤了小规模学校教师使用信息化教学资源授课的积极性。对调查数据的多元回归分析同样也验证了这

176

一点，硬件设备的故障率和课程资源的适配性是影响教师实施信息化教学的重要因素。

此外，多元回归分析结果中显示还有一些因素也显著影响了教师使用信息化教学资源的意愿。就个体层面而言，农村小规模学校教师自身信息技术能力水平的不足增加了其实施信息化教学的难度。就学校层面而言，农村小规模学校的信息化基础设施建设刚刚起步，在办公电脑配置、网络覆盖、网络带宽上与城市学校都存在明显差距，这也影响了教师获取和使用信息化教学资源的便利性。农村小规模学校教师参加培训次数少，参加国培等高等级培训的机会欠缺，这些也都影响了小规模学校教师的信息化教学理论素养和操作技能水平。这些外部变量本质上还是直接或间接地影响了教师对信息化教学资源的感知有用性和感知易用性，从而影响了教师对信息化教学资源的使用意愿和行为意向。

第六章 农村小规模学校信息化 发展的外部生态

从生态学的视角出发，学校的发展既受内部各资源要素的影响，又与外部自然、社会、规范多维环境交互作用，共同构成一套复杂的生态系统。农村小规模学校长期以来教育资源匮乏，其运转和发展更多地依赖于外部的"输血"。因此，影响农村小规模学校信息化发展水平的因素除了学校自身对各种信息化教育资源的调配、使用、管理外，更多的还取决于社区、中心学校、地方教育主管部门等多重外部力量的帮扶和推动。

农村小规模学校既深深根植于乡土社会，又是整个农村教育系统的神经末梢，学校信息化发展的外部环境因素纷繁复杂。小规模学校在信息化发展的进程中与哪些外部主体联系紧密？各外部主体是否给学校的信息化建设提供了一个良好的制度环境、政策环境和资源环境？这些问题值得我们探究和思考。

第一节 农村小规模学校信息化 发展的教育生态系统

一、教育生态系统

从生态学的视角出发，教育生态系统与自然生态系统有着很强的相似性。一方面，教育系统是整个社会生态系统的子系统，与政治、经济、文化、人口等其他子系统相互联系和相互影响；另一方面，教育系统本身又可以看成是一个独立的生态系统，其中又蕴含着设施、师资、学生、制度等各种生态因子的相互作用。所以，对于教育生态系统的研究既要在宏观上研究教育与各种自然生态环境、社会生态环境以及规范生态环境要素之间的相互影响及相互作用的关系，又要在微观上探讨教育生态系统内部影响教育教学活动开展和学生身心发展的各种生态要素。①

二、农村小规模学校信息化发展的教育生态系统

生态学认为生态系统是有边界、有范围、有层次的系统，任何一个被研究的系统都可以和周围环境构成一个更大的系统，成为较高一级系统的组成部分，本身又可以由许多子系统或亚系统构成。② 从生态学的视角出发，农村小规模学校信息化发展的生态系统同样可分为内外两个层次。在外部生态系统中，农村小规模学校处在复杂的自然环境、社会环境、规范环境中，与政府、教育主管部门、各级农村学校、农村社区及其他第三方社会机构相互联系。在内部生态系统中，小规模学校的信息化建设和教学运行又被经费、设备、课程、师资、制度等各种生态因素影响(图6-1)。

农村小规模学校自身的力量薄弱，缺乏信息化建设的自主能力，外部生态因素对学校发展的影响明显大于内部生态因素。在外部教育生态系统中，由于近年来学生人数日益减少，绝大部分农村小规模学校逐渐丧失了独立学校的地位，成为了邻近中心小学的"教学点"，落到了农村学校序列的最底层。农村小规模学校在失去了自主管理权限的同时，也就失去了其开展信息化建设和信息化教学改革的主动性。在外部社区生态系统中，农村小规模学校虽然逐渐脱离了"村办小学"的身份，与农村社区的联系逐渐淡化。但是，农村小规模学校并没有彻底远离乡土，在地理位置、历史传承、文化氛围、人情往来上都与农村社区有着割不断的联系。社区力量仍然对学校的运行和发展有着不可忽视的影响。

在这样的特殊现实境况中，农村小规模学校的信息化发展往往被来自教育系统和社区系统的各种外部力量所裹挟，同时又受到社

---

① 范国睿. 教育生态学[M]. 北京：人民教育出版社，2000：81-83.
② 范国睿. 教育生态学[M]. 北京：人民教育出版社，2000：112-119.

会大系统中的经济、政治、文化等环境因素的制约。所以，农村小规模学校的信息化发展水平除了被学校内部资源调配和使用的因素影响外，更多地取决于学校与外部生态环境间的能量流动、物质循环和信息传递状态。只有农村小规模学校与外部生态环境间的能量流动、物质循环和信息传递达到了高度适应、协调和统一的生态平衡状态，才能推动学校信息化发展水平的进化。

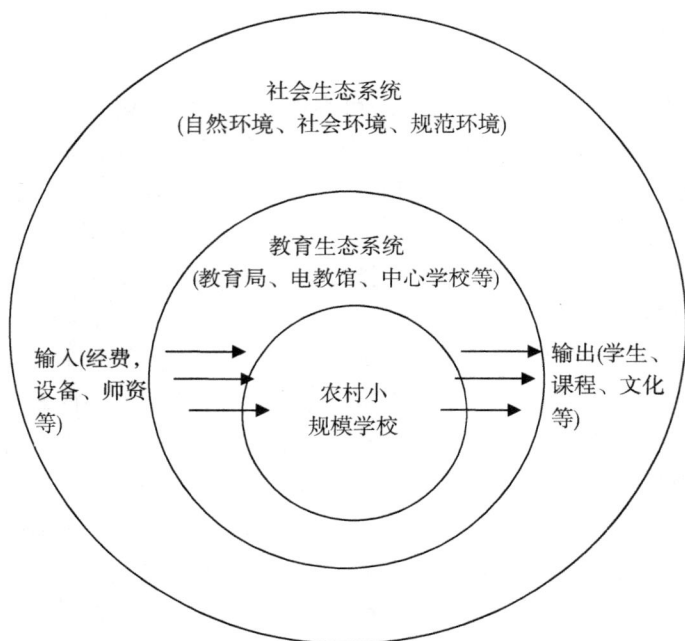

图 6-1　农村小规模学校信息化发展的教育生态系统

第二节　农村小规模学校信息化发展的 生态资源供给

正如生态系统的进化必然伴随着能量、物质、信息的流动和富集过程一样，农村小规模学校信息化发展水平的提升同样需要从外部生态环境中获得各类教育资源的充足供给。其中，对农村小规模学校信息化发展水平影响最大的三类外部生态资源供给是：信息化经费、信息化设备和信息化师资。

一、教育生态系统对农村小规模学校信息化经费的供给

农村小规模学校现有的信息化教学设备都是由教育主管部门统一招标购买，学校自身并不承担设备购置的经费开支。但是，学校仍需要一些资金用于保障设备的正常运行和后期维护。这部分经费一般来源于上级教育主管部门划拨给农村小规模学校的公用经费。按照现行的公用经费划拨办法，学生数成为了核定学校公用经费数量的标准。这样的经费划拨办法使学生人数不足的农村小规模学校每年获得的公用经费太少，完全无法保障学校的基本运转。为了解决人数过少农村学校经费不足的问题，教育部从 2014 年起规定学生人数不足 100 人的教学点按照 100 人的标准核拨公用经费，以填补学校运转经费的缺口。然而在实际操作过程中，农村小规模学校应得的这些经费往往不能全部到位。

一方面，农村小规模学校的一部分经费会被上级教育主管部门抽去一定比例用于统筹管理和安排。比如，地方政府统一提取公用经费的 5%用于教师培训所需的差旅费、伙食补助费、资料费和住宿费等开支是各地的一个普遍做法。而乡镇中心学校一般也会从下辖的学校抽取 1%的公用经费用于教师评奖、教研活动、聘请代课教师等。中心小学，村级完小等农村学校的公用经费总量多，上级教育部门抽取部分公用经费对于这些学校信息化教学的正常开展并无太大影响。但是农村小规模学校本身公共经费总量少，上级教育部门抽取部分公用经费对于学校的影响较大。另一方面，农村小规模学校本身没有经费管理权，账户一般被并入了中心小学的账户。这样的财务制度使得中心小学对小规模学校经费使用可以随意干预，各地中心小学克扣和挪用小规模学校公用经费的情况较为普遍。某教学点负责人就向我们反映："我们学校有 43 个学生，按照国家规定我们这种教学点是按照 100 人的标准拨钱的，应该是 60000 元，但中心小学还是按照 43 个学生拨给我们，才 25800 元。

我找中心小学的校长说这个事，他说他也没钱给我们，钱都被中心学校抽去了。账我又看不到，是不是真的没钱我哪知道呢？反正现在要点钱真难，完全是看他们(中心小学)的脸色啊！"

我们在调研中发现，许多农村小规模学校由于经费的短缺只能勉强维持学校教学的基本运转。学校在只能确保"基本需求"的状态下，信息化教学等"高级需求"只能被压抑。在田野观察中，许多学校的信息化设备长期闲置，信息化教学开课率极低，其直接原因往往是用电、用网、维修等运行和维护经费的短缺。红安县某校长在访谈中谈到学校机房闲置的原因时，给我们算了一笔账："一台电脑一天开机八小时，要三度电，我这机房 20 台电脑一年就要一万多块钱电费。我们学校一年经费才五万多块钱，方方面面都要花钱，这个电费我是真的承担不起！"

二、教育生态系统对农村小规模学校信息化设备的供给

农村小规模学校所能获得的信息化教学设备资源有限，大多来自历年来各项农村教育信息化项目的集中采购。在国家义务教育均衡发展的大方针下，近年来各地都在抓紧推进农村学校建设工程，尤其加大了在农村小规模学校配置信息化教学设备的力度。按照各地教育部门的项目建设要求，一般都是以保证每个小规模学校至少拥有一套设备作为项目验收的标准。但是在实地调研过程中，我们发现这些政策没有得到彻底的贯彻执行，不同农村小规模学校的硬件资源配置情况并不均衡。

2013 年我国启动实施了"教学点数字教育资源全覆盖"项目，要求为全国所有农村教学点配置视频播放和接收设备，以配送优质数字教育资源。根据教育部公布的数据，这项工程已于 2014 年底完成，全国 6.36 万个教学点均已完成设备的安装调试并投入使用。但是，我们实地调研的数据与官方公布的数据有较大的出入。根据本研究对湖北省 35 个乡镇 61 所农村小规模学校的调研结果，截至2015 年底，还有 33.3% 的农村小规模学校并未配置教学点数字教育资源全覆盖项目要求的设备。数据上的较大出入一方面是由于统计口径的不同(极少部分农村小规模学校并不属于官方定义的"教

学点"范畴），另一方面也说明该项政策并没有在实际操作过程中得到严格执行。农村小规模学校位于农村学校管理链条的最末端，距离资源供应者的距离最远，相关政策的执行效力逐层减弱，无法有效抵达小规模学校这一神经末梢。地方教育部门在规划农村小规模学校信息化设备采购需求时依据的是中心学校提供的数据，设备购置后也是通过中心学校—中心小学—小规模学校的顺序逐层下发和安装。在设备的逐层分发中，中心学校和中心小学往往根据自己的标准和需求对本应属于农村小规模学校的设备随意调配甚至侵占。

丹江口市某教学点至今一套信息化教学设备都没有，学校校长向我们反映："我们这里一套设备都没有，都在中心小学那了。去年不是搞什么数字教育资源全覆盖吗？本来有一套设备是分到我们学校的，当时都运到我们这了，结果还没拆开就又拖到中心小学去了。中心学校的人说反正新设备放我们这没人会用也是浪费，中心小学机器不够，就给他们用了。"

团风县某教学点在"班班通"项目建设中同样没能分到一套设备，而邻近的另一个教学点却配置了两套"班班通"设备。有老师告诉我们："中心小学说什么机器不够不分给我们，那为什么××教学点得了两套呢？中心小学说××教学点班级多一些，那我们学校学生还多一些呢，这样太不公平了！"

三、教育生态系统对农村小规模学校信息化师资的供给

农村小规模学校自身的师资力量薄弱，一方面教师老龄化严重，信息素养相对不足，难以有效开展信息化教学；另一方面结构化缺编情况较为普遍，学校长期没有音、体、美等小学科专业教师，影响相应课程应用信息化资源的实际教学效果。所以，农村小规模学校的信息化发展急需从外部输血，引入大量年轻、优秀的教师。目前各地对农村小规模学校的教师输入一般有两种方式，一种是直接为小规模学校配置新教师，一种是采取多种方式将优质学校的教师资源共享给小规模学校。目前来看，这两种方式都没能有效地达成为农村小规模学校输入优秀师资的目的。

（一）教师资源的输入

为了给农村学校补充教师，缓解农村学校教师年龄偏大和学科结构不合理等问题，湖北省从2012年开始实施农村义务教育学校教师补充新机制。该政策规定："从2012年起，全省农村义务教育学校（不含县城，下同）新进教师，实行全省统招统派、经费省级负担、县级教育行政部门负责管理、农村学校使用的补充新机制"，[1] 并也明确说明"按新机制招录的农村义务教育学校教师，应志愿在农村乡镇及以下义务教育学校任教"。[2]

"新机制"教师政策经过几年时间的推行，确实为农村义务教育学校补充了大量年轻、优秀的新教师。有数据表明，截至2015年9月，湖北省财政已安排13.81亿元用于农村义务教育学校教师统招统派工作，为全省补充农村义务教育学校教师30241人。[3] 由此可见，从整体而言，"新机制"教师政策确实起到了为农村义务教育学校补充优秀师资的作用。但是，这样的政策利好却没有真正惠及广大的农村小规模学校。首先，优秀师资往往"下不到"农村小规模学校。农村学校优秀师资尤其是小学科师资的整体缺口巨大，待分配的新进教师成了各个学校眼中的香饽饽。在现行的管理体制下，农村小规模学校的教师是由中心小学统一管理，优秀师资往往还没到小规模学校就被中心小学截留。其次，农村小规模学校也"留不住"引进的年轻教师。农村小规模学校大多地处偏远，缺乏吸引年轻教师的良好生活条件和文化环境。我们在调研中发现，农村小规模学校的年轻教师流失情况严重，新进的年轻教师到校以后工作半年到一年往往就会想方设法调动到较大的村小或者乡镇中

[1] 湖北省人民政府关于创新农村中小学教师队伍建设机制的意见[EB/OL]. [2018-9-26]. http://hu.zgjsks.com/html/2014/zcfg_0504/3719.html.
[2] 湖北省人民政府关于创新农村中小学教师队伍建设机制的意见[EB/OL]. [2018-9-26]. http://hu.zgjsks.com/html/2014/zcfg_0504/3719.html.
[3] 湖北省乡村教师队伍建设新闻发布会[EB/OL]. [2018-9-26]. http://www.scio.gov.cn/xwfbh/gssxwfbh/xwfbh/hubei/Document/1447700/1447700.htm.

心小学，这在农村小规模学校已成普遍状况。

教师补充政策在农村小规模学校的失效使得本就信息贫困的小规模学校得不到足够的技术援助，也影响了学校信息化设备的使用效率和信息化教学的实施效果，成为阻碍学校信息化发展的重要影响因素之一。老河口市某教学点的校长就向我们抱怨："用电脑还是年轻人强啊，你说搞信息化肯定需要年轻人上。让我们这群老头折腾电脑、课件什么的肯定是不行的。去年我们学校来了一个刚毕业的大学生，我们这里的班班通设备就靠他负责。他不光自己用的多，我们有什么问题也都可以问他。今年他调到中心小学去了，我们这里彻底没人弄这些(设备)了。"

(二)教师资源的共享

政府除了加大对农村学校引入新教师的政策倾斜力度外，也采取了多种措施实现城乡之间、农村各区域之间优秀师资的流动和共享，以此来弥补农村学校优秀师资的缺口。比如，"联校走教"作为有效解决农村教学点"开不齐课、开不好课"的先进做法，在各地农村小规模学校进行了广泛推广。所谓"联校走教"，就是中心小学安排英语、音乐、美术、体育、信息技术等学科教师每周到农村小规模学校帮助承担一定的教学任务。在农村学校教师整体上"总量超编、结构型缺编"的大背景下，"联校走教"制度既可以不增加新教师的编制，又可以让教师短缺的偏远教学点享受到现有的优质师资，不失为一种好办法。但是，"联校走教"在各地农村学校的具体实施过程中往往缺乏清晰的制度安排和强有力的约束机制，效果并不尽如人意。一方面，走教教师虽然承担了小规模学校的教学任务，但其主要教学工作仍在原学校进行，其身份终究归属于原学校，工资福利也由原学校发放。这使得走教教师没有将小规模学校的教学工作当成"分内之事"，工作积极性不高。另一方面，有些小规模学校距离中心小学较远，交通不便，也给走教教师按时按点来校上课增加了不小的难度。丹江口市某小规模学校校长谈到对"联校走教"的看法时就说："走教制度本身是很好的，就是实行起来有不少困难。别的不说，教学进度的协调安排就是个麻烦事。

我们安排中心小学的老师每周四来给孩子们上音乐课,结果到时间了他又没来,我们等也不是,不等也不是。老是这样弄,你说我这课还上不上了! 我经常要打电话给中心小学协调上课时间,把我们自己的教学安排都打乱了,这样搞还真不如我们自己的老师把这些课凑合上了!"

农村小规模学校除了需要中心小学提供音、体、美等小学科课程教学上的帮扶以外,也需要中心小学提供信息化设备使用和维护上的技术支持。在农村学校信息技术人员普遍短缺的情况下,由中心小学的技术人员负责下辖教学点的设备维护工作成为了各地的通行做法。湖北省 2012 年《关于做好我省首批"教学点数字教育资源全覆盖"项目工作的通知》中就明确写道:"要充分发挥中心校技术管理人员的作用,帮助教学点做好技术维护工作,并逐步为教学点培养能够承担基本维护任务的技术管理人员。"①然而在现实中,只有 31.2% 的中心小学有专职技术人员,大部分技术人员是由其他学科教师兼任,并不具备专业技术背景。这些技术人员自身的技术能力有限,在本校既要承担教学任务又要负责设备的维护,根本无力再承担下面教学点的设备维护工作。所以,这种由中心小学共享技术师资的做法在实际操作过程中并没有给农村小规模学校提供足够的技术支持。实地调研中,许多农村小规模学校的老师都表达了对这种做法的不认可。

"他们(中心小学的技术员)哪管得了我们啊,一两个月来一次就不错了! 我电脑坏了都是自己找人修的!"(英山县某教学点老师)

"中心小学的电教主任也不是专业出身的,技术也不行。解决点操作上的小问题还可以,要真是设备出毛病了,告诉他也没用,他也只能往上面报修,找教育局的人来看。"(团风县某村小校长)

---

① 来源于访谈材料。

小结：

调研数据显示，外部生态系统对农村小规模学校"人、财、物"等各类信息化资源的供给情况并不理想。

在信息化经费的供给上，按人头拨付的经费方式不利于学生人数极少的小规模学校获取足够的发展资金。即使按照改良后的"不足 100 名学生仍按 100 人进行资金拨付"政策来核算经费，小规模学校能获得的资金总量仍然偏少。此外，一方面小规模学校也和农村其他学校一样被上级教育主管部门抽取部分经费统筹安排，另一方面小规模学校没有独立的财权，其经费的使用和开支都被上级学校完全掌控，资金被挪用的情况较为普遍。这些因素进一步导致了小规模学校的经费短缺，其能用于信息化发展的资金总量也被进一步压缩。

在信息化设备的供给上，现有供给模式是政府统一招标购买设备，按学校层级逐层下发到学校。小规模学校作为农村学校系统的最小单位，处在乡镇中心学校—乡镇中心小学—大的村小—小规模学校这一漫长供给链上的最后一环，对其信息化设备的发放很难完全到位。在整个农村地区学校信息化教学设备都极为紧缺的大背景下，上级学校对小规模学校信息化设备的侵占几乎无法避免。而小规模学校匮乏的师资也难以保障信息化设备的充分利用，这又给上级学校挪用小规模学校信息化设备提供更多"合理"的理由。

在信息化师资的供给上，农村小规模学校面临着优秀师资"下不来、留不住"的窘境。一方面，在农村学校优秀师资整体短缺的状况下，新进年轻教师很难分到小规模学校任教。另一方面，即使通过各种政策倾斜和引导来到小规模学校任教的年轻教师，往往也因为福利待遇、生活环境、个人发展等方面的限制无法长期扎根，成为了匆匆过客。此外，政府为解决小规模学校师资短缺问题而采取的"联校走教"、"送教下乡"等师资流动和共享政策在实行过程中效果也打了折扣。现有的师资共享机制对走教教师既没有很好的奖励机制，也没有强有力的约束机制，无法有效激发教师的积极性和责任感。优质学校和小规模学校在走教、送教的实施模式和具体流程的安排上并没有一套科学合理、行之有效的标准化方案，这也进一步限制了现有师资共享机制在小规模学校发挥应有作用。小规模学校信息化软硬件资源要想真正融入教育教学并发挥实效就必须保障年轻信息化师资队伍的有效供给。

第三节　农村小规模学校信息化发展的 生态位分析

从上一节的分析可知，现阶段农村小规模学校的信息化发展无法从外部环境中获取足够的经费、设备、师资等教育资源。以生态学理论来说，一个物种从外部生态环境中获取资源的多寡取决于该物种在生态系统中的位置，这在生态学中被称为"生态位（Niche）原理"。所谓生态位，就是"生物在群落中的位置和作用的体现"。① 怀塔克（R. H. Whittaker）对生态位原理曾做出了精准的概括："在一个群落中，每个物种都有不同于其他物种的时间、空间位置，也包括在生物群落中的功能地位。一个物种所利用的各种资源的总和的幅度，称为生态位的宽度。"②正是由于农村小规模学校在整个农村教育生态系统中处于相对不利的生态位上，才造成了学校信息化发展的迟缓。

农村小规模学校在信息化发展中处于不利的生态位，主要表现在三个方面：生态位不断下移、生态位宽度不足和生态位重叠严重。

一、农村小规模学校信息化发展的生态位不断下移

2002 年，国务院办公厅下发了《关于完善农村义务教育管理体制的通知》，提出了"实行在国务院领导下，由地方政府负责、分

---

① Leibold, M. A. *The Niche Concept Revisited*: *Mechanistic Model and Community Context*[J]. Ecology, 1995(5): 1371.

② 吴鼎福. 教育生态学[M]. 南京：江苏教育出版社，2000：163-169.

级管理、以县为主的农村义务教育管理体制"。① "以县为主"的农村教育管理体制明确了地方政府在农村义务教育投入中的主体地位，减轻了以往"村村办小学"给乡村带来的经济压力，同时也促使中央和省级政府不断加大对农村义务教育投入的转移支付力度。从总体上来说，这样的变革有利于增加农村义务教育的总体投入和保障农村义务教育的均衡发展。但是从政策的实际操作来看，农村小规模学校管理权的上移并没有提升学校在农村教育生态系统中的地位，也没有真正拓展学校信息化发展的资源渠道和生存空间，相反却导致了小规模学校在整个农村教育信息化生态系统中的生态位不断下移，逐步被边缘化。

地方政府对农村小规模学校的管理主要依托教育局设立在乡镇的派出机构——中心学校。中心学校作为乡镇一级的教育主管部门，负责整个乡镇所有学校的教育教学管理工作。然而在实际操作过程中，中心学校往往无法直接管理分散在各个村落的农村小规模学校，于是，将各个农村小规模学校分派给邻近的大的村小或者中心小学管理就成了一个普遍的做法。在"以县为主"的管理体制下，绝大多数农村小规模学校最终却成为了附近学校的"教学点"。小规模学校没有独立身份，也就失去了经费使用、教学安排、教师管理等各项学校基本管理职权。这种由教育局—中心学校—中心小学—小规模学校的"逐层转包"的管理办法在剥夺了农村小规模学校自主管理能力的同时，又使农村小规模学校的信息化发展落入了"谁都可以管，谁也没有认真管"的尴尬境地。

在田野观察中，我们发现教育局和中心学校作为农村小规模学校名义上的管理者，一般只是在对各类农村学校的检查中才偶尔有机会"参与"到小规模学校信息化建设及教学的管理。这种到校检查有定期的例行检查，一般在学期初或学期末的时候进行；也有不定期的随机检查，一般都是应上级领导的要求专门选取几个小规模学校进行抽查。教育局或中心学校的例行检查都是逐层进行，检查

---

① 国务院办公厅关于完善农村义务教育管理体制的通知［EB/OL］.［2018-9-26］. http://www.gov.cn/gongbao/content/2002/content_61475.htm.

人员往往先到中心小学了解情况，再转向邻近规模较大的村级完全小学，最后才会到小规模学校。在这种检查模式中，中心小学和村级完全小学一般是必去的，而小规模学校却是"可去可不去"的机动选项。"天气不好"、"交通不便"、"条件太差"、"学生太少"等都会成为"不去"的理由。即使检查组偶尔到了小规模学校，检查往往也流于形式，无法真实反映学校信息化发展的真实状况，因为被检查的小规模学校往往在检查前就会提前得到通知，以确保教师在授课中使用了信息化设备，展现出学校信息化教学开展的最佳状态。同时，检查者对小规模学校的检查也基本是"走过场"，听听汇报，看看文件就算完成了任务。某教学点校长在访谈中向我们描述了学校 2015 年春季接受县教育局电教工作检查时的情景："那天早上，中心小学给我打电话说 10 点多会有教育局的领导来检查学校新配设备的使用情况，让我上课一定把电脑开着。车是 11 点多到的，来了七八个人，有教育局的人，也有中心学校的人。他们看了看教室里面的设备，喝了茶就开车走了，前后不到十分钟。"

这几年，随着国家政策越来越关注农村薄弱学校信息化发展的问题，中央和省级政府都划拨了不少专项资金用于改善农村小规模学校的信息化办学条件。各类信息化建设工程的前期规划、中期建设和后期验收等各项工作的不断推进使得中央和省级政府对农村小规模学校的抽查也变得频繁起来。这样的抽查在实际操作过程中往往也蜕变成为上级教育部门在地方教育部门陪同下的定时定项检查，无法反映出各项政策在农村小规模学校的实际推行效果。

根据本研究的调研数据，农村小规模学校信息化设备使用率较低，有约五分之一的教师完全不用信息化教学设备，而教师每周的上课课时中也大约只有五分之一的时间会采取信息化的授课方式。然而，笔者在参与省级部门对小规模学校信息化发展状况的检查工作中所看到的情况却完全不是如此。2015 年 10 月，我曾跟随湖北省电教馆的检查组参与对某镇"教学点数字教育资源全覆盖"项目的检查验收工作。在一上午的检查过程中，我们大部分时间停留在参观镇中心学校和听取校长的汇报。临近中午时，中心学校校长才向我们表示已经跟下面某个教学点联系好了，可以去看一看。等我们抵达该教学点时，教学点的负责人早已在校门口迎接，而学校的信息化教学也井然有序地进行着，各类设备运转正常，老师们也都卖力地配合着数字化课程资源开展教学。检查组在该教学点停留了十来分钟，就离开了。

　　教育局和中心学校对农村小规模学校的"疏于管理"，使中心小学成了农村小规模学校的实际管理者。然而在现实情况中，中心小学对农村小规模学校信息化开展的管理意识并不强，管理手段也不足。实地调研中，我们发现许多中心小学校长并没有充分认识到国家政策在农村小规模学校生存问题上的转向，还停留在"小规模学校学生少，条件差，应该撤并"的惯性思维上。某中心小学校长就曾对我们直言："我们是不会给教学点投钱建设的，反正（教学点）迟早是要撤掉的，钱投过去不是浪费吗?"中心小学对教学点普遍持有"维持现状，不出事就行"的态度，在小规模学校的信息化建设问题上几乎不管不顾。小规模学校有没有用好数字化教学资源? 相关的课程有没有真的开设? 教师们实施信息化教学的能力如何? 中心小学对于这些问题大多是"睁一只眼闭一只眼"，并不真的在意。此外，中心小学自身在农村生态系统中同样处于较低的层次，在扶助农村小规模学校信息化建设和发展上能够采取的资源配置手段相当有限，即使想帮忙也是有心无力。通城县某镇中心小学校长在访谈中对我们说："我们对于教学点搞教育信息化当然是支持的，但要说什么实质性的帮助我们也给不了，反正上面发了什么设备资源说是给教学点的我们都给他们了。其他的我们就没办法了，学校（中心小学）自己的机器、老师都缺得很，不可能再分给下面（教学点）了。"

　　在现行的管理体制下，农村小规模学校信息化发展的生态位不断下移，逐渐被边缘化。各项教育资源的供应者远离小规模学校，农村小规模学校在"层层转包"的管理之下也失去了学校的独立属性，无法有效地向政策制定者表达利益诉求。在生态位的不断下移中，农村小规模学校的独特需求被上级学校的统一化标准所掩盖，得不到回应。本来有利于农村小规模信息化发展的相关政策在学校与各级管理者的现实博弈中被扭曲，无法贯彻执行。

二、农村小规模学校信息化发展的生态位宽度不足

"在一个生态系统中，每个物种的生态位决定其所能利用的各种资源的总和的幅度，这被称为生态位的宽度。"①一个物种能够实际利用的资源占整个系统资源总量的比重越小，则这个物种生态位越窄，一个物种能够在一个连续的资源序列上利用多种多样的资源，则该物种的生态位越宽。对农村小规模学校信息化经费来源的调查数据显示，学校绝大部分信息化经费来自上级主管部门划拨（88.2%），而其他的经费来源包括学校自筹（5.7%）、商业投资（3.9%）、社区捐助（2.2%）都几乎可以忽略。这些数据反映出农村小规模学校缺乏引入经费、设备、课程、师资等信息化教育资源的多样化渠道，信息化发展的生态位宽度明显不足。

从外部环境来看，农村小规模学校既属于整个农村教育系统中的一环，又是社区的一份子。教育系统和社区系统中的双重身份理应使农村小规模学校享受良好环境。从教育外部环境来说，一方面，农村小规模学校可以从上属的中心学校争取经费、设施、人员、教学、培训等多方面的帮助和支持。另一方面，农村小规模学校还可以加强与周边小规模学校的合作，实现信息化教育资源的共建共享。小规模学校与小规模学校形成的学校联盟无疑会使每个成员学校有限的信息化资源都得到更为充分的利用，得到"1+1>2"的效果。从社区外部环境来看，农村小规模学校根植于乡土社会，与农村社区有着地理、历史、文化等方面的天然联系。学校不应该脱离农村社区，而是要与农村社区共融互生。陶行知就曾经指出："乡村学校应当做改造乡村生活的中心。乡村学校不应该关起门来办学，办在乡村而与乡村实际完全脱离，而应该与乡村社会建立广泛的联系，应该根据乡村社会发展的需要办学。它不仅要培养乡村所需要的人才，而且还应该积极参与乡村经济、政治、文化活动，

---

① 吴鼎福．教育生态学［M］．南京：江苏教育出版社，2000：236-239.

成为当地人才培养中心、终身教育中心、科普推广中心和文化活动中心。"①从这个意义上来说，农村小规模学校的信息化发展同样不应该脱离农村社区，而是要在乡土社会的情景脉络中构筑学校与社区的有效互动机制。一方面，学校必须以乡土为根，从乡土社会中汲取营养，谋求学校组织结构与文化、教师专业、教学模式、课程开发模式的深刻变革。只有依托农村本土资源，开发地方信息化教育资源，农村小规模学校才能发挥出自身的独特优势，在教育信息化浪潮中扭转长期以来规模小、资源少的不利局面。另一方面，学校所拥有的场地、设备、器材在为学生服务之余，可以为村民提供一定的学习与使用便利。学校所拥有的图书资料和远程教育资源库、计算机等办公设备可以用来让村民阅览、学习和练习计算机技能等，学校教室、运动场地也能成为社区举办公共活动的地方。要让小规模学校成为农村的信息资源中心，在新农村建设中起到积极作用，就应建立起小规模学校和社区和谐共处的关系，从而也让小规模学校的信息化发展获得农村社区的系统支持。

然而由于农村教育管理体制的改革，农村小规模学校获取信息化资源的多重渠道或多或少地被阻塞，学校实际上成了一个信息孤岛，既得不到上级教育主管部门的有效支援，又脱离了乡土社会的营养供给。

农村小规模学校虽然在名义上是由教育局在乡镇的派出机构——中心学校管理的独立教学机构。但是中心学校在实际管理过程中，往往又把小规模学校丢给了中心小学管理。绝大部分农村小规模学校几乎成了邻近中心小学的教学分部，自主管理权丧失殆尽。这种状况极大地影响了小规模学校在教育系统内部获取足够的信息化教育资源。一方面，农村小规模学校依附于中心小学，处于农村学校管理序列的最末端，远离了教育资源的直接供应者，自身的利益诉求无处表达。而中心小学作为农村小规模学校的直接管理者，本身能够支配的教育资源有限，根本无力改善小规模学校的资

---

① 中央教育科学研究所. 陶行知教育文选[M]. 北京：教育科学出版社，1981：57.

源匮乏状况，难以担负起支持小规模学校信息化发展的责任。另一方面，农村小规模学校自主管理权的丧失，也导致学校只能被动接受上级学校的命令和安排，缺乏主动与其他小规模学校合作交流的现实条件和制度保障，这使得许多学者设想的以"农村小规模学校联盟"的方式增加小规模学校的资源供给，提高学校的资源使用效率的美好画面在现实中并不存在。

从"三级办学"到"以县为主"，"村村办小学"逐渐成为了历史。在这样的转型过程中，如今的农村小规模学校虽然仍然地处乡村，但是更多的却是"关起门来办学"，与社区的联系逐渐淡化，几近于无。黄州区某校长在访谈中就对我们说："以前学校就是村里的，缺个什么东西，村里经常会出钱帮忙买。现在都是国家出钱办学校，我们也不归村委会管，没几个人觉得我们是村里的学校了，学校和村里也没太大来往。"

调查数据显示，只有不到5%的农村小规模学校在学校信息化建设中得到过社区的捐助。这说明，在脱离了村委会的管理之后，农村小规模学校的信息化建设也就逐渐失去了从乡土社会获取资源的合法性。

三、农村小规模学校信息化发展的生态位严重重叠

根据生态位理论，不同种群生态位的关系有三种：生态位高度重叠、生态位部分重叠、生态位完全分离（如图 6-2 所示）。① 这三种关系中，最理想的状态是生态位部分重叠。生态位的部分重叠既可以让不同种群保有自己的独立生存空间，又可以在此基础上进行合理、适度的良性竞争。这种状态能保证资源在不同种群之间的充分流动和转化，从而达成整个生态系统的动态平衡和协同进化。与生态位部分重叠相比，生态位高度重叠和生态位完全分离这两种状态则不利于生态平衡的达成。前者会造成种群之间的恶性竞争，导致生态平衡的打破和生态资源的浪费；而后者则割断了不同种群间

---

① 邢运凯. 分离、扩张与匹配：高等教育生态位压力的释放——基于我国高等院校生态位重叠现状的分析[J]. 现代大学教育，2012(3)：28-34.

的关系，不利于生态资源的合理流动和充分利用，降低了整个生态系统的进化效益。

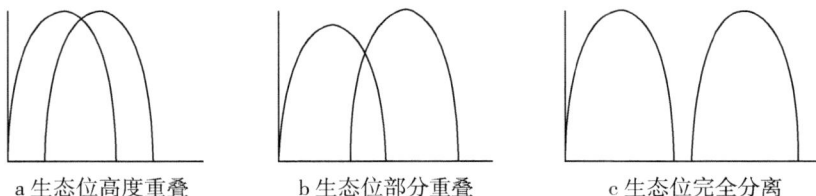

a 生态位高度重叠　　　b 生态位部分重叠　　　c 生态位完全分离

图 6-2　生态位的三种关系

　　农村小规模学校处在整个农村教育系统的最底层，基础条件差，信息化建设起步晚，在信息化资源的获取上无法和规模较大的其他农村学校竞争。在现行的管理体制下，政府又将农村小规模学校的管理权上移到中心小学，使中心小学掌控了小规模学校各项事务的管理权，决定了小规模学校人、财、物等各种教育资源的供给和分配。农村小规模学校与中心小学的这种寄生关系使得中心小学的生态位下移，导致了两者之间生态位高度重叠，进一步挤压了小规模学校信息化发展的空间。

　　政府原本希望通过"强弱联合"来实现中心小学优质教育资源对小规模学校的帮扶，但是在实际操作中，中心小学和小规模学校生态位高度重叠的现实却让二者成了"抢资源"的恶性竞争关系。中心小学作为与小规模学校同一层级的教育组织，二者信息化发展的资源需求趋同。中心小学在面对上级部门分配的经费、设备、师资等信息化教育资源时难免不"先下手为强"。我们在调研中发现，中心小学截留、挤占、克扣、挪用小规模学校经费的情况屡见不鲜，硬件设备、优秀师资乃至培训机会等各方面的"好处"也往往难以惠及小规模学校。由于身份上的"上下级关系"，大部分农村小规模学校面对这种情况时往往只能忍气吞声。某教学点教师在访谈中就对自己的培训机会被中心小学教师抢走的事情气愤不已："去年市里搞数字资源的培训，一个教学点有一个名额。这个培训本来应该是我去的，我对技术这一块也挺感兴趣的，结果中心小学

195

派一个新来的老师去了。虽然他们的设备是比我们好些，用的人也多，但这不是专门安排给教学点教师的吗？凭什么我就不能去学呢？"

此外，中心小学对小规模学校的完全控制也往往造成了同一中心小学下辖的几所小规模学校之间的生态位重叠和竞争，造成了小规模学校之间信息化教育资源分配的不均衡。在实地调研中，某教学点的教师就向我们抱怨："我们这里学生多一些，却一套班班通设备都分不到，而旁边的那个教学点却分了两套设备！"在问及不同中心小学如何在不同教学点之间分配信息化设备时，各地学校的说法不一。有说看学校偏远程度的，有说按学校班级数量的，有说按教师操作水平的。这种随意而弹性的资源分配方式本质上还是由于中心小学对小规模学校生态位的挤占而人为造成的。

小规模学校信息化发展的缓慢除了因为硬件、软件、师资等内部要素的配置失调以外，更深层次的原因还在于小规模学校在整个农村教育生态环境中的不利地位。中心小学对小规模学校的生态位的侵占和上级教育主管部门在相关政策制定中对小规模学校的选择性忽视都造成了小规模学校信息化发展的生态位日趋狭窄，难以获取足够的信息化教育资源。要想真正有效实现小规模学校信息化水平的可持续发展，就必须淡化小规模学校与中心小学之间的依附关系，重新确立小规模学校的独立身份和法律地位。只有实现小规模学校和所属中心小学的生态位分离，才能拓宽小规模学校获取信息化教育资源的渠道，给予学校信息化发展足够的生态位宽度。此外，让小规模学校拥有独立身份，在人、财、物等教育资源的分配中拥有与其他类型农村学校同等的"话语权"，增加学校在上级教育部门相关政策制定过程中利益博弈的空间，就能进一步扩展学校信息化发展的生存空间，最终实现学校信息化建设的长效发展。

第七章　案例分析："教学点数字教育资源全覆盖"项目成效研究

　　新世纪以来，随着我国经济的飞速发展和城镇化进程的不断加速，城市对优质教育资源的虹吸效应日益明显，城乡教育差距不断拉大，农村教育质量下滑严重。而近些年来各地方政府盲目地撤点并校，更是加剧了这一趋势。虽然少数乡镇中心小学享受了规模化办学的经济效益，但是大量村小和教学点却因此更加衰落，难以开齐课开好课，极大损害了广大偏远农村地区适龄儿童的教育权益。针对教学点"缺师少教"这一引发社会各界广泛关注的问题，2012年国务院发布了《国务院办公厅关于规范农村义务教育学校布局调整的意见》，明确指出："对保留和恢复的村小学和教学点，要采取多种措施改善办学条件，着力提高教学质量。"①为此，教育部在2012年底全面启动实施了"教学点数字教育资源全覆盖"项目，希望借助信息化的手段使全国6.36万个教学点能够共享优质教育资源，推动我国城乡义务教育的均衡发展。②

　　时至今日，该项目在全国各地农村教学点的建设任务早已完成，③ 也历经了三年的推广应用。然而，项目的效果如何？有没有

---

① 国务院办公厅关于规范农村义务教育学校布局调整的意见[EB/OL]. [2017-8-16]. http://www.gov.cn/zwgk/2012-09/07/content_2218779.html.

② 教育部关于全面启动实施"教学点数字教育资源全覆盖"项目的通知[EB/OL]. [2017-8-16]. http://old.moe.gov.cn/publicfiles/business/htmlfiles/moe/s3342/201211/144800.html.

③ 全国6.36万个教学点实现数字教育资源全覆盖[EB/OL]. [2017-8-16]. http://www.moe.edu.cn/publicfiles/business/htmlfiles/moe/s5987/201412/182212.html.

197

真正改变偏远教学点的落后面貌？是否达成了帮助教学点"开齐课、开好课"的初衷？项目后续工作该如何完善和可持续发展？这些问题值得我们进行深入的追踪调研和思考。

第一节 教学点应用数字教育资源的成效分析

为了掌握"教学点数字教育资源全覆盖"项目建设和实施的真实状况，课题组于 2015 年至 2017 年对湖北、江西、河南三省的 18 区县开展大规模的调查，共调查走访了教学点及乡镇中心小学 200 余所，发放调查问卷 2047 份，访谈各级教育管理人员 352 人，积累了大量真实、准确的一手数据。同时，课题组也选取了 10 所优质城市小学进行调研，通过城乡对比来深入探究教学点数字教育资源建设及应用的现状及问题。

根据调研情况来看，经过几年的建设和使用，"教学点数字教育资源全覆盖"项目确实在一定程度上改变了农村教学点教育资源极度贫瘠的落后面貌，取得了初步成效。

一、数字教育资源基本实现"全覆盖"

从调研数据来看，66.7% 的农村教学点接入了"教学点数字教育资源全覆盖"项目。这一数据虽然和教育部的官方统计数据（100%）有所出入，但仍足以说明，项目的实施确实使广大农村教学点的教学面貌焕然一新，使其逐渐接入了国家教育信息化高速发展的快车道，实现了从无到有的巨大转变。

"教学点数字教育资源全覆盖"项目在农村教学点的推广和使用也发挥了一定的带动效应。各级政府及教育主管部门也逐渐意识到了教学点信息化教育发展的必要性和迫切性，为教学点基础信息化硬件环境的完善进行了相应的资金和项目支持。调研数据显示，88.2% 的教学点配置了多媒体计算机，62.7% 的教学点配置了触控一体机，25.5% 的教学点配置了电子白板，43.1% 的教学点配置了教师用办公电脑。教学点从"只有几块黑板、几根粉笔、几张桌椅"到如今基础硬件条件的逐步改善，才有了借信息技术之东风实

198

现教育教学跨越式发展的可能性。

　　课题组在调研中也发现，项目的收益范围已经超出了教学点，乡镇中心小学接入此项目的比例也达到了 67.1%。这样的溢出效应一方面说明了当前我国农村地区优质教育资源仍然短缺，另一方面也说明一套优质的信息化教学资源确实具有易用性、复用性、可推广性等诸多优点，教育收益率较高，非常适合在经济落后、交通不便、教育资源匮乏的农村学校大力推广。

二、数字教育资源推动教学点"开齐课"

　　由于师资极度匮乏，农村教学点长期以来都是"语文数学包打天下"，无法开齐国家规定的义务教育阶段学校标准课程。在实施"教学点数字教育资源全覆盖"项目后，这一情况得到了明显改善。

　　课题组按照教育部 2011 年修订的义务教育课程标准，调查了语文、数学、英语、音乐、美术、体育、科学、品德 8 门课程在受访教学点的开设情况。数据显示，教学点在引入了数字教育资源后开课门数大幅增加，很多以往难觅踪影的课程如今出现在了大多数教学点的课堂上。比如，以往在农村学校普遍找不到老师承担的三门"小课"——音、体、美在教学点的开课率分别达到了 78.4%、86.3%、70.6%。利用播放数字教学视频的方式提高各门课程的开课率，给山区儿童更丰富的知识供给，这在一定程度上确实填补了当下教学点专业师资的巨大缺口。十堰市郧县桃花沟教学点是一个典型的"一师一校"型教学点，只有一位 55 位的教师负责 3 个年级 7 名学生的复式班教学。桃花沟教学点之前一直无法开设音、体、美等"小课"，但是自从引入数字教育资源以后，仅有的这位老教师却通过以播放教学视频的方式开齐了 8 门国标课程。

三、数字教育资源助力教学点"开好课"

　　数字教育资源借助图像、动画、视音频等多元化的方式来分解、传递、呈现知识，既能激发学生的学习兴趣，又能帮助学生由具体形象过渡到抽象概念，提升学生知识迁移的能力。数字教育资源的这些优势在资源匮乏、信息闭塞的教学点中显得尤为珍贵。

　　课题组对受访教学点教师应用数字教育资源的授课效果进行了问卷调查。调查结果显示，语、数、英、音、体、美6门主要课程应用数字教育资源后的教学效果均比较理想，分别有96%、94.9%、92%、97.5%、94.8%，64.4%的受访教师表示了认可（问卷中选择了"效果非常好"或"有明显效果"）。武穴市四望镇周笪教学点的 L 老师就在访谈中说："这套全覆盖资源蛮好用的，操作又简单，都是以动画的方式，点一下电脑就自己放，讲得又清楚，比我们自己做的课件水平高多了，学生们都爱看！"

　　虽然应用数字教育资源后对提升教学点教学质量有明显帮助，但是不同课程的应用效果也不能一概而论。通过对相关问卷数据赋值评分后，我们可以发现：音乐和美术两门课程应用数字教育资源的效果最好，得分明显高于其他几门课程；语文、数学、英语三门传统主干课程中语文和英语两门课的效果差不多，均好于数学课；体育课应用数字教育资源的效果是 6 门课程中最不明显的，且评分拉开了较大差距。由此可见，数字教育资源的强交互性便于创造各种学习情境，给学生以直观、感性的认知体验，能在重视感性体验的艺术类课程和语言类课程中发挥出最大的效果，而对于重视逻辑推理的数学课和重视身体动作技能的体育课来说，就无法发挥出同等的效果。要想进一步提升教学点应用数字资源的教学效果，就必须依据不同课程的特性进行更细致的开发和适配。

第二节　教学点应用数字教育资源的问题分析

　　"教学点数字教育资源全覆盖"项目确实在帮助广大农村教学点"开齐课、开好课"上取得了较为明显的成效，为解决让偏远贫困地区适龄儿童"有学上、上好学"这一重大教育发展难题提供了有益的办法和经验。但是，课题组在田野调查中也发现，项目的整体效益并没有完全达到人们的预期。除部分教学点应用数字教育资源较为充分外，不少教学点对硬件设备和课程资源的闲置较为普遍。课题组对受访学校教师使用数字教育资源授课的课时数进行了调查统计。数据分析结果显示，教学点开设的信息化教学课时只占

200

总课时的 23.5%，这一比例不仅远低于城市小学(60.8%)，也明显落后于农村中大规模学校(37.8%)。

教学点一方面教育资源短缺，另一方面又对政府投入大量人力、物力、财力引进的优质数字教育资源"建而不用"。为何会产生如此怪象？我们需要深入分析。

一、经费投入结构不合理

教学点使用信息化设备和数字课程资源的经费投入主要分为两部分，一是用于购置设备的前期经费，二是用于设备运行维护的后期经费。其中，后期经费一部分用于"保运转"，主要是维持设备正常运行所产生的基本开支，如网费、电费、设备维修保养等费用；另一部分则用于"保发展"，主要是设备更新、软件资源升级、教师培训等费用。

课题组在调研中发现，"教学点数字教育资源全覆盖"项目的经费投入以一次性拨付经费购买设备为主，对于教学点后期经费的支持力度则严重不足。统计数据显示，87.8%的教学点的信息化设备运行经费主要来自"学校自筹"，而这显然是教学点所无力承担的。一方面，受限于学生规模，教学点所能获取和支配的教育公用经费相当有限，无法挤出多余的经费用于设备的运行和维护。另一方面，教学点地处偏远之地，不具备乡镇中心学校或城市学校吸收社会赞助及商业投资的渠道，无法多方面吸纳资金补助学校的信息化运行经费。

后期运行经费的不足给教学点使用信息化设备带来了巨大的经济压力，田野访谈中，就有教学点负责人向我们直言"电费都交不起，电脑只好锁起来"。维护经费的短缺让教学点的设备故障频发而又得不到及时解决，往往使本想实施信息化教学的教师望而却步。调查数据显示，74.7%的教学点教师认为学校的设备故障得不到及时解决影响了其开展信息化教学的积极性，而这一比例在城市学校教师中只有47.6%。九江市星子县某教学点 S 老师就向课题组反映："电子白板开学时用了两个星期好好的，后来屏幕就闪得厉害，没法上课了。我们自己没钱修啊，只能走程序上报，结果学期末了都没能修好！”

所以，教学点信息化建设的经费问题主要是由保障性经费和发展性经费不足所带来的结构性经费短缺。这直接造成了很多教学点的数字教育资源的使用率偏低，“能不用就不用”、“用一用停一停”的现象较为普遍。

二、基础硬件环境建设滞后

“教学点数字教育资源全覆盖”项目的实施让教学点配置了如电子白板、触控一体机等不少比肩城市小学的新型信息化设备，但与这些“先进武器”相配套的“常规武器”在教学点却配置不足。基础硬件环境的薄弱直接导致了不少教学点在应用数字教育资源时困难重重。

网络覆盖是农村学校信息化发展的关键部分，只有联通网络、接入云端，学校才有了接受外部优质教育资源的可能性。[①] 而对于交通不便、信息闭塞的教学点来说，网络这连通外部世界的管道更显得尤为重要。调研结果显示，只有 60.8% 的教学点连通了网络。作为对比，乡镇中心小学和城市小学的网络覆盖率分别为 95.2% 和 100%。田野调查中，我们发现未联网的教学点更容易出现闲置信息化设备的情况，数字教育资源的使用率明显低于已联网的教学点。针对此问题，有些地方教育主管部门采取给教学点发放存有数字教学资源的优盘或移动硬盘的办法来解决。这些物理化的存储介质容易损坏和遗失，课件资源的定期更新也往往难以到位，其使用效果与网络直联相去甚远，普遍不受教学点师生的欢迎。除了网络覆盖的问题以外，网络带宽不足也在一定程度上影响了教学点对于数字教育资源的应用体验。调研结果显示，教学点的网络带宽明显低于乡镇中心小学和城市小学，61.3% 的联网教学点带宽不足 4M。不少教学点的老师都向课题组反映“上网慢”，“下载课件困难”等问题。

---

① 胡超，陈妍，吴砥，等. 少数民族地区义务教育信息化发展评估——以保靖、凤凰两县为例[J]. 开放教育研究，2013(03)：94-102.

除了网络覆盖以外，教学点在学生上机环境和教师信息化办公环境建设上也明显滞后。调查结果显示，只有 11.8% 的教学点能够给学生提供上机的机会，只有 43.1% 的教学点给教师提供了办公电脑。这些基础硬件设施的缺失既挫伤了教师进行信息化教学改革的积极性，又让本就"信息贫困"的农村孩子缺乏接触信息工具的机会，对于教学点发挥数字教育资源的最大效益无疑是有负面作用的。

三、课程资源水土不服

现有的数字课程资源并不能与教学点课程完全适配，部分资源"不好用"，部分资源"不配套"。这种课程资源"水土不服"的情况也显著影响了"教学点数字教育资源全覆盖"项目的实际应用效益。

数字课程资源的不适配主要体现在两个方面。第一，现有数字课程资源的研发都是基于"城市本位"的。课程设计者主要是从城市学校的教学需要和城市学生的认知特点出发来开发应用于教学点的数字课程资源，这无疑是不合理的。[①] "城市本位"的课程资源在面对城乡孩子不同的认知基础，农村教师相对薄弱的信息素养，教学点"复式班"、"包班制"等特殊的教学运行规律时难免会不适用。丹江口某教学点的老师在访谈中就曾提到她在信息化教学中遇到的难题："教学视频里面设计的分组任务式教学是很好，城里学校孩子多可以这样弄，但是我这里只有不到 10 个孩子，根本弄不了！"第二，现有数字课程资源是教育部基于人教版的国标课本开发的。而在调研中，我们发现不同地区教学点的教材版本各异，既有人教版的教材，也有省编的教材，还有不少地方性的特色教材。课题组在新乡市调研时就发现，当地教学点语文、数学课普遍使用的是人教版教材，而英语课则用的是教科版教材，音乐课和美术课用的又是豫教版的教材。高度标准化的数字课程资源在面对各地不同教学点版本各异的教材时难免"众口难调"。

---

① 吴霓，冯雪冰. 我国农村中小学现代远程教育工程研究的现状及趋势[J]. 江苏师范大学学报(哲学社会科学版)，2013(02).

　　提高数字课程资源对于教学点的适用性并不能只依靠国家层面的推动。教育部除了提供标准化的数字课程资源外，也不可能有足够的资源和财力去为全国各地千差万别的教学点开发不同版本的专用资源。要想做到"标准化"和"个性化"兼有，教学点只有在接入教育部"人教版"数字课程资源的同时，也同步接入到各地方性信息化教育资源平台。中央政府和地方政府各显所能，共同发力才能从根本上解决数字课程资源在教学点的适配性问题。而根据课题组的调研，地方性信息化教育资源平台对教学点的覆盖率只有23.5%，远低于教育部"教学点数字教育资源全覆盖"项目66.7%的覆盖率。这也成为当下教学点数字教育资源配置中的一大突出问题。

　　四、技术师资长期缺位

　　教学点的教师老龄化情况极为严重，专业能力相对不足。[①] 师资力量的薄弱一直都是制约教学点发展的最大短板，而这一点也显著影响了教学点对于数字教育资源的应用效能。课题组在调研中就发现，在引入数字教育资源后，教学点的音、体、美等传统小课的开课率都明显提升（78.4%、86.3%、70.6%），但作为主要课程的英语课却仍只有45.1%的开课率。出现这种现象的原因在于英语课在运用数字课程资源时对教师的专业素养也有一定的要求，这一点显然是教学点现有师资无法满足的。

　　教学点教师信息技术能力上的短板也非常明显。问卷数据显示，只有19.3%的教学点教师能够非常熟练地操作信息化教学设备，只有22.3%的教学点教师能够非常熟练地使用网络检索教学资料，只有16.9%的教学点教师能够非常熟练地加工制作多媒体课件，只有17.5%的教师能够非常熟练地根据课程内容合理选取信息化教学方法。在"信息化教学理念"、"技术操作能力"、"信息化教学资源获取与开发"、"信息化教学融合创新"四大信息技术能

---

　　① 雷万鹏，张雪艳. 农村小规模学校的资源配置与运行机制调查[J]. 人民教育，2014(06).

力维度的得分上，教学点教师均显著落后于乡镇中心小学教师和城市小学教师。信息技术能力上的短板一方面增加了教师开展信息化教学的难度，降低了教师应用数字教育资源的意愿。课题组在田野调查中就不止一次碰到教师因不会开启设备而导致的"设备故障"窘境。另一方面，教学点教师在信息化教学中也无法根据学生情况和课程特点合理运用信息化资源，找准信息技术解决教学问题的契合点，反而时常成为"放录像、看设备"的教辅人员，沦为教学的旁观者。

教学点缺乏优秀师资并不是一个短期内可以解决的问题，而教师信息技术能力上的短板必然会影响学校数字教育资源的有效利用，这就需要教育主管部门给予学校更多的技术援助。然而现实情况中，教学点得到的技术支持力度远远不够。调研结果显示，只有19.6%的教学点配备了技术人员，而这一比例在乡镇中心小学为76.2%。技术人员的缺位使得教学点在信息技术课程开设、软硬件使用维护、教师信息技术能力培训等方面都得不到及时、充足的技术支持，严重制约了学校对数字教育资源的有效利用。

没有具备合格专业技术能力的教师，数字教育资源就不可能在教学点发挥出最大化的效果，技术师资的缺位正成为限制教学点信息化教学改革的最大阻力。

第三节　提升教学点数字教育资源应用效益的策略分析

我国农村教学点在教育资源投入上的历史欠债太多，现在又处于学校信息化发展的起步阶段，在经费投入、设备配置、课程开发、师资优化等方面都面临不少自身无法解决的问题。在这种情况下，要想让数字教育资源在教学点落地生根，发挥出最大的效益，政府就必须给予教学点更细致的规划引导和更强力的政策支持。一方面，政府应针对教学点的学校特征和教学特色为应用数字教育资源建立起更为完备的经费、设施、课程、师资等方面的保障制度；另一方面，政府也要大胆进行体制机制的创新，扩展教学点信息化发展的生态空间，激活教学点自身的优势与潜力。

一、健全经费保障制度，加大教学点应用数字教育资源的后期支持力度

教学点学生少，在经费使用上本就不具备中大型学校规模经济效益，又没有中大型学校各方面吸纳资金的渠道。所以，教学点在应用数字教育资源的过程中，往往无力承担设备后期运行和维护保养的经费开支。因此，针对教学点的现实条件和实际需求，政府应改进现有经费投入结构，为教学点应用数字教育资源提供强有力的后期经费保障。一方面，政府应在"教学点数字教育资源全覆盖"项目经费中划拨出部分经费专门用于负担学校日常使用信息化设备所产生的电费、网费、耗材费、维护保养费等保障性经费的支出，解除学校使用信息化设备的后顾之忧。另一方面，政府还可以按比例抽取部分地方教育公用经费或教育附加费用来成立专项资金，用于支持教学点购买软件、更新设备以及教师培训等发展性经费支出，提高学校数字教育资源的应用效率，推动学校信息化教学的可持续发展。

二、加强基础设施建设，改善教学点应用数字教育资源的硬件配套环境

教学点在网络覆盖、教师办公、学生上机等基础设施建设上仍相对滞后，这阻塞了学校接收优质教育资源的渠道，降低了教师开展信息化教学的积极性，也影响了学生接受数字化学习的效果。因此，要想提高数字教育资源的使用率，政府就必须改善教学点的信息化硬件配套环境。首先，要进一步提高教学点的网络覆盖率，并逐步提高网络带宽。在确保100%的网络覆盖率的同时，前期建设可以以4M带宽为标准对教学点的网络进行扩容，以确保在线播放教学视频基本流畅，中后期建设可以按照10M—50M—100M的步骤分阶段逐步提升教学点的网络带宽水平，争取用5年到10年时间达到与城市学校相近的水平。其次，将改善教师信息化办公条件纳入教学点信息化建设的发展规划，为乡村教师开展信息化教学和

自身信息化专业发展提供便利。最后，为教学点配置微机室，引导学校开设信息技术课程。考虑到我国农村教育信息化经费仍比较短缺，在具体操作上可以灵活地为教学点配置微机室。对于经济条件相对较好的地区，可以按照两个学生共用一台电脑的标准（最大班额除以 2）来规划教学点微机室的建设；对于经济条件较差的地区，可以建立起教学点教学用机的定期开放制度，在课余时间最大化地发挥学校闲置设备的效用，尽可能利用现有的资源增加学生接触信息技术的机会。

三、增强课程资源适配度，满足教学点应用数字教育资源的个性化需求

现有数字课程资源大多是基于城市学校经验开发，以外部推送的方式进入到农村教学点。这些资源在实际应用中并不能很好地适配农村学生的认知风格，导致其没有达到项目预期的效果。因此，我们一方面要增加现有数字课程资源对教学点的适配度，另一方面还要加强本土数字课程资源的开发。首先，政府要优化教学点数字课程资源开发团队的成员结构。在资源的开发过程中除了依靠高校教育专家、城市学校优秀教师、技术专家以外，还应引入部分农村教学点的管理人员及骨干教师，以确保课程资源的主题、结构、表现形式、使用模式尽可能地贴近教学点"复式教学"、"包班制"的独特教学需求。其次，在现阶段各地区教学点的教材暂时还无法完全统一的情况下，地方性的数字课程资源无疑是对国家标准化数字课程的有益补充。所以，政府在"教学点数字教育资源全覆盖"项目的后期推进过程中应把课程资源开发的责任主体由中央政府逐步转向地方政府，从经费分担、技术支持、专业指导等多方面加大支持地方政府办好区域性数字教育资源共享平台，并有效提高这些资源平台对本地教学点的覆盖率。此外，教学点作为农村的文化中心，独享乡土社会的自然、生态、人文资源，这为特色教育资源的开发提供了良好的土壤。据统计，我国台湾地区 68% 的教学点带领学生走进社区，通过"走动式"的教学活动增强学生的乡土观念和乡土情怀，由此形成了一批艺术人文类和生活教育类的优秀校本

207

课程，取得了很好的效果。① 因此，政府应抓住教学点的这一本土化优势，加强学校与村落的联系，为教学点开发富有乡土特色的人文课程、德育课程、活动课程等各种类型的数字课程资源，实现教学点的特色化发展。

四、补充信息技术师资，增强教学点应用数字教育资源的造血能力

缺乏优秀教师和技术人员是当下教学点信息化发展的最大短板。人的信息化才是真正的教育信息化，政府应避免本末倒置地将数字教育资源当成完美填补教学点"缺师少教"的"灵丹妙药"，而减弱了对教学点优秀师资的补充力度。拥有一支合格的专业教师和技术人员队伍才能使教学点在接受输血的同时也具备自我造血的能力，获得数字教育资源应用的长期效益。因此，政府一方面应继续加大为教学点引进年轻、优秀教师的力度，通过建立良好的激励机制和引导机制，在教师待遇、职称晋升、住房交通、子女教育等各方面给予新进教师实质性的倾斜政策，确保新进教师"下得去、留得住"，② 另一方面，政府应在教师招聘计划中增加信息技术教师的编制数量，尽可能地为每个教学点配置一名技术人员，对学校的设备维护、教学运行、人员培训提供及时的技术支持。对于经济条件有限、技术师资短缺的地区，可以通过临聘、培训或邻近几所学校共用的灵活方式来保障每个教学点的技术人员配备。

五、建立学校发展联盟，拓展教学点共享数字教育资源的外部生态空间

农村教学点自身的底子薄，基础差，其信息化发展的各项教育资源不可能在短期内完全补足。因此，政府在教学点的信息化发展

---

① 孙艳霞. 我国台湾小规模学校价值定位与特色发展研究[J]. 课程·教材·教法，2014(09).

② 范先佐. 义务教育均衡发展与农村教学点的建设[J]. 教育研究，2011(09).

中不仅要继续加大"增量资源"的供应，也应优化管理机制，盘活"存量资源"，通过采取让教学点"抱团取暖"的方式，提高现有数字教育资源的使用效果。不少发达国家对农村薄弱学校之间的合作模式作了有益的探索和实践，值得我们借鉴。比如，威尔士Gwynedd 郡就将郡内邻近的几所农村学校(一般 2～5 所)组成联盟学校(federal school)。① 各农村学校的地理位置不变，但是由一名联盟学校的校长统一管理，以此来实现学校之间师资力量、课程资源、特色活动的交流和共享。政府可以尝试将分散在村落之间的教学点按照地理位置关系划分区域，每个区域的教学点组成信息化发展联盟。建立联盟的方式一方面可以理顺教学点校际合作的管理机制，更容易让教学点之间优势互补，实现设备、师资、课程、教研活动的共建共享。另一方面，建立联盟也能让弱小的教学点形成合力，共同表达利益诉求，增强其在人、财、物等各项信息化教育资源分配中的话语权，真正拓展学校信息化发展的外部生态空间。

---

① 王建梁,帅晓静.威尔士农村小规模学校布局调整的创新及启示[J].外国中小学教育,2012(03).

第八章　农村小规模学校信息化发展
政策与教育公平反思

　　中国轰轰烈烈的城镇化运动造成了农村人口的加速外流和农村社会的日渐凋敝。农村小规模学校办学条件恶化、教学质量下滑的问题只是整个城镇化进程里中国农村衰落投射在教育领域的一个缩影，其背后是整个农村教育生态的恶化。农村教育生态的恶化造成了农村小规模学校各项教育资源的极度匮乏，使得偏远农村地区适龄儿童接受义务教育的基本权利得不到保障，由此引发了社会各界对城乡教育公平的广泛关注。政府出台的各项扶助农村薄弱学校信息化发展的政策，正是想利用信息化的手段实现优质教育资源对农村薄弱学校的覆盖，缩小中国城乡之间的教育差距，保障教育公平。2013 年十八届三中全会作出的《中共中央关于全面深化改革若干重大问题的决定》就明确指出："大力促进教育公平，构建利用信息化手段扩大优质教育资源覆盖面的有效机制，逐步缩小区域、城乡、校际差距。"①

　　所以，农村小规模学校的信息化发展问题是中国城乡教育公平问题的一个缩影。回顾我国农村教育信息化发展的历程，从 2003 年启动的"农远工程"开始，"班班通"、"薄改计划"、"三通两平台"、"教学点数字教育资源全覆盖"等各种项目的实施和专项资金的投入从未间断。长久以来，政府一直试图用电脑设备去弥补农村师资力量的不足，用数字化资源去覆盖农村贫瘠的教育资源，用网络拉近农村学校与城市学校的距离。各项政策的制定和实施是否有

---

　　① 中共中央关于全面深化改革若干重大问题的决定[EB/OL]. [2018-9-26]. http://www.sn.xinhuanet.com/2013-11/16/c_118166672.htm.

效提升了农村小规模学校的教育质量，减少了城乡之间的教育差距？对这一问题的回答需要我们立足于乡土社会独特的历史文化脉络和多元化、差异化的农村教育发展实际，以城乡教育公平为衡量标尺进行更深入的反思。

第一节 农村小规模学校信息化发展政策与教育公平

一、教育政策的公平属性

教育政策作为一种公共政策，就是国家及其政府在教育事务上所采取的行动(actions)、计划(agencie，指一连串互相协调的行动)以及工程(projects，指综合而连贯的行动与计划)。① 戴维·伊斯顿(David Easton)认为公共政策的本质就是政府对社会价值做出的权威性分配。② 教育政策中的"权威性分配"在实际操作过程中就表现为政府对各项公共教育资源做出的优化和调配。公共教育资源的配置涉及社会的不同阶层和不同区域，既牵扯绝大多数个体的切身利益，又关系到整个国家的可持续发展。党和国家领导人曾明确表示"教育公平是社会公平的重要基础"。这说明，教育公平既是教育政策的内在属性，也是教育政策的首要价值。

关于教育公平问题，国内外学者从不同理论视角进行了界定。瑞典教育家胡森将教育公平理解为教育机会均等，"均等"包括教育起点的均等、教育过程的均等以及教育目标的均等。美国教育家科尔曼也认为教育公平的实质是教育机会的均等，但是他同时也认为教育的机会均等"只可能是一种接近，而永远不可能实现"。国内研究者大多以"公平"或与公平相关的"公正"、"平等"、"合理"

---

① 曾荣光. 教育政策行动：解释与分析框架[J]. 北京大学教育评论，2014(01).

② Easton D. *The Political Systems：An Inquiry into the State of Political Science*[M]. New York：Knopf, 1953：129.

等范畴来解释或界定教育公平问题。① 杨东平认为教育公平是"社会公平价值在教育领域的延伸和体现，包括教育权利平等和教育机会均等这样两个基本方面"。② 钱志亮认为教育公平是"公民能够自由平等分享当时、当地公共教育资源的状态"。③ 绝大多数对教育公平内涵的研究或多或少地被美国哲学家约翰·罗尔斯（John Rawls）的正义理论所影响。

在罗尔斯的正义观里，所有的社会价值——自由和机会、收入和财富，以及自尊的基础——都应该平等地分配，除非所有这些价值或其中任何一种价值的不平等分配有利于每一个人。④ 罗尔斯并不否认人类社会从来都充满了不平等，但不平等不一定代表不公平。那么在社会分配中，如何解决人们的利益冲突呢？为此罗尔斯构建出了著名的两大正义原则：第一个原则，每个人都应有一种平等的权利（平等的自由原则）；第二个原则，社会和经济的不平等应这样安排，使它们所依系的地位和职务向所有人开放（公平的机会均等原则），并且被合理地期望适合于每一个人的利益（差别原则）。⑤ 人们所常说的教育公平的三个维度：起点公平、过程公平、结果公平其实正是罗尔斯正义理论在教育公平领域中的运用。所谓起点公平，就是指要保障每个人的基本受教育权。所谓过程公平，就是指要为每个人提供均等的受教育的机会和条件。所谓结果公平，就是指要对教育弱势群体提供差异化的补偿，以保证教育效果的相对均等。

现行的教育政策在很大程度上都是在践行着两大正义原则。我国从 1986 年颁布义务教育法到 2000 年基本实现普及九年义务教

---

① 张人杰. 国外教育社会学基本文选［M］. 上海：华东师范大学出版社，1989.

② 杨东平. 对我国教育公平问题的认识和思考［J］. 教育发展研究，2000（08）.

③ 钱志亮. 社会转型时期的教育公平问题——中国教育学会中青年教育理论工作者专业委员会第十次年会综述［J］. 教育理论与实践，2001（02）.

④ 约翰·罗尔斯. 正义论［M］. 北京：中国社会科学出版社，2009.

⑤ 约翰·罗尔斯. 正义论［M］. 北京：中国社会科学出版社，2009.

育，其根本目的就是保障所有公民有接受教育的基本权利，即遵循了平等的自由原则。相比之下，高等教育资源在我国还是一种稀缺的教育资源，供不应求，所以政府对于高等教育资源的分配，虽然历经逐年扩招但仍坚持了"试卷面前，人人平等"这一公平的机会均等原则。聚焦到农村教育，二元经济社会结构导致我国城乡的教育差距不断在扩大。农村的孩子从小就难以获得与城里孩子相等的教育条件，面对高考这张"公平"的考卷，他们却早已输在了起跑线上。我国重点大学农村学生比例自1990年代起便不断滑落，"寒门再难出贵子"的现象逐渐引起人们的关注。针对这个问题，政府出台了提高重点高校招收农村生源比例的政策，为广大农村学子开辟了一条绿色升学通道，这也正体现了罗尔斯正义理论的差别原则。

二、农村小规模学校信息化发展政策的教育公平属性

近年来，随着人们对中国城乡教育差距不断拉大，偏远农村地区儿童的受教育权难以保障等教育公平问题的日益关注，从中央到地方，各级政府密集出台和实施了多项帮扶和推动农村薄弱学校信息化发展水平的政策。这些政策无一不聚焦于缩小城乡教育差距，促进教育公平。种种政策文本的表述都说明，教育公平是农村小规模学校信息化发展政策的内在属性和首要价值。

具体来说，农村小规模学校的信息化发展政策与教育公平有两层联系。

首先，信息技术以其大范围快速传递信息的能力使其成为实现优质教育资源在不同区域、不同类型学校共建共享的有效工具。利用信息化的手段来实现优质教育资源对农村地区学校的推送和覆盖，让偏远山区的适龄儿童也能接受到和城市儿童一样的良好教育已成国家推动城乡义务教育均衡发展的重要战略之一。从这个意义上来说，推进农村小规模学校的信息化发展是提升农村地区整体教育质量，缩小城乡教育差距，实现教育公平的重要手段。

其次，随着整个信息社会的高速发展，信息技术已经渗透进了人类生活的方方面面，改变了人类社会的经济发展模式、政治生态

结构、生活娱乐习惯、文化传承方式。知沟理论认为，在信息化社会，信息就是财富，由此就有了信息富有者与信息贫困者，这正如物质上的富有者与贫困者一样。信息贫困者由于获得信息及知识的短缺，以致在许多方面落后于信息富有者，最终将沦为物质贫困者。① 所以，在信息技术改变人们接受知识的方式，成为推动人类教育革新重大力量的同时，教育领域中的数字鸿沟问题也逐渐引发了人们的关注。对于教育而言，信息技术的最大潜力在于降低教育单位成本，进而提供平等而开放的教育机会。如果这种教育信息化发展的成果无法惠及所有社会成员，那么信息富有的学生和信息贫困的学生之间的知识能力水平就会越拉越大，成为一种新的教育不公平。生长在偏远农村地区的学龄儿童，大多有着信息贫困的家庭背景，从小接触信息技术的机会远少于城市同龄儿童。如果这些孩子在入学后仍然得不到足够的信息援助，那么他们无疑与城市儿童之间的数字鸿沟会越来越大，最终必然被整个社会信息化发展的浪潮所抛弃。从这个意义上说，推动农村小规模学校的信息化发展，使偏远山区的孩子从小能得到和城市孩子一样的接触信息化教育的机会，无疑也是实现城乡教育公平的重要目标之一。

　　所以，农村小规模学校的信息化发展既是实现我国城乡教育公平的手段，又是推进我国城乡教育公平的目标。这种工具性和目的性的统一既说明了农村小规模学校信息化发展的必要性，也说明了农村小规模学校信息化发展的复杂性。现阶段政府为推进农村小规模学校信息化发展所采取的种种政策措施是否有效改善了学校的办学水平？是否有效提升了学校的教学质量？是否有效激发了学生的个性潜力？从实证调研的结果来看，答案显然无法让人满意。追根溯源，当下农村小规模学校信息化发展中种种问题背后的深层原因正是相关政策在制定和实施当中对教育公平原则的背离。

---

　　① 王晓晴. 网络传播中的知沟理论再探[J]. 当代传播，2006(06).

第二节 农村小规模学校信息化发展中的公平悖论

一、农村小规模学校信息化硬件建设失调

根据正义原则中的平等自由原则，现代社会的每一个人，无论出身、地位、能力如何，都应该获得基本的政治和自由的权利。因此，为保障农村地区儿童的基本受教育权，大力推进农村学校的硬件建设，让农村学生和城市学生享有同等的学习设施和硬件环境是缩小城乡教育差距的必由之路。经过近年来各种农村教育信息化项目的实施和各种专项资金的投入，农村学校的硬件条件已明显改善。在实地调研中，我们可以看到不少农村小规模学校都配备了与城市学校一样的多媒体教室，电子白板、触摸电视、校园网络也一应俱全。如果按照常用的生均指标进行比较，农村小规模学校在信息化硬件投入的许多方面都接近甚至超过了城市学校。比如，农村小规模学校年生均信息化经费为 0.069 万元，而城市学校年生均信息化经费为 0.015 万元；农村小规模学校生均拥有多媒体教室数为 0.06 间，城市学校生均拥有多媒体教室数为 0.009 间。这些光鲜的数据是否能说明农村小规模学校至少在信息化硬件建设上已经不弱于城市学校，甚至还部分实现了弯道超越呢？如果进行深入分析，我们会发现问题远没有看起来那么美好。当下实行的各项政策确实在很大程度上改善了农村小规模学校的信息化硬件设施水平，但是在相关政策的设计和实施过程中仍然存在着诸多问题。

第一，农村小规模学校的信息化硬件建设往往照搬城市学校的那一套经验和标准，习惯用生均指标来衡量项目建设的成效。这样的做法不仅无法反映出学校的真实硬件水平，还会遮掩学校的实际硬件需求。农村小规模学校具有学生相对少而年级、班级相对多的组成特点。学生少的特点无疑让农村小规模学校在各项生均指标上"占尽优势"，而年级和班级多所带来的对信息化设备需求的增多却往往容易被政策制定者们所忽略。城市学校所具有的规模经济效益在农村小规模学校身上并不存在。一间多媒体教室在城市学校可

以由同年级的几个班级轮流使用，服务几百个学生，而同样的多媒体教室在农村却可能只给一个班级十几个学生使用。如果使用更能反映农村小规模学校运行状况和实际需求的班均信息化指标来进行比较，我们会发现农村小规模学校的信息化硬件水平与城市学校还有着不小的差距。

第二，农村小规模学校的信息化硬件建设不均衡。当前的各种教育信息化工程都热衷于为农村小规模学校配置电子白板、触控一体机等各种"高大上"的信息化设备。在实地调研中，我们发现农村小规模学校在新型硬件的配备上往往优先于乡镇中心小学，甚至有教学点校长向我们抱怨"设备更新太快，上一套设备还没熟练掌握又要换更新的设备"。但是与此同时，农村小规模学校不管是在信息化教育设备种类的丰富度上，还是微机室、校园网、办公电脑等配套设施的建设水平上都大幅落后于农村中大规模学校和城市学校。信息化硬件建设的不均衡让农村小规模学校空有各种"看上去很美"的新式设备，却又缺乏支撑新设备正常运行的各项配套设施和环境，极大地影响了学校信息化教学的实际效益。

第三，农村小规模学校的信息化硬件"建而不用"的情况较为普遍。放在教室后排常年不见天日的触控一体机，蒙着厚厚灰尘永不开放的电脑机房，仓库里面堆满了的半新不旧的各式设备，种种设备闲置的场景在我们的调研中时常可见。某县教育局的相关人员也曾在访谈中对我们直言："农村小规模学校信息化硬件建设的最大问题就是设备的使用率太低！"通过上文的分析可知，农村小规模学校的设备闲置状况显然不会是因为硬件资源太过充裕，供过于求。问题的根本原因乃在于硬件配置状况与学校实际需求不相符所造成的"建非所用"。虽然许多农村小规模学校都配有最新的信息化教学设备，但却只有11.8%的农村小规模学校建有微机室。在农村小规模学校里，学生几乎得不到任何上机操作的机会。据统计，农村家庭电脑拥有量每百户才21.4台，不足城市家庭的四分之一。在实地调研中，很多农村小规模学校的学生在与我们的交流中都表示，他们除了上课看老师演示之外从未摸过电脑。这些孩子大多有着"信息贫困"的家庭背景，如果在学校也得不到更多接触电脑的机会，他们的信息素养与城市孩子之间差距只会越拉越大。

由此可见，农村小规模学校一方面盲目地向城市学校的高标准看齐，引进各种新技术和新设备，另一方面却又选择性地忽视了很多学校师生切实的硬件需求。学校的信息化硬件建设陷入了"建而不用，设备闲置"、"建非所用、资源不足"两种问题共存的失调怪圈。种种问题背后的深层原因正是相关政策在制定和实施的过程中偏离了教育公平的实质内涵。

在信息化硬件资源配置上，政府始终是盲目参照城市学校的经验去规划硬件配置。生机比要达到多少、多媒体教室配几个、微机室按多少学生的标准建，种种指标都照搬城市学校的标准与做法。但在农村小规模学校的管理者眼中，诸如电子白板、触控一体机的先进信息化教学设备价格高昂，操作复杂，维护不易，未必比一套普通的电脑实在。在农村小规模学校的教师眼中，配了这么多教学硬件设备，却不给教师提供信息化办公设备，网络带宽又不足，信息化教学实在无法开展；在农村小规模学校的学生眼中，一个微机室就可以让他们获得难得的上机操作的机会，但是绝大多数农村小规模学校达不到城市学校建立微机室的学生人数标准。信息技术课在农村小规模学校的开设率极低，这里的学生本来信息素养就远不如城市的同龄人，现在连上机操作的机会都没有，拿什么去和城市学生公平竞争。由此可见，政府对农村小规模学校的硬件建设规划不完全符合学校的实际需求，造成了资源浪费和资源不足同时存在的不良后果。其原因是因为政府在农村小规模学校信息化硬件建设上只追求表面上的完全平等。教育只有符合个体发展的需要，适合于每一个个体，才是更高层次的平等。每个人的自然禀赋、社会背景、经济条件都不同，所谓的完全平等其实是一种不公平，这种完全平等反而没有反映出差别对待、按需分配的理念。

所以，农村小规模学校的硬件建设政策更应该遵循的是比例平等的原则。在政策的具体实施过程中不能简单复制城市经验，而是要在硬件配备的类型、数量和标准上参照小规模学校的实际需求做出相应的调整和优化。遵循这样的原则，我们就不应该在制定农村小规模学校的硬件建设规划时盲目追逐触控一体机、电子白板等城市学校都未能完全普及的"先进"设备，这必然带来硬件资源的浪费。建设的重心也应该放在电脑数量、网络带宽、信息化办公等基础硬件配套环境上，这样才能给教师开展信息化教学提供实质的保障。此外，我们也不能因为农村小规模学校的学生人数达不到国家标准就不配置微机室，从而使学生失去了宝贵的上机演练机会。只有实现农村小规模学校在微机室上的"超标建设"，满足农村孩子比城市孩子更为迫切的上机操作需求才是政策完全落地的完美表现。

转变"城市本位"的硬件建设思路，以小规模学校实际需求为导向规划学校的硬件资源配置标准，从完全平等走向比例平等，才能真正促进城乡教育硬件资源的公平。

二、农村小规模学校信息化课程资源失效

再好的信息化硬件设备，也需要配套的信息化软件资源才能在教育教学中发挥实际作用。软件资源的短缺曾在很长时间里制约了我国农村教育信息化政策的效果。近几年，政府开始纠正农村学校"重硬轻软"的信息化发展思路，大力推动各类信息化课程资源的建设工程。教育部启动实施了"教学点数字教育资源全覆盖"项目，组织全国的教育专家为偏远教学点设计和制作了一整套数字化教学视频课件。各地方政府也掀起了建设区域教育资源共享平台的热潮，强化了区域内优质教育资源的交流，使农村薄弱学校同享城市优质教育资源成为可能。湖北省襄阳市建设了数字教育资源公共服务平台，并以此为基础实现了城市优质学校和农村小规模学校之间的同步互动课堂。湖北省恩施土家族苗族自治州在"课内网"云教育平台的帮助下实现了优质教育资源对山区农村学校的有效覆盖。①

种种政策的实施确实在一定程度上缓解了农村小规模学校信息

---

① 恩施州召开课内网云教育平台应用教学现场会[EB/OL].[2018-9-26]. http://www.whsundata.com/index.php? m = content&c = index&a = show&catid = 65&id = 465.

化教学中"有车无货"的窘境。但在实地调研中，我们发现这些信息化课程资源并没有得到充分的利用。数据统计结果显示，农村小规模学校教师每周使用信息化教学资源的课时只占总课时的23.5%。花大力气引进的课程资源却被"束之高阁"，问题的根本原因就在于这些课程资源与农村小规模学校的教育教学实际之间存在着多方面的不匹配。

第一，课程资源与农村学生的认知特点不匹配。目前应用在农村小规模学校的各类信息化课程资源的前期开发都是以城市学生的学习能力为标准，课程资源的内容也主要反映城市学生的生活经验。农村学生面对这些"城市本位"的教学资源难以在自我知识框架中找到"支架"，往往出现认识障碍，也容易觉得枯燥乏味。咸宁市通山县某教学点的教师在访谈中就提到："很多课件里面讲一些大城市的事情，孩子们都不太懂，接受不了。"

第二，课程资源与农村教师的能力水平不匹配。农村教师的信息素养较为薄弱，与城市教师相比还存在着一定的差距。农村小规模学校教师老龄化严重，专业能力相对薄弱，其信息技术水平更是低于农村教师的平均水平。调研数据显示，只有不到一半的农村小规模学校教师能够掌握信息化教学软件的基本操作，能够自己设计、加工、制作教学课件的老师更是寥寥无几。然而，现有的信息化教学资源建设并没有充分考虑到这一实际情况，给农村小规模学校教师提供了一些"界面复杂"、"操作不便"的教学课件或软件。有研究成果显示，教师对新技术的"感知易用性"会显著影响其对新技术的使用意愿。当教师感到有了"不好用"的实验体验后，自然会将这些资源拒之门外。在实地调研中，有不少农村小规模学校教师在向我们解释为什么没有使用信息化教学资源的时候，"资源不好用"、"软件难操作"、"备课费时间"等是最常见的理由。

第三，课程资源与实际教学内容不匹配。以近几年在农村小规模学校大力推广的"教学点数字教育资源全覆盖"项目为例，该项目提供的课程资源绝大部分是以人教版课标为标准开发的。而各地农村小规模学校使用的教材来源复杂，版本各异。老师们由于下发的资源与教材不配套而"弃用"信息化教学的情况在我们的实地调研中经常会碰到。统计数据显示，只有 46.4% 的农村小规模学校教师认为下发的信息化课程资源与教材的匹配度较好。

第四，课程资源与小规模学校特性不匹配。学生太少使得农村小规模学校呈现出与城市学校完全不同的运转状态。有的学校只有几十个孩子，却不得不分了几个年级授课；有的学校师资资源极度匮乏，只能采取"复式教学"的方式，将不同年级的学生组合成班来授课。这些在城市学校绝无仅有的教学场景，却是绝大多数农村小规模学校的常态。从外部引进的信息化课程资源都是基于城市学校标准化班级授课模式开发的，在应用于农村小规模学校的特殊教学场景中往往出现"水土不服"。

政府组织城市专家为农村小规模学校开发的成套信息化课程资源在农村小规模学校却出现了"优秀教学课件不足"、"不符合学生认知特点"、"部分教学资源与教材不匹配"、"课程开发没考虑城乡差异"等诸多匹配不足的问题。花大力气建设的数字化教学资源实际上成了"摆设"，陷入了"失效"的尴尬境地。这些现象说明，现有的支持农村小规模学校信息化软件资源建设的相关政策仍然是采取照抄照搬城市经验的办法，简单地用城市学校的标准去衡量农村学校的发展，将城市学校的经验推行到农村小规模学校。殊不知，在城市学校相同的好做法到了农村小规模学校的特殊教育境况里却未必有同样的成效。因为"相同"只能带来形式上的平等，而非真正的公平。

当前以从城市经验为主要指导思想，以外部引进为主要实施办法的农村小规模学校信息化课程资源建设政策只能达成形式上的平等，而无法实现农村学生与城市学生之间公平的机会均等。只有探寻符合农村生活实际，满足农村小规模学校发展需求的信息化教学资源设计原则和开发路径，农村孩子才不至于在教育竞赛中空有公平竞争的形式却其实早已输在了起跑线上。从形式平等走向实质平等，是实现城乡学校信息化课程资源均衡发展的必由之路。

三、农村小规模学校信息化师资结构失衡

教师是信息化设备的直接操作者，是信息化课程的实际运用

者。拥有一支教育理念先进、技术水平过硬的信息化教师队伍是一所学校信息化发展的关键动力。然而，农村小规模学校在信息化师资结构上长期处于失衡状况，成为了限制学校信息化发展的最大阻碍。具体来说，农村小规模学校的信息化师资结构的失衡表现在多方面。

第一，教师年龄结构失衡。农村小规模学校老龄教师多而年轻教师少。调查显示，农村小规模学校教师平均年龄为42.2岁，50岁以上教师占到了教师总数的40.4%，而30岁以下年轻老师仅占教师总数的7.5%。作为对比，城市学校教师平均年龄为38.5岁，50岁以上教师只占教师总数的13.1%，而30岁以下年轻老师占到了教师总数的17.2%。由此可见，农村小规模学校的教师老龄化已经到了相当严重的地步，这对学校信息化教学的正常开展带来了较大的麻烦。教师年龄越大，就越难接受新的教育理念，掌握新的技术工具。数据分析的结果也证明了这一点。年龄大小会显著影响教师的信息技术能力水平，越年老的教师，其信息技术能力水平也就越差。①

第二，教师学历结构失衡。农村小规模学校高学历的教师少，教师文化程度普遍偏低。调查显示，拥有本科以上学历的教师只占农村小规模学校教师总数的40.3%，而高中以下学历的教师占到了农村小规模学校教师的20%。作为对比，拥有本科以上学历的教师占到了城市学校的一半以上（51%），而高中以下学历的教师只占城市学校教师总数的0.7%。学历水平的高低在很大程度上既决定一个老师在职前教育中所接受教育技术相关知识的多寡，也影响了其在入职后信息技术能力水平的发展。数据分析的结果同样也验证了这一点。学历水平会显著影响教师的信息技术能力水平，文化程度高的教师，其信息化教学的能力也越强。

第三，专业技术人员配置失衡。农村小规模学校教师的信息素养薄弱，在日常的信息化教学中急需专业人员的技术援助。然而农村小规模学校的专业技术人员的配置情况却不容乐观。调查数据显

---

① 参见第六章第二节的相关内容。

示，在城市学校里面"标配"的信息技术教师在农村小规模学校的配置率却只有 19.6%。而这仅有的一点技术支持力量也都被打了折扣。我们在实地调研中发现，没有一所农村小规模学校的信息技术教师是专职专岗，普遍由其他学科的教师或管理人员兼任。这些兼职的信息技术教师大多没有专业背景，能够为学校提供的技术支持极为有限。技术力量的薄弱，使得学校教师在碰到技术问题时往往求助无门只得放弃。

师资资源的短缺和结构失衡长期以来一直是困扰农村学校发展的难题。这些年中央和地方政府也采取了"特岗教师"、"免费师范生"、"省招教师"等诸多措施为农村学校补充优秀师资。这些政策从数据上看已经为农村学校补充了大量的高学历背景的年轻教师，但实际上这些政策的红利却没有很好地惠及小规模学校的信息化发展。一方面，由于缺乏福利待遇及生活条件方面的有效激励，这些新鲜血液并没有流入到最需要他们的小规模学校，而是集中在了乡镇中心学校，而且有进一步移动到县市学校的趋势。另一方面，这些政策普遍没有引进信息技术师资的名额，让本来就"信息贫困"的小规模学校得不到及时的技术援助。

由此可见，在教育分配中对这些农村小规模学校实行差别化的利益补偿才是城乡教育公平的应有之义。所以，政府在支持农村小规模学校信息化师资队伍建设时并不能仅仅满足于"同等规格"的对待，而是要更进一步，实行差别化的政策补偿。一方面，我们应该建立倾斜性的激励政策，确保"越往基层、越是艰苦，地位待遇越高"，使年轻、优秀师资在农村小规模学校任教"留得住"，[①] 为学校的信息化发展提供新生力量。另一方面，我们应该在农村教师的编制设置和招聘实施政策中专门为农村小规模学校留出补充专业技术人员的绿色通道，为学校的信息化发展提供技术保障。

不管是硬件条件的改善，还是数字化教育资源的共享，对于农

---

① 国务院办公厅关于印发乡村教师支持计划（2015—2020 年）的通知［EB/OL］．［2018-7-21］．http://www.gov.cn/zhengce/content/2015-06/08/content_9833.htm.

村小规模学校来说都只是一种外部推动力量,效果难以持续。只有采取有效的信息化师资补充政策,从根本上改变失衡的农村小规模学校师资结构,实现学校的内生型发展,才是对农村小规模学校信息化发展的弱势地位最有效的补偿。

四、农村小规模学校信息化发展主体失位

公共政策理论认为,社会生活中所存在的各种有利益的群体经常会围绕不同的利益、权力、价值进行竞争。公共政策就是不同利益群体相互妥协后所实现的利益、权力、价值上的平衡。[1] 所以,政策制定者的任务就是对团体的压力不断地做出反应,通过讨价还价、相互妥协、折中调解等形式寻求这种平衡。同理,教育政策的制定也需要政府在不同利益主体间进行教育资源的合理分配。这一分配过程必然伴随着不同群体的博弈和妥协,也正是来自各方力量的拉扯和牵制才使得最终的分配结果能够尽可能地平衡各方的利益需求,从而最大化地满足教育政策的公平属性。所以,如果任何一个利益主体被排除在决策过程之外,其利益表达被忽视,其利益必将受损,也就损害了教育政策的公平性。[2] 在农村小规模学校的信息化发展中,硬件建设失调、课程资源失效、师资结构失衡等问题的出现在很大程度上是由于现行农村教育信息化政策并不能很好地匹配农村小规模学校的现实情况和教育需求。而这种不匹配的根本原因之一在于农村小规模学校作为相关利益主体在政策决策过程中的"缺席"。

在现行农村教育体制下,绝大部分农村小规模学校只是名义上的独立学校,实质上早已被剥夺了作为独立学校的自主管理权利。小规模学校的财务、人事、教学都被上级学校一手掌控,成为了上级学校的附庸。独立属性的丧失,使农村小规模学校落到了整个农

---

① 朱永坤,曲铁华.重视教育政策"公平"属性——义务教育公平问题解决的起点[J].云南师范大学学报(哲学社会科学版),2008(03):134-141.

② 朱永坤.利益相关者缺席——影响教育政策程序公平的重要因素[J].教育科学研究,2010(8):9-13,41.

村学校管理链条的最末端，失去了应有的位置。而当学校远离信息化教育资源的供应者和信息化政策的制定者时，其作为相关利益主体的身份在政策决策和实施过程中也就被淡化，甚至遗忘。

一方面，决策者们往往并不清楚农村小规模学校与其他农村学校所存在的本质差异，在政策制定中忽略了农村小规模学校的实际需求。比如在信息化经费投入政策上，政府把资金投入的重点几乎全放在了一次性地给农村小规模学校购置硬件设备上，而后续的设备使用、维护、保养、更新的经费却没有保障到位，这造成了农村小规模学校硬件设备的低使用率。对于农村小规模学校来说，自身的教育资源极度匮乏，除了财政拨付的公用经费以外几乎没有其他的资金来源渠道。这样的经济背景使得农村小规模学校无法像农村中大规模学校和城市学校一样多方面引入资金支持学校的信息化教学的运转和发展。所以，政府在信息化经费投入上必须对农村小规模学校差别对待，除了购置硬件设备的经费以外，更需要建立支持学校使用信息化硬件设备的经费保障制度，在设备使用的保障性经费和发展性经费上给予农村小规模学校专项资金的支持。

另一方面，许多本来有利于农村小规模信息化发展的政策在具体实施过程中被打了折扣。政策执行的效果取决于相关利益主体之间的竞争和博弈。在现行的管理机制下，农村小规模学校缺乏竞争能力，在面临利益冲突时往往只能任人宰割。实地调研中，我们发现因为农村小规模学校完全受控于中心小学，这使得不少本应属于农村小规模学校的信息化资源被中心小学侵占和挪用。比如，有的中心小学只按下属农村小规模学校的实际学生人数分配公用经费，而将国家政策规定按 100 人标准多拨的经费留作已用；有的中心小学将本应分配到农村小规模学校的年轻教师截留，只给小规模学校一个代课教师的名额作为补偿；有的中心小学侵占了针对教学点教师的专项信息化培训名额。

所以，政府必须重视农村小规模学校在整个农村教育体系中的独特地位，通过体制机制的改革疏通利益表达渠道，完善利益表达机制，在决策过程中给予农村小规模学校更多的参与空间。唯有明确农村小规模学校在农村教育信息化生态中的主体地位，才能使农村教育信息化相关政策的制定和实施最大限度地满足小规模学校的实际利益诉求，实现城乡教育公平。

小结：

农村小规模学校的信息化发展既是推进我国城乡教育公平的重要手段，又是实现我国城乡教育公平的关键目标。从教育公平的理论视角出发，政府关于农村小规模学校信息化发展问题上的许多政策设计和具体做法并没有很好地践行教育公平的相关准则。

农村小规模学校信息化硬件建设失调。现有政策在支持小规模学校的信息化硬件建设时更多地倾向于照搬城市学校的那一套经验和标准。小规模学校信息化硬件的数量配置如果以生均占用率为衡量标准会掩盖学校的真实硬件需求。小规模学校学生人数少而年级、班级构成复杂，完全不具备城市学校的规模经济效益，其实际硬件需求也远大于以生均指标计算出的城市学校标准。小规模学校信息化硬件的类型配置如果紧跟城市学校一味求新就不能很好地适配小规模学校的实际环境和师资状况。一方面，小规模学校不具备良好的技术支持环境，造价昂贵、不易维修的新型设备在小规模学校极易陷入停摆状态；另一方面，小规模学校教师信息素养有限，不能有效操作和使用新设备的诸多功能模块。这些做法都反映出当下农村小规模学校的信息化硬件建设政策所追求的是一种与城市学校表面上高度看齐的完全平等，而不是真正满足其实质需求的比例平等。这种对教育公平原则的错误运行造成了当前许多农村小规模学校信息化硬件设备"建而不用、闲置浪费"的现象。

农村小规模学校信息化课程资源失效。主管部门在为小规模学校开发信息化课程资源所参照的仍然是"城市学校标准"，使得许多优质课程资源在小规模学校的推广过程中出现"水土不服"。第一，以城市学生学习能力特点为标准开发的课程资源与小规模学校学生的认知特点不匹配，影响了学生信息化教学的学习体验；第二，以城市教师为主体开发的课程资源与小规模学校教师的信息技术能力水平不匹配，降低了老师使用课程资源的积极性；第三，城市专家开发的课程资源与小规模学校的实际教学内容不完全匹配，影响了课程资源在小规模学校的兼容性；第四，城市本位的课程资源与小规模学校的特性不匹配，影响了课程资源的实际教学效果。以上种种"水土不服"的现象都说明，在为农村小规模学校配置信息化课程资源时采取简单的城市复制农村战略只能带来形式上的平等，而不是实质上的平等。只有充分考虑农村学生的学习风格和认知特点，开发符合乡土生活实际和小规模学校教学运行特性的信息化课程资源才能让小规模学校学生在知识成长和个性发展上获得和城市学生均等的机会，实现教育公平。

　　农村小规模学校信息化师资结构失衡。小规模学校教师群体老龄化问题严重，学历水平普遍偏低，教师信息技术能力整体水平与学校信息化发展需求不匹配。缺少年轻、优秀的师资一直以来都是阻碍小规模学校信息化发展的最大限制性因子。主管部门在设计农村教师补充政策时没有充分考虑小规模学校的现实状况和独特需求，出台有针对性的实施办法和强有力的扶助机制。一方面，现有农村教师招聘政策没有在教师福利待遇、生活保障、职业发展等方面提供有效的激励措施，无法让新进年轻教师真正扎根条件艰苦的小规模学校。另一方面，现有农村教师招聘政策没有考虑小规模学校对于技术性师资的刚性需求，极大影响了小规模学校对于信息化硬件资源和课程资源的日常使用和后期维护。小规模学校薄弱的师资状况长期存在，在教育资源的分配中处于绝对弱势的地位。对于这一最少受惠的教育成员，主管部门在师资建设上必须给它不同于其他成员的"特权"地位和最大化的利益补偿，如此才是践行教育公平原则的最好体现。

　　农村小规模学校信息化发展主体失位。在现行农村教育管理体制下，小规模学校的财权和事权都被上级学校完全掌控，几乎失去了学校的独立属性。这样的尴尬位置让小规模学校失去了在信息化教育资源分配时的话语权，自身利益无法得到公平的保障。利益主体在政策决策过程中的"缺席"必然导致政策设计偏差和实施不到位。当前许多农村小规模学校信息化经费、设备、资源建设等方面的扶助政策不能完全针对小规模学校发展的"痛点"，许多本来有利于小规模学校信息化发展的政策在执行过程中却打了折扣，产生

226

这些问题的本质原因正是由于小规模学校作为利益主体在政策决策和执行过程中的"缺席"。只有明确和尊重小规模学校的信息化发展地位，理顺管理体制，完善诉求机制，才能从根本上让小规模学校在有限信息化教育资源的分配中获得真正的教育公平。

第九章 农村小规模学校信息化
发展的政策建议

　　我国农村小规模学校的信息化建设还处于摸索和起步的初始阶段，面临着经费、设备、软件、师资、管理等多方面的发展难题。小规模学校在教育资源上的"历史欠债"太多，自身的力量相对薄弱，更需要国家政策的科学引导和强力扶持。一方面，政府应在真正了解小规模学校信息化建设和信息化教学真正需求的基础上为学校发展所需的各项信息化教育资源提供更强有力的制度保障。另一方面，政府也应大胆进行体制机制的创新，理顺小规模学校信息化发展的管理关系，增强小规模学校与整个农村教育生态环境的外部联系，扩展小规模学校信息化发展的资源空间，激活小规模学校自身的优势与潜力。

一、健全信息化经费保障机制

　　农村小规模学校的信息化资金短缺是限制学校信息化发展水平的首要因素。资金短缺表现在两个方面：一方面是经费投入总量的不足，另一方面是经费的结构性短缺。政府应建立健全小规模学校信息化经费的保障机制，为小规模学校信息化设备的购置、使用、维护提供全方位的资金支持。

(一)加大信息化经费总体投入力度

　　虽然按照传统的生均指标来进行计算，农村小规模学校的生均信息化经费投入水平已经超过了农村中大规模学校和城市学校，但是这绝不意味着农村小规模学校的信息化资金达到了充足标准。农村小规模学校规模小，不具备大规模学校的规模经济效应，在经费

228

投入上有其独特的需求。如果以班级这个教学基本运行单位来作为测量信息化经费投入水平的标准，我们会发现在班均信息化经费投入上农村小规模学校仍然大幅落后于农村中大规模学校和城市学校。这说明，农村小规模学校的信息化经费总体投入仍然不足。

所以，我们建议以更能反映农村小规模学校教育教学需求实际的班均信息化经费指标来替代生均信息化经费指标，并以此作为衡量学校信息化经费投入水平的标准。在此基础上，加大农村小规模学校信息化发展的资金保障力度，使其在班均信息化经费水平上不低于农村中大规模学校，并最终达到城市学校的平均水平。

（二）平衡信息化经费投入结构

农村小规模学校的信息化经费缺口不仅仅表现在总体经费投入不足上，更表现在经费投入结构的不合理上。本调查结果显示，政府在一次性给农村小规模学校投入资金购置了信息化设备后，却没有进一步对学校在日常实际教学中使用信息化设备所涉及的电费、网费、耗材费、维修维护费、软件更新费等实际运行费用给予必要的保障。调查数据显示，87.8%的农村小规模学校的信息化设备运行经费主要来自"学校自筹"。运行经费和维护经费的短缺使很多农村小规模学校的信息化设备得不到充分使用，甚至被直接闲置，这也降低了前期政府投入经费的实际使用效益。

以上信息化经费投入结构不合理的根本原因在于政府在制定经费投入机制时没有很好地考虑农村小规模学校的现实条件和实际需求。受限于学生规模，农村小规模学校所能获取和支配的教育公用经费相当有限，根本无力承担信息化设备的运行和维护费用。此外，农村小规模学校的经费来源渠道相对单一，缺乏乡镇学校或城市学校吸收社会赞助或商业投资的机会和能力，无法在信息化运行经费上"自给自足"。这些原因使农村小规模学校在信息化设备运行经费投入上与城市学校拉开了明显的差距。调查数据显示，农村小规模学校的设备采购经费与设备运行经费之比约为8：1，而城市学校的这一比例则约为4：1。

所以，针对农村小规模学校的现实条件和实际需求，政府应改进现有的信息化经费投入机制，为农村小规模学校信息化设备的正常运行和及时维护提供强有力的经费保障。一方面，政府应在各个农村小规模学校信息化建设项目经费中划拨出部分经费专门用于负担学校日常使用信息化设备所产生的电费、网费、耗材费、维护保养费等信息化保障性经费的支出，形成长效机制，解除学校使用信息化设备的后顾之忧。另一方面，政府还可以按比例抽取部分地方教育公用经费或教育附加费来成立专项资金，用于支持农村小规模学校购买软件、更新设备以及教师培训等信息化发展性经费支出，提高学校信息化经费的使用效益，推动学校信息化办学条件和信息化教学质量的可持续发展。

二、遵循需求导向的信息化硬件建设思路

当下农村小规模学校遵循的是投入型的信息化硬件思路，引进各种新技术和新设备成了学校信息化发展最简单也最"高效"的办法。在各级各类教育统计中有关农村学校信息化发展的评价指标都离不开"生机比"、"图书仪器数"、"多媒体教室数"等投入型数据。这种以投入为手段、以投入为目标的硬件建设思路虽然带来了光鲜的统计数据，但是盲目的投入并不能适切农村小规模学校的实际需求，由此导致了农村小规模学校大量硬件设备闲置和有效硬件资源不足并存的怪象。美国教育经济学家汉纳谢克经过对数百所学校的数据进行成本收益分析后发现，以投入为中心的硬件条件建设无法有效提高学校教育质量，要解决这个问题，只能转变为以需求为导向。① 所以，农村小规模学校的信息化硬件建设必须遵循需求导向的思路。在对学校的信息化硬件资源需求进行科学分析和论证的基础上，明确满足各类农村小规模学校发展和师生需求的教师用机、学生用机、多媒体设备、网络教室及校园网络等硬件资源的配置标准。只有实行这种以需求为导向的弹性项目建设标准，才能以有限的硬件资源投入最大化地满足农村小规模学校的实际需求。

---

① Hanushek, Eric A. *The Failure of Input-based Schooling Policies* [J]. Economic Journal, 2003, 113(4)：64-98.

（一）从注重配置新型信息化教学设备转向注重配置基础信息化教学设备

调查数据显示，当前农村小规模学校的信息化硬件建设极不均衡。一方面，农村小规模学校在电子白板、触控一体机等新型信息化教学设备的配置上已超过了农村中大规模学校，接近了城市学校的水平。但是另一方面，农村小规模学校在幻灯投影、视频展示台、录音机等基础信息教学设备的配置上却远远落后于农村中大规模学校和城市学校。

这样的信息化教学设备配置状况与农村小规模学校的实际需求并不匹配。新型信息化教学设备虽然技术先进，但是许多复杂的功能在目前农村小规模学校信息化教学的简单、初级应用中并不能发挥出最大的效果。相反，新型信息化教学设备由技术先进性所带来的造价高昂、操作繁琐、不易维修等缺点却增加了农村小规模学校应用设备的难度和维护设备的开支。所以，与其把有限的资金用在给农村小规模学校配置电子白板、触控一体机等"新式武器"上，不如多给农村小规模学校配置一些诸如电脑投影、视频展示台之类的"常规武器"。农村小规模学校信息化教学设备配置的重心应该从注重配置新型信息化教学设备转向注重配置基础信息化教学设备，这样既能更好地满足学校信息化教学的实际需要，又能节省有限的设备资金。

（二）改善信息化网络、信息化办公、学生上机等信息化硬件的配套环境

农村小规模学校虽然配置了一些信息化教学设备，但是在校园网覆盖、教师信息化办公设施、学生上机等信息化硬件配套环境的建设上却没有同步跟进。这些配套设施的缺失阻塞了学校接收优质教育资源的渠道，降低了教师开展信息化教学的积极性，也影响了学生接受数字化学习的效果。所以，我们在加大农村小规模学校信息化教学设备配置力度的同时也要注重信息化硬件配套环境的构建。

首先，要进一步提高农村小规模学校的网络覆盖率，并逐步提高网络带宽。网络对于信息闭塞、交通不便的农村小规模学校而言是吸收优质数字化教育资源的至关重要的渠道。当前农村小规模学校的网络覆盖率只有 60.8%，远低于农村中大规模学校的 95.2% 和城市学校的 100%。与此同时，还有部分农村小规模学校是一种不完全的网络覆盖，只连接到办公室而没有连接到教室，对信息化教学的实际效用甚微。所以，我们要进一步加强农村小规模学校的网络建设，确保所有学校达到 100% 的网络覆盖率，打通学校吸收优质信息化教育资源的大动脉。此外，当前农村小规模学校的网络带宽偏低。网络带宽的不足严重影响了农村小规模学校教师开展信息化教学的效率，也降低了学生接受信息化教学的良好体验。所以，我们在加大农村小规模学校网络覆盖率的同时，也要注重提升学校的网络带宽。具体操作层面上，前期建设可以以 4M 带宽为标准对学校的网络进行扩容，以确保教师在线播放教学视频基本流畅，中后期建设可以按照 10M—50M—100M 的步骤分阶段逐步提升农村小规模学校的网络带宽水平，争取用 5 年到 10 年时间达到与城市学校相近的平均水平。

其次，要改善农村小规模学校的信息化办公条件。调查数据显示，只有 43.1% 的农村小规模学校给老师配备了办公电脑，在信息化办公条件上远远落后于城市学校提供给教师的标准。在访谈中，我们了解到许多农村小规模学校教师家中也没有配置电脑，信息化教学的准备和自身的技术学习都依赖于学校提供的信息化办公设备。学校信息化办公设备的短缺极大地挫伤了这些老师开展信息化教学、提升信息素养能力的积极性。所以，政府要将改善教师信息化办公条件纳入农村小规模学校信息化硬件建设的发展规划，为乡村教师开展信息化教学和自身信息化专业发展提供便利。

最后，要在农村小规模学校配备微机室，为学生提供基本的上机环境。按照住房和城乡建设部、国家发展和改革委 2008 年发布的《农村普通中小学校建设标准》，只有农村完全小学才能配备微机室。按照这一规定，绝大多数农村小规模学校都不具备配置微机室的资格。调查数据验证了这一点，只有 11.8% 的农村小规模学校建有微机室。由于缺乏基本的上机环境，农村小规模学校大多没有开设信息技术课，也无法为学生提供基本的上机操练的机会。政府应将微机室的建设纳入农村小规模学校的信息化发展规划，从而引导学校信息技术类课程的开展，提升学生的信息素养。在具体操作层面上，考虑到农村小规模学校的学生人数和当下农村教育信息化发展经费的承受能力，可以采取灵活的方式为农村小规模学校配置微机室。对于经济条件相对较好的农村小规模学校，可以按照两位学生共用一台电脑的标准（最大班额除以2）来规划微机室的建设；对于当前经济条件确实无法支撑微机室建设的农村小规模学校，可以建立起学校教师用机的定期开放制度，在课余时间最大化地发挥学校闲置电脑的效用，尽可能地利用现有的条件增加学生动手操作的机会。

三、提高信息化课程资源的适配度

现有的信息化课程资源大多是基于城市学校经验开发，以外部推送的方式进入到农村小规模学校。这些资源在农村小规模学校的实际应用过程中并不能很好地适配本土学生的认知风格、教师的能力水平以及实际的教学需求，导致了资源的使用效果远远低于人们的预期。

（一）提高现有信息化课程资源的适配度

现有信息化课程资源在农村小规模学校的"水土不服"主要存在两个原因。第一，现有信息化课程资源开发都是基于"城市本位"的。开发者以城市学校的教学需要和城市学生的认知特点来开发农村小规模学校的信息化课程资源。这些资源在面对农村孩子与城市孩子不同的认知基础，农村教师相对薄弱的信息素养，农村小规模学校"复式班"、"包班制"等特殊的教学运行规律时自然会陷入失效的尴尬境地。第二，现有信息化课程资源的开发都是基于"标准化"的教材。在调研中，我们发现不同地区的农村小规模学校应用的教材版本各异，既有国家规定的标准化教材，也有不少地方性教材，即使使用的是同类教材，也经常会有时间、版次上的差

异。当下农村小规模学校应用的信息化课程资源主要是教育部组织
开发的"教学点数字教育资源全覆盖"项目的配套资源。这种标准
化的资源在面对不同农村小规模学校版本各异的教材时难免"众口
难调"。

　　所以，要让现有的信息化课程资源在农村小规模学校发挥最大
化的效果，就必须提高资源的适配度。首先，政府要优化农村小规
模学校信息化课程资源开发团队的成员结构。在资源的开发过程中
除了依靠高校教育学者、城市学校优秀教师、技术专家以外，还应
引入部分农村小规模学校的管理人员及骨干教师，以确保课程资源
的主题、结构、表现形式、运用模式尽可能地贴近农村小规模学校
实际教学需求。其次，对于农村小规模学校普遍存在的"复式教
学"、"包班制"等与城市学校完全不同的独特教学方式，政府应该
组织教育专家和技术人员有针对性地进行科研攻关，研发专门性的
信息化课程资源和适宜的使用模式供农村小规模学校使用。此外，
在现阶段各地农村小规模学校的教材暂时还无法完全统一的情况
下，地方性的信息化教育资源无疑比国家性的标准化教育资源更能
适应学校的实际教学需求。然而，目前覆盖到农村小规模学校的信
息化教育资源还是以国家层面的标准化课程资源为主，地方性的信
息化教育资源平台的覆盖能力较差。所以，国家应把为农村小规模
学校开发信息化课程资源的责任主体重心由中央政府转向地方政
府，从经费分担、技术支持、专业指导等多方面加大支持地方政府
办好区域性的信息化教育资源共享平台，并有效提高这些资源平台
对本地农村小规模学校的覆盖率。

(二) 加强本土信息化课程资源的开发

　　目前小规模学校使用的信息化教学资源以外部引进为主。这种
单一的从外部引进信息化课程资源的方式不能很好地适配农村小规
模学校的实际教学需求，也无法发挥出农村小规模学校的教学特色
和本土优势。

　　针对这个问题，我们需要转变对小规模学校的认识，变"避
短"为"扬长"。小规模学校教学资源匮乏的短板从另一个层面来看

却有可能转化为优势。一方面，小规模学校班级规模小，师生比低，恰恰是开展启发型教学、个性化学习，实施信息化教学改革的有利条件。另一方面，小规模学校作为农村的文化中心，独享乡土社会的自然、生态、人文资源，为特色教育资源的开发提供了良好的土壤。政府应该立足于农村学校的本土化优势，加强学校与村落的联系，为农村小规模学校开发富有乡土特色的人文课程、德育课程、活动课程等信息化教学资源。

同时，我们也要考虑到现阶段农村小规模学校教师自身的教学素养和技术能力并不足以独立承担开发本土化数字教育资源的任务。所以，政府应该在经费、师资、技术支持等多方面给农村小规模学校制作校本信息化课程资源提供倾斜性的政策支持。在具体操作上，各地方政府可以建设专门针对农村小规模学校的特色信息化课程资源平台。依托这个平台，政府可以通过课题招标为农村小规模学校开发本地化课程资源提供经费支持和技术支援，支持农村小规模学校的创新和发展。区域内的所有小规模学校也可以通过这个平台连接成教研共同体，实现不同学校间特色信息化课程资源的共建共享。

在农村小规模学校信息化课程资源的建设上，只有从当前的"外推型"发展模式逐步转变为"内生型"发展模式，才能实现信息化课程资源与学校教育需求的最大契合和可持续发展。

四、实行多元化的信息化师资补充机制

我国在推动小规模学校信息化发展的进程中一直强调要用信息化的手段解决农村学校"缺师少教"的难题，却忽略了人的信息化才是真正的信息化。在"重物轻人"的发展思路下，小规模学校的师资境况一直没有改善，反过来又制约了硬件设备和软件资源的使用效率，成为影响学校信息化发展的限制因子。优化现有师资结构，建立信息化师资的有效补充机制成为小规模学校信息化发展最重要的突破口。现实情况中，我国农村学校教师配置长期处于"总量超编、结构性缺编"的尴尬境地，引进优秀师资的操作空间小，而城乡经济差距又造成了优秀师资"逃离"农村学校的问题显著。

因此，我们只能采取灵活多样的手段优化小规模学校信息化师资队伍。

（一）加大引进年轻、优秀教师的力度

农村小规模学校师资力量薄弱，教师老龄化严重，学历水平普遍较低。数据分析结果表明，年龄因素和学历因素会显著影响教师接受新的教学理念和学习新的技术工具，年龄越大，学历越低的教师，其信息技术能力水平也就越低。因此，优秀教师资源的匮乏在很大程度上限制了农村小规模学校信息化发展的成效。

所以，当下农村小规模信息化师资队伍建设的当务之急就是着力引进一批年轻、优秀的教师，为学校的信息化发展注入新鲜的血液。针对目前许多农村小规模学校优秀师资流失严重，新进教师"打个转就走"的情况，政府要建立起良好的激励机制和引导机制，在教师待遇、职称晋升、住房交通、子女教育等各方面给予实质性的倾斜政策，确保引进的年轻教师能扎根到小规模学校，"下得去、留得住"。

（二）为农村小规模学校配置信息技术教师

调查数据显示，只有 19.6% 的农村小规模学校配备了信息技术教师，而且所有这些信息技术教师 100% 都是兼职教师。专业技术力量的缺乏使农村小规模学校在信息技术课程开设、信息化软硬件使用维护、教师信息化专业发展等方面都得不到及时、充足的技术援助，严重制约了学校信息化教学的开展和教学质量的提升。

所以，为农村小规模学校配置信息技术教师就是为学校的信息化发展提供"自我造血"功能。信息技术教师起到的作用是多方面的。首先，信息技术教师可以帮助学校开设信息技术课程，为农村孩子接受信息化教学提供必要的知识基础。其次，信息技术教师可以负责学校硬件设备的维护和软件资源的更新，保障学校信息化教学的稳定运转。此外，信息技术教师还可以为学校其他学科教师解决信息化教学中的技术难题，也可以通过组织校内培训的方式提升学校教师的整体信息技术水平。

因此，政府应在农村教师招聘计划中增加信息技术教师的编制名额，尽可能为每所农村小规模学校配置一名专职信息技术教师。对于经济条件有限、教师资源短缺的地区，也应通过临聘、培训或邻近几所学校共用的方式来保障每所农村小规模学校能够得到及时、充足的技术支持。

（三）巩固区域内优秀师资的校际共享成效

我国农村教师长期处于"总量超编、结构性缺编"的失衡状态，在新教师补充上面临多方面的限制因素。对于当前农村小规模学校面临的优秀师资的巨大缺口，每年所能够引进的少量新教师无疑是杯水车薪。所以，政府在加大新教师的补充力度时，也要最大化地利用现有的优秀教师资源，在各地建立起教师资源的共享机制，实现城乡学校之间、农村学校内部教师资源的流动和互补，以此来填补农村小规模学校的师资缺口。

当前我国很多地区开展的"送教下乡"、"联校走教"等活动正是这种教师共享机制的良好做法。这种做法确实为农村小规模学校输送了一些优秀教师，也为学校信息化教学的开展提供了一定的帮助。但是，不管是城市学校对农村学校的"送教下乡"，还是乡镇中心小学对农村小规模学校的"联校走教"，种种办法在实际操作过程中往往缺乏清晰的制度安排和强有力的约束机制，在许多地方都沦为了形式，效果大打折扣。

所以，政府应进一步巩固区域内教师共享机制的成效。首先，教育主管部门应在教师管理权归属、教师工作量核算、课程计划协调等多个方面制定明确的规章制度和操作办法，确保"走教"教师能够按时足量地完成农村小规模学校的教学任务。其次，教育主管部门应采取有效的激励办法，在课时待遇、交通补贴、职称晋升等方面给予"走教"教师倾斜性的政策补偿，使更多优秀教师愿意下到农村小规模学校。最后，教育主管部门还应建立起严格的考核评价制度，对于无故缺课、消极怠工的"走教"教师进行必要的处分，使"走教"、"送教"工作真正在农村小规模学校落到实处。

(四)强化教师信息技术能力培训

信息技术能力是提升教师信息化教学水平和技术操作能力的有效手段。数据分析表明，参加信息技术培训的次数和等级都对教师的信息技术能力水平有显著的影响。而在现实情况中，教育主管部门并不太重视对农村小规模学校教师的信息技术能力培训。调查结果显示，农村小规模学校教师近三年人均参加过 1.27 次信息技术相关培训，而城市学校教师近三年人均参加过 2.61 次信息技术相关培训。农村小规模学校教师参加的信息化培训以校内培训为主，培训等级普遍不高。农村小规模学校教师中只有 22.9% 的教师参加过国培，而城市学校教师中的这一比例达到了 57.9%。培训机会的缺失导致农村小规模学校教师在设备操作、软件使用、上网检索能力方面处于较低水平。问卷调查的结果中，只有 19.3% 的农村小规模学校教师能够非常熟练地操作信息化教学设备，只有 22.3% 的农村小规模学校教师能够非常熟练地使用网络检索教学资料，只有 16.9% 的农村小规模学校教师能够非常熟练地加工制作多媒体课件。

所以，政府一方面应增加农村小规模学校教师参加各级各类信息技术能力培训的名额，在有条件的情况下可以从城市优质学校抽调教学名师和技术专家为农村小规模学校教师提供专项培训和定期一对一的指导，切实提高农村小规模学校教师的信息化教学水平和信息化操作能力。另一方面，政府也要尽可能地给予农村小规模学校教师参加"国培"等高等级培训的机会，使农村小规模学校教师接受先进的教育思想和教学理念，促进信息技术与教学的深层融合。

五、建立农村小规模学校信息化发展联盟

农村小规模学校自身的底子薄、基础差，信息化发展还处于刚刚起步的阶段。在这个阶段，小规模学校的经费、硬件设施、课程资源、师资队伍等多项信息化教育资源长期处于匮乏状态，需要外部力量的帮扶。事实上，我国很多农村地区也已经采取"联校走

教"、"联校一体化"等多种多样的校际合作来支持农村小规模学校的发展。但是，现行的这些校际合作都是从"以强扶弱"的思路出发，由一所实力较强的乡镇中心小学或规模较大的村级完全小学来"传帮带"几所小规模学校。这样的模式在实行过程中往往无法取得令人满意的效果，因为"强校"和小规模学校之间的所谓合作从一开始就不是基于相互尊重的平等关系，而更多的是一种上下级的管理关系。这种关系使得"强校"不是以一种互惠互利的态度来看待与小规模学校之间的合作，而是始终抱着一种强者对弱者施舍的心态来看待小规模学校。所以，在这种"强弱联合"的校级合作中，"强校"根本不了解或者不重视小规模学校在发展中的真实需求，一些帮扶手段成了"无关痛痒"的表面工作。更严重的是，这种不对等的合作关系还会让有些"强校"主动侵占小规模学校本就有限的教育资源，将"以强扶弱"变成了"以强凌弱"，使农村小规模学校的发展陷入更加困难的境地。面对这种情况，教育主管部门应该转变思路，变"强弱联合"为"抱团取暖"，实现小规模学校与小规模学校之间的互帮互助。

小规模学校与小规模学校之间的联合更易建立起平等互惠的合作关系，有利于校级间各项教育资源的合理流动和充分共享。而在农村教育信息化飞速发展的大环境下，所有的小规模学校几乎都处于信息化的初级发展阶段，在信息化发展中面临着共同的难题，有着共同的利益诉求。所以，小规模学校之间的合作更容易形成合力，也更能激发出各自的潜能，提高校级合作的效益。因此，政府应该尝试在农村地区建立农村小规模学校的联合体，将分散在村落之间的小规模学校按照地理位置划分区域，将每个区域的小规模学校组成信息化发展联盟。

在信息化设备和技术共享上，联盟中不同学校的多媒体教室、视频展示台、微机室等信息化硬件设备都应对所有的学生开放，以提高学校信息化硬件设备的使用效率。此外，小规模学校极度缺乏专业技术力量的支持，自身又不具备单独配置技术型师资的现实条件，那么通过联盟的方式可以让几所学校共同聘用一名技术人员，负责所有学校的设备维护与保养，为所有学校信息化教学的正常运转提供坚实的保障。

在优秀师资的流动上，不同学校信息化教学能力强的优秀教师可以在联盟的小范围内进行"走教"。不同学科的优秀教师定期到其他学校进行授课，这样既可以缓解小规模学校小学科教师短缺的压力，还可以通过交流和指导提升不同学校的信息化教学水平。此外，还可以利用远程教育技术在联盟范围内组织小规模学校之间的"在线课堂"，进一步提高优秀教师资源和特色精品课程对所有成员的覆盖。

在特色教学活动的合作上，联盟可以在集中力量的基础上发挥不同学校的优势来开展各式各样的教学交流活动。比如，联盟可以定期在不同的小规模学校组织教师信息化教学研讨会，给教师提供介绍学习经验、交流教学心得的平台。联盟还可以定期将所有学校的学生聚集到其中一所学校，体验这所学校的特色信息化课程，同时还可以开展较大规模的小组合作学习和探究性学习，以此来弥补小规模学校学生人数少、教学活动单调的缺陷。

在信息化管理方式上，联盟可以设立一个统一的管理委员会，统一管理下辖所有成员学校的信息化经费预算、信息化设备共享、信息化师资流动、信息化教学合作等。这样的管理方式既可以很好地维护成员学校间合作的稳固关系，实现信息化教育资源的最大化利用，还可以降低每所成员学校信息化管理的成本，提升信息化管理的效益。

六、明确农村小规模学校信息化发展的独特地位

从"三级办学"到"以县为主"，农村教育管理体制的改革使得小规模学校名义上的管理权不断上移。这从表面上看好像有利于小规模学校表达利益诉求和获取教育资源，但在实际操作中，通过教育局—中心学校—中心小学的"层层转包"，小规模学校的实际管理权却最终落在了中心小学的身上。实地调研中，我们发现绝大部分小规模学校几乎都演变为了邻近中心小学的教学分部，在经费支出、教师任用、教学管理、软硬件设施配置等各个方面都受制于中心小学。独立学校属性的丧失，不仅阻塞了小规模学校从外部获取

信息化教育资源的渠道，还限制了学校自主进行信息化建设与改革的内在潜力。

上级管理者本来希望中心小学对小规模学校的信息化发展提供帮扶，但是二者教育需求的同质性和身份地位的不平等却导致"传帮带"在现实中往往异化为了不公平的"恶性竞争"。在信息化经费拨付上，由于小规模学校不是独立的核算单位，所有的经费都要由中心小学经过"二次分配"才能实际到达小规模学校；在信息化设备配置上，中心小学具有在下辖小规模学校之间"灵活"调配的权力；在信息化师资建设上，小规模学校的新进教师经常会被中心小学以各种"合理"的理由抽调，甚至连信息化培训的机会也会被中心小学"先下手为强"。种种现象表明，正是由于独立地位的缺失才造成了小规模学校信息化发展的生存空间日趋狭窄，难以获取足够的信息化教育资源。

所以，政府只有进行体制机制的创新，重新确立农村小规模学校独立学校的法律地位，在经费核算、设备管理、教师聘任、师资培训、教学改革等多方面给予小规模学校与其他农村学校一样的管理权限，唯有这样才能真正拓宽农村小规模学校信息化发展的空间，让农村小规模学校在人、财、物等教育资源的分配中拥有与其他类型农村学校同等的"话语权"。同时，这也疏通了农村小规模学校在农村教育信息化政策中的利益表达渠道，使国家各项支持农村薄弱学校信息化建设的政策红利能够真正地惠及广大农村小规模学校。

参 考 文 献

一、著作类

[1]艾尔·巴比. 社会研究方法[M]. 邱泽奇，译. 北京：华夏出版社，2005.

[2]阿玛蒂亚·森. 以自由看待发展[M]. 任赜，于真，译. 北京：中国人民大学出版社，2002.

[3]阿诺德·盖伦. 技术时代的人类心灵——工业社会的社会心理问题[M]. 上海：上海科技教育出版社，2008.

[4]鲍传友. 教育公平与政府责任[M]. 北京：北京师范大学出版社，2011.

[5]成刚. 中国教育财政公平与效率的经验研究[M]. 北京：知识产权出版社，2011.

[6]褚宏启. 教育政策学[M]. 北京：北京师范大学出版社，2011.

[7]陈向明. 质的研究方法与社会科学研究[M]. 北京：教育科学出版社，2000.

[8]陈庆云. 公共政策分析[M]. 北京：北京大学出版社，2006.

[9]陈敬朴. 农村教育发展水平质量评价研究[M]. 长春：东北师范大学出版社，2008.

[10]丁兴富. 远程教育学[M]. 北京：北京师范大学出版社，2001.

[11]范先佐. 教育经济学新编[M]. 北京：人民教育出版社，2010.

[12]范先佐，等. 人口流动背景下的义务教育体制改革[M]. 北京：中国社会科学出版社，2011.

[13]范先佐. 筹资兴教——教育投资体制改革的理论与实践问题研究[M]. 武汉：华中师范大学出版社，1999.

[14]范国睿．教育生态学[M]．北京：人民教育出版社，2000.

[15]范国睿．多元与融合：多维视野中的学校发展[M]．北京：教育科学出版社，2002.

[16]费孝通．江村经济[M]．上海：上海人民出版社，2006.

[17]郭雅娴．中国教育资源配置效率研究[M]．北京：人民出版社，2012.

[18]亨利·莱文，帕特里克·J.麦克尤恩.成本决定效益——成本—效益分析方法和应用[M]．北京：中国林业出版社，2006.

[19]靳希斌．教育经济学[M]．北京：人民教育出版社，2009.

[20]柯林斯．技术时代重新思考教育[M]．上海：华东师范大学出版社，2013.

[21]卡诺伊.教育经济学百科全书[M]．闵维方，等，译．北京：高等教育出版社，2001.

[22]卡尔弗特．信息时代的儿童发展[M]．北京：商务印书馆，2007.

[23]雷万鹏．中国农村教育焦点问题实证研究[M]．武汉：华中科技大学出版社，2007.

[24]李淼．城乡二元结构下的基础教育公平问题[M]．北京：中国社会科学出版社，2012.

[25]联合国教科文组织国际教育发展委员会．学会生存——教育世界的今天和明天[M]．北京：教育科学出版社，1996.

[26]联合国教科文组织总部中文科．教育：财富蕴藏其中[M]．北京：教育科学出版社，1996.

[27]理查德·A.金．教育财政——效率、公平和绩效[M]．北京：中国人民大学出版社，2010.

[28]米尔斯．社会学的想象力[M]．北京：生活·读书·新知三联书店，2012.

[29]闵维方．教育投入、资源配置与人力资本收益——中国教育与人力资源问题研究[M]．北京：经济科学出版社，2009.

[30]彭立．有效教学——信息化教学中的问题与对策[M]．长春：东北师范大学出版社，2007.

[31]任晓辉．中国义务教育支出绩效评价研究[M]．上海：复旦大学出版社，2010.

[32]托马斯·R．戴伊．理解公共政策[M]．谢明，译．北京：中国人民大学出版社，2011.

[33]唐启明．量化数据分析[M]．北京：社会科学文献出版社，2012.

[34]陶行知．陶行知全集：第二卷[M]．长沙：湖南教育出版社，1985.

[35]王道俊，郭文安．教育学[M]．北京：人民教育出版社，2009.

[36]伍德里奇．计量经济学导论[M]．北京：中国人民大学出版社，2010.

[37]邬志辉，秦玉友．中国农村教育发展报告2013—2014[M]．北京：北京师范大学出版社，2015.

[38]吴国盛．现代化之忧思[M]．长沙：湖南科学技术出版社，2013.

[39]吴鼎福，诸文蔚．教育生态学[M]．南京：江苏教育出版社，2000.

[40]谢维和．中国的教育公平与教育发展[M]．北京：教育科学出版社，2008.

[41]谢宇．回归分析[M]．北京：社会科学文献出版社，2013.

[42]谢月光．农村基础教育信息化绩效评估及发展研究[M]．北京：人民出版社，2015.

[43]杨东平．中国教育公平的理想与现实[M]．北京：北京大学出版社，2006.

[44]约书亚·梅罗维茨．消失的地域——电子媒介对社会行为的影响[M]．北京：清华大学出版社，2002.

[45]约翰·罗尔斯．正义论[M]．北京：中国社会科学出版社，2009.

[46]约翰·罗尔斯．作为公平的正义——正义新论[M]．北京：中国社会科学出版社，2011.

[47]中央教育科学研究所．陶行知教育文选[M]．北京：教育科学
出版社，1981.

[48]张人杰．国外教育社会学基本文选[M]．上海：华东师范大学
出版社，1989.

[49]张珏，张振助．中国义务教育公平推进实证研究[M]．北京：
教育科学出版社，2011.

[50]张菀洺．教育公平：政府责任与财政制度[M]．北京：社会科
学文献出版社，2012.

[51]曾满超．教育政策的经济分析[M]．北京：人民教育出版
社，2000.

[52]曾祥跃．网络远程教育生态学[M]．中山：中山大学出版
社，2011.

[53]BRAY M. Are Small Schools the Answer? Cost Effective Strategies
for Rural School Provision[M].London：Commonwealth Secretariat
Publications, Marlborough House, Pall Mall, 1987.

[54]BARKER R G, GUMP P V. Big school, small school：High
school size and student behavior [M]. Stanford University
Press, 1964.

[55] CREMIN L. A. Public Education [M]. New York：Basic
books,1976.

[56] EASTON D. The Political Systems：An Inquiry into the State of
Political Science[M]. New York：Knopf, 1953.

[57] HAWLEY A. H. Human Ecology：A Theory of Community
Structure[M].New York：Ronald Press,1950.

[58] TRUCANO M. Knowledge Maps：ICTs in Education [M].
Washington, DC：Infodev/World Bank, 2005.

[59]WILLIAMS D T. The dimensions of education：Recent research on
school size[M]. Strom Thurmond Institute, 1990.

二、学术论文类

[1]陈晓燕．基于教学点数字教育资源的翻转课堂教学模式的构建

245

与实践[J]. 现代中小学教育, 2014(10).

[2]陈海东. 信息技术促进教育优质均衡发展：内涵、案例与对策[J]. 中国电化教育, 2010(12)：35-38.

[3]陈惠慈. 日本小规模学校的复式教学[J]. 教育导刊, 1994(Z2)：68.

[4]陈丽, 李芒, 陈青. 论网络时代教师新的能力结构[J]. 中国电化教育, 2003(4)：65-68.

[5]崔东植, 邬志辉. 韩国农村小规模学校合并政策评析[J]. 教育发展研究, 2010(10).

[6]程琳. 农村信息技术教师专业认同的现状调查与原因分析[J]. 中国电化教育, 2010(06)：100-103.

[7]杜一萍, 陶涛. 美国农村小规模学校探究与启示[J]. 当代教育科学, 2008(02).

[8]杜屏, 赵汝英. 美国农村小规模学校政策变化分析[J]. 教育发展研究, 2010(03).

[9]范先佐. 关键是要确保教师工资福利待遇的不断提高[J]. 教育与经济, 2014(01).

[10]范先佐. 农村学校布局调整与教育的均衡发展[J]. 教育发展研究, 2008(07)：55-60.

[11]范先佐, 郭清扬, 赵丹. 义务教育均衡发展与农村教学点的建设[J]. 教育研究, 2011(09).

[12]范先佐. 乡村教育发展的根本问题[J]. 华中师范大学学报(人文社会科学版), 2015(05)：146-154.

[13]方彤, 王东杰. 英国宜人教育的学校规模观及其实践——兼谈对我国小规模学校合并的启示[J]. 外国中小学教育, 2013(07).

[14]高方银, 余新. 偏远少数民族地区区域性教育信息化建设应用现状调查分析——基于贵州省遵义市5个县(区、市)的问卷调查[J]. 中国教育信息化, 2015(03)：63-65.

[15]高方银, 申建恒. 少数民族地区教育信息化发展的新思考——以贵州省遵义市务川仡佬族苗族自治县为例[J]. 中国电化教

育,2013(9):35-38.

[16]高政,刘胡权.农村小规模学校教师队伍现状与改进对策[J].
中国教育学刊,2014(08).

[17]龚道敏.农村中小学现代远程教育资源应用现状调查及对策
研究——以湖北省恩施自治州为例[J].中国电化教育,2007
(02):66-70.

[18]顾和军.信息技术、性别平等与中国农村孩童教育——来自
中国营养健康调查的证据[J].人口与发展,2013(05):47-56.

[19]顾晓玲.对中小学教学中影响信息化教学的因素与对策的思
考[J].黑龙江科技信息,2012(28).

[20]郭元祥.对教育公平问题的理论思考[J].教育研究,2000
(03).

[21]郭清扬,赵丹.义务教育新机制下农村教学点的问题及对策
[J].华中师范大学学报(人文社会科学版),2009(06).

[22]郭衍,曹一鸣,王立东.教师信息技术使用对学生数学学业成
绩的影响——基于三个学区初中教师的跟踪研究[J].教育研
究,2015(01):128-135.

[23]何克抗.教育信息化成败的关键在哪里——如何认识信息技
术对教育发展具有革命性影响[J].中国教育科学,2013(03):
209-227.

[24]何克抗.如何实现信息技术与教育的"深度融合"[J].课程·
教材·教法,2014(02):58-62.

[25]侯佛钢,张振改.山区低年级教学点师资建设政策工具的优化
选择[J].河北师范大学学报(教育科学版),2013(10).

[26]侯佛钢.探索农村中小学布局调整对山区农村低年级教学点
的影响[J].现代中小学教育,2012(04).

[27]黄兰芳,贾巍."县乡互补"的农村教育信息化管理体系初
探——青海省湟中县调研的启示[J].中国远程教育,2009
(10):57-60.

[28]黄建峰.农村信息技术教师知识更新状况调查分析[J].教学
与管理(理论版),2014(12):48-50.

[29] 胡超,陈妍,吴砥,等. 少数民族地区义务教育信息化发展评估——以保靖、凤凰两县为例[J]. 开放教育研究,2013(03):94-102.

[30] 霍雨佳,张钊. "数字教育"给山区带来的教学新气象——四川省万源市"教学点数字教育资源全覆盖"初探[J]. 中国西部,2014(25):10-13.

[31] 韩春花,孙启林. 韩国农村小规模学校合并政策实施效果及对策研究[J]. 外国教育研究,2010(11).

[32] 贾建国. 美国农村小规模学校运动及其对我国的启示[J]. 外国教育研究,2010(04).

[33] 焦中明,黄桂红. 欠发达地区中小学教育信息化动态反馈的系统分析[J]. 中国电化教育,2014(11):35-38.

[34] 焦道利,张新贤. 贫困地区农村小学远程教育教学资源建设与应用的调查研究——以甘肃省榆中县乡镇农村小学为例[J]. 电化教育研究,2009(01):82-85.

[35] 焦建利,贾义敏,任改梅. 教育信息化的宏观政策与战略研究[J]. 远程教育,2014(01):25-32.

[36] 孔利华,焦中明. 基于"农远工程"的农村教学点教师专业化发展的策略研究——以赣南地区为例[J]. 中国教育信息化,2009(22):81-84.

[37] 孔繁世. 教育信息化综合评估考核指标体系构建研究[J]. 郑州大学学报(哲学社会科学版),2003(01).

[38] 雷万鹏. 高度重视农村小规模学校发展[J]. 教育发展研究,2013(18).

[39] 雷万鹏. 城镇化进程中农村小规模学校发展[J]. 全球教育展望,2014(02).

[40] 雷万鹏,张雪艳. 论农村小规模学校的分类发展政策[J]. 教育研究与实验,2011(06).

[41] 雷万鹏,张雪艳. 农村小规模学校的资源配置与运行机制调查[J]. 人民教育,2014(06).

[42] 雷万鹏,张雪艳. 农村小规模学校师资配置政策研究[J]. 教

育研究与实验,2012(06).

[43]刘善槐,史宁中.农村小规模学校学生学业成绩问题研究——以西南某县为例[J].中国教育学刊,2011(04).

[44]刘雍潜,张建军."贫困地区整体推进教育信息化的研究与实践"课题成果分析[J].现代教育技术,2015(03):23-28.

[45]刘禹,陈玲,余胜泉.西部农村中小学教师信息技术使用意向影响因素分析[J].中国电化教育,2012(08):57-61.

[46]连璞."农远工程"与农村教育信息化发展[J].中国教育信息化,2010(22):68-72.

[47]连璞.农村教育信息化发展难题解析与建议——以安徽省阜阳市为例[J].中国电化教育,2010(12):28-31.

[48]李娟,张家铭.甘肃省农村中小学教师信息化教学能力发展策略研究[J].电化教育研究,2011(07):107-111.

[49]李葆萍.我国义务教育信息化建设均衡性研究——基于2001—2010年中国教育统计年鉴数据分析[J].中国电化教育,2012(03).

[50]李葆萍,马妮娜,田承芸.我国义务教育信息化均衡性评价指标体系的构建及应用[J].现代远程教育研究,2012(05).

[51]梁志华,王昭君,李艳.构建教育信息化实践共同体 突破农村学校发展瓶颈——农村教育信息化应用实践学校的探索[J].中国电化教育,2008(06):17-21.

[52]梁丽,吴长城.宁夏地区农村中小学教师现代远程教育资源应用能力调查研究[J].电化教育研究,2010(05):56-59.

[53]卢春,李枞枞,周文婷,等.面向区县层面的教育信息化绩效评估及其影响因素实证研究——以东部S市为例[J].中国电化教育,2015(03):67-74.

[54]林秀钦,黄荣怀.中小学教师信息技术应用的态度与行为调查[J].中国电化教育,2009(09):17-22.

[55]马培芳.小规模学校不应成为"被忽视的角落"[J].人民教育,2014(04).

[56]南国农.教育信息化建设的几个理论和实际问题(上)[J].电

化教育研究, 2002(11).

[57] 蒲淑萍. 免费定向农村小学全科教师培养的调查研究[J]. 基础教育, 2015(03): 98-104.

[58] 彭介润, 高峙. 数字资源带来农村教育新变化——教学点教师畅谈"数字教育资源全覆盖"[J]. 教育信息化, 2014(4): 13-15.

[59] 秦玉友. 农村小规模学校教育质量困境与破解思路[J]. 中国教育学刊, 2010(03).

[60] 钱旭升. 学校信息技术应用水平的评价标准——英国自我评估框架及启示[J]. 教育测量与评价(理论版), 2009(07).

[61] 钱志亮. 社会转型时期的教育公平问题——中国教育学会中青年教育理论工作者专业委员会第十次年会综述[J]. 教育理论与实践, 2001(02).

[62] 孙来勤, 秦玉友. "后普九"时代农村小学教学点边缘化境遇和发展思路[J]. 当代教育科学, 2010(08).

[63] 孙艳霞. 我国台湾小规模学校价值定位与特色发展研究[J]. 课程·教材·教法, 2014(09).

[64] 田宝宏. 农村教学点的形成、现状与危机——来自中部 Z 市教学点的质性研究[J]. 中国教育学刊, 2009(06).

[65] 谭春芳, 徐湘荷. 大就好吗——美国小规模中小学校(学区)合并问题研究[J]. 外国中小学教育, 2009(02).

[66] 吴宏超. 农村教学点的未来走向: 国外的经验与启示[J]. 外国教育研究, 2008(06).

[67] 吴宏超, 赵丹. 农村学校教育资源共享模式的设计与应用[J]. 教育学术月刊, 2013(10): 64-67.

[68] 吴亚林. 农村小规模学校的困境与出路——基于湖北省某县的个案分析[J]. 当代教育科学, 2014(08).

[69] 吴丽萍, 陈时见. 英国农村小规模学校合作发展的有益经验[J]. 外国中小学教育, 2012(10).

[70] 吴砥, 尉小荣, 卢春, 等. 教育信息化发展指标体系研究[J]. 开放教育研究, 2014(01): 92-99.

[71]吴霓,冯雪冰. 我国农村中小学现代远程教育工程研究的现状及趋势[J]. 江苏师范大学学报(哲学社会科学版),2013(02).

[72]王莹,黄亚武. 农村中小学布局调整中的教学点问题研究——基于河南、湖北的调查分析[J]. 江西教育科研,2007(02).

[73]王建梁,帅晓静. 威尔士农村小规模学校布局调整的创新及启示[J]. 外国中小学教育,2012(03).

[74]王海,解月光,张喜艳,等. 农村基础教育信息化 EEE 模型的构建与解析[J]. 中国电化教育,2013(06):39-44.

[75]王晓晴. 网络传播中的知沟理论再探[J]. 当代传播,2006(06).

[76]王怀武,张榕玲,郭朝明,等. 甘肃农村教育信息化建设之对策分析[J]. 电化教育研究,2008(09):93-96.

[77]王继新,杨九民,贾成净,等. 提高农村中小学远程教育工程设施教学应用绩效的对策研究[J]. 中国电化教育,2005(12):27-30.

[78]王克胜,束永存. 影响农村中学信息技术教师幸福指数的因素及对策探析[J]. 中国教育信息化,2014(02):34-36.

[79]王珠珠,刘雍潜,黄荣怀,等. 中小学教育信息化建设与应用状况的调查研究报告(上)[J]. 中国电化教育,2005(10).

[80]王珠珠,刘雍潜,黄荣怀,等. 中小学教育信息化建设与应用状况的调查研究报告(下)[J]. 中国电化教育,2005(11).

[81]魏先龙,王运武. 近十年中国教育信息化促进教育公平研究综述[J]. 现代教育技术,2015(02):12-18.

[82]韦妙. 媒介情境论视角下信息技术对师生角色的重塑[J]. 中国教育学刊,2015(02).

[83]韦妙. 农村小规模学校信息化发展的生态学思考[J]. 教育科学,2015(06).

[84]汪琼,陈瑞江,刘娜,等. STaR 评估与教育信息化研究[J]. 开放教育研究,2004(04).

[85]解月光,孔淼. 21 世纪初俄罗斯农村教育信息化的发展[J]. 外国教育研究,2008(03):44-49.

［86］解月光，刘彦尊，宋敏．欧美农村（偏远乡村）教育信息化推进策略及其启示［J］．外国教育研究，2007（12）：11-15.

［87］解月光，张晓卉，王海．农村基础教育信息化的绩效与发展阶段研究［J］．中国电化教育，2015（01）：62-69.

［88］熊才平，吴瑞华．基础教育信息化城乡均衡发展：问题与对策——浙江省台州市的实证研究［J］．教育研究，2006（03）：50-53.

［89］熊才平，戴红斌．将乡镇中心学校建成当地信息资源中心的理论与构想［J］．电化教育研究，2007（10）：28-30.

［90］熊才平，吴瑞华．以信息技术促进教师资源配置城乡一体化［J］．教育研究，2007（03）：83-86.

［91］熊才平，何向阳，吴瑞华．论信息技术对教育发展的革命性影响［J］．教育研究，2012（06）：22-29.

［92］徐林．农村基础教育信息化建设的回顾与展望——以河南省为例［J］．教学与管理，2013（09）：10-11.

［93］奚晓霞．重庆市农村中小学现代远程教育工程实践的冷思考［J］．电化教育研究，2007（08）：47-51.

［94］邢志芳，解月光．校长需求视野下欠发达农村教育信息化策略研究［J］．现代远距离教育，2010（03）：30-33.

［95］杨军，牛倩．我国"农村小规模学校"问题研究现状与反思［J］．教育科学研究，2015（01）.

［96］杨改学．农村教育信息化发展中的关键问题［J］．中国电化教育，2010（09）：36-38.

［97］杨永双．农村中小学"班班通"应用现状的调查与分析——以重庆市武隆县为例［J］．中国电化教育，2010（09）：64-67.

［98］杨永贤，罗瑞，杨晓宏．宁夏南部山区农村中小学现代远程教育资源教学应用调查［J］．电化教育研究，2009（06）：93-95.

［99］杨永贤，杨晓宏．区域基础教育信息化效益评估体系构建——以宁夏回族自治区为例［J］．中国教育信息化，2014（13）：67-70.

［100］杨宗凯．变革时代的教育创新——先进教室、数字教师、未

来教育[J]. 人民教育, 2014(12)：16-21.

[101]杨宗凯. 解读教育信息化十年发展规划——兼论信息化与教育变革[J]. 中国教育信息化, 2014(11)：3-9.

[102]杨宗凯, 杨浩, 吴砥. 论信息技术与当代教育的深度融合[J]. 教育研究, 2014(03)：88-95.

[103]杨兰, 张业强. "后撤点并校"时代小规模学校的复兴[J]. 教育发展研究, 2014(06).

[104]杨东平. 对我国教育公平问题的认识和思考[J]. 教育发展研究, 2000(08).

[105]于海英, 秦玉友. 城乡教育一体化视域下农村小规模学校问题研究[J]. 现代教育管理, 2012(11).

[106]余胜泉, 陈莉. 构建和谐"信息生态" 突围教育信息化困境[J]. 中国远程教育, 2006(05)：19-24.

[107]余胜泉, 赵兴龙. 基于信息生态观的区域教育信息化推进[J]. 中国电化教育, 2009(8)：33-40.

[108]赵丹, 曾新. "新机制"后农村教学点的经费困境与出路——基于湖北省 Y 县 C 教学点的个案分析[J]. 上海教育科研, 2009(07).

[109]赵丹, 曾新. 国外农村小规模学校的发展策略及政策启示[J]. 外国教育研究, 2013(08).

[110]赵丹, 王一涛. 教学点在农村学校布局中的地位探析——基于中西部六省的实证分析[J]. 教育科学, 2008(01).

[111]赵丹, 吴宏超. 农村教学点的现状、困境及对策分析[J]. 教育与经济, 2007(03).

[112]赵丹, 吴宏超. E-Learning 在加拿大农村学校的应用及启示[J]. 中国远程教育(综合版), 2010(3)：71-74.

[113]赵丹, 吴宏超. 全球视域下农村小规模学校作用的重新审视[J]. 教育发展研究, 2012(03).

[114]赵丹. 农村教学点在义务教育均衡发展中的作用、问题与对策[J]. 华中师范大学学报(人文社会科学版), 2012(05).

[115]赵丹, 范先佐. 促进教育机会均等：澳大利亚农村小规模学

校发展策略及启示[J]. 现代教育管理, 2014(03).

[116]张莉莉, 林玲. 城市化进程中乡村教师的境遇: 倦怠与坚守——对97位村小、教学点骨干教师的调查[J]. 河北师范大学学报(教育科学版), 2014(01).

[117]张倩苇, 王咸伟, 胡小勇, 等. 贵州边远地区农村教育信息化发展的阶段性特征与政策选择[J]. 电化教育研究, 2012(11): 5-10.

[118]张豪锋, 范喜艳. 河南省农村骨干教师教育技术能力现状调查与分析[J]. 中国远程教育, 2011(07): 84-88.

[119]张虹. 基础教育阶段区域教育信息化经费研究[J]. 中国电化教育, 2010(02).

[120]张进良. 面向信息化的农村教师专业发展的生态学思考[J]. 电化教育研究, 2010(06): 24-28.

[121]张艳婷. 欠发达地区农村的信息资本缺失及其对教育的影响之调查研究——以豫东地区某县为例[J]. 图书馆学研究, 2012(18): 60-63.

[122]张屹, 刘美娟, 周平红, 等. 中小学教师信息技术应用能力的现状评估——基于《中小学教师信息技术应用能力标准(试行)》的分析[J]. 中国电化教育, 2014(8): 2-7.

[123]张屹, 刘晓莉, 范福兰, 等. 中小学教师信息技术应用水平影响因素分析——基于X省14个市的实证分析[J]. 现代教育技术, 2015(06): 44-50.

[124]张志梅, 郑起运. 技术接受模型在教育中应用研究的元分析[J]. 开放教育研究, 2009(2): 72-76.

[125]张雪艳. 农村小规模学校发展政策研究[D]. 华中师范大学, 2012.

[126]周序. 复式教学点学生学习适应性研究[J]. 上海教育科研, 2009(1): 44-47.

[127]周兆海, 邬志辉. 工作量视角下义务教育教师编制标准研究——以农村小规模学校为例[J]. 中国教育学刊, 2014(09).

[128] 朱秀艳. 美国小规模学校经济价值分析[J]. 外国教育研究, 2004(05).

[129] 朱永坤. 利益相关者缺席——影响教育政策程序公平的重要因素[J]. 教育科学研究, 2010(8): 9-13, 41.

[130] 朱永坤, 曲铁华. 重视教育政策"公平"属性——义务教育公平问题解决的起点[J]. 云南师范大学学报(哲学社会科学版), 2008(03): 134-141.

[131] 曾荣光. 教育政策行动: 解释与分析框架[J]. 北京大学教育评论, 2014(01).

[132] 钟景迅, 曾荣光. 从分配正义到关系正义——西方教育公平探讨的新视角[J]. 清华大学教育研究, 2009(05).

[133] 曾新, 付卫东. 内生发展视域下农村小规模学校教师队伍建设[J]. 教育发展研究, 2014(06).

[134] 曾尚峰, 甘友根. 教学点数字教育资源全覆盖项目管理应用情况调研报告——以江西省高安市为例[J]. 中国教育技术装备, 2014(21): 9-11.

[135] 祝智庭. 中国教育信息化十年[J]. 中国电化教育, 2011(1): 20-25.

[136] 章婧, 王鑫. 小规模学校更具优势: 来自西方的经验[J]. 上海教育科研, 2010(10).

[137] AFSHARI M, BAKAR K A, LUAN W S, ET AL. Factors Affecting Teachers' Use of Information and Communication Technology[J] Online Submission, 2009(1): 77-104.

[138] BHATNAGAR S, SCHWARE R. Information and communication technology in rural development[J]. Case Studies From India, World Bank Institute, 2000.

[139] BARLEY Z A, BEESLEY A D. Rural school success: What can we learn[J]. Journal of Research in Rural Education, 2007, 22 (1): 1-16.

[140] DLODLO N. Access to ICT education for girls and women in ruralSouth Africa: A case study [J]. Technology in society,

2009, 31(2): 168-175.

[141]DAVIS F D. Perceived usefulness, perceived ease of use, and user acceptance of information technology [J]. Mis Quarterly, 1989, 13(3):319-340.

[142]HOWLEY C B. Small by Design: Critiquing the Urban Salvation of [J]. the annual meeting of the International Society for Educational Planning,2004(10).

[143] HARGREAVES L, KVALSUND R, GALTON M. Reviews of research on rural schools and their communities in British and Nordic countries: Analytical perspectives and cultural meaning [J]. International Journal of Educational Research, 2009, 48 (2):80-88.

[144] HANUSHEK, ERIC A. The Failure of Input-based Schooling Policies[J].Economic Journal,2003,113(2):64-98.

[145] HARGREAVES L, KVALSUND R, GALTON M. Reviews of research on rural schools and their communities in British and Nordic countries: Analytical perspectives and cultural meaning [J]. International Journal of Educational Research, 2009, 48 (2):80-88.

[146]HUGGINS R, IZUSHI H. The digital divide and ICT learning in rural communities: examples of good practice service delivery[J]. Local Economy, 2002, 17(2): 111-122.

[147]JIMERSON L. Special challenges of the "No Child Left Behind" Act for rural schools and districts[J]. The Rural Educator, 2005, 26(3).

[148]KVALSUND R, HARGREAVES L. Reviews of research in rural schools and their communities: Analytical perspectives and a new agenda[J]. International Journal of Educational Research, 2009, 48(2):140-149.

[149]KREIJNS K, VAN ACKER F, VERMEULEN M, ET AL. What stimulates teachers to integrate ICT in their pedagogical practices?

The use of digital learning materials in education[J]. Computers in Human Behavior, 2013,29(1):217-225.

[150]LEE Y, KOZAR K A, LARSEN K R T. The technology acceptance model: Past, present, and future[J]. Communications of the Association for information systems, 2003, 12(1): 50.

[151]MORAWCZYNSKI O, NGWENYAMA O. Unraveling the impact of investments in ICT, education and health on development: an analysis of archival data of five West African countries using regression splines [J]. The Electronic Journal of Information Systems in Developing Countries, 2007, 29.

[152]PODGURSKY M, MONROE R, WATSON D. The academic quality of public school teachers: An analysis of entry and exit behavior[J]. Economics of Education Review, 2004, 23(5): 507-518.

[153]ROBINSON B. Using Distance Education and ICT to Improve Access, Equity and the Quality in Rural Teachers' Professional Development in Western China [J]. International Review of Research in Open and Distance Learning, 2008, 9(1): 1-17.

[154]SHARPLIN E. Rural retreat or outback hell: expectations of rural and remote teaching[J]. Issues in Educational Research, 2002, 12(1): 49.

[155]VOLMAN M, VAN ECK E, HEEMSKERK I, ET AL. New technologies, new differences. Gender and ethnic differences in pupils' use of ICT in primary and secondary education [J]. Computers & Education, 2005, 45(1): 35-55.

三、电子文献类

[1]国务院办公厅关于规范农村义务教育学校布局调整的意见[EB/OL]. http://www.gov.cn/zwgk/2012-09/07/content_2218779.htm.

[2]国务院关于基础教育改革与发展的决定[EB/OL]. http://www.moe.edu.cn/publicfiles/business/htmlfiles/moe/moe_16/200105/

132.htm.

[3]国家中长期教育改革和发展规划纲要(2010—2020年)[EB/OL].http://www.moe.edu.cn/publicfiles/business/htmlfiles/moe/moe_838/201008/93704.html.

[4]中国教育信息化十年发展规划(2011—2002年)[EB/OL].http://www.moe.edu.cn/publicfiles/business/htmlfiles/moe/s3342/201203/xxgk_1.

[5]中共中央关于全面深化改革若干重大问题的决定[EB/OL].http://www.sn.xinhuanet.com/2013-11/16/c_118166672.htm.

[6]2015中央一号文件[EB/OL].http://www.sh.xinhuanet.com/2015-02/02/c_133964284.htm.

[7]2015全国两会政府工作报告[EB/OL].http://money.163.com/15/0305/10/AJUHVMR400255565.html.

[8]国务院办公厅关于完善农村义务教育管理体制的通知[EB/OL].http://www.gov.cn/gongbao/content/2002/content_61475.htm.

[9]国务院办公厅关于印发乡村教师支持计划(2015—2020年)的通知[EB/OL].http://www.gov.cn/zhengce/content/2015-06/08/content_9833.htm.

[10]教育部关于在中小学实施"校校通"工程的通知[EB/OL].http://www.chinalawedu.com/falvfagui/fg22598/29859.shtml.

[11]关于全面改善贫困地区义务教育薄弱学校基本办学条件的意见[EB/OL].http://hbqmgb.e21.cn/content.php?id=315.

[12]教育部:我国全面实现教学点数字教育资源全覆盖[EB/OL].http://edu.china.com.cn/2015-03/24/content_35140083.htm.

[13]教育部等九部门关于加快推进教育信息化当前几项重点工作的通知[EB/OL].http://www.gzy.com.cn/content/?256.html.

[14]省教育厅关于印发《湖北省"全面改薄"基本办学条件标准和经费测算标准》的通知[EB/OL].http://www.hbe.gov.cn/content.php?id=11939.

[15]湖北省人民政府关于创新农村中小学教师队伍建设机制的意

见［EB/OL］. http://hu. zgjsks. com/html/2014/zcfg_0504/3719. html.

［16］湖北省乡村教师队伍建设新闻发布会［EB/OL］. http://www. scio. gov. cn/xwfbh/gssxwfbh/xwfbh/hubei/Document/1447700/ 1447700.htm.

［17］中国数字鸿沟报告 2013［EB/OL］. http://www. sic. gov. cn/ News/287/2782.htm.

［18］中华人民共和国 2017 年国民经济和社会发展统计公报［EB/ OL］. http://www. stats. gov. cn/tjsj/zxfb/201802/t20180228_ 1585631.html.

［19］2015—2020 年中国教育信息化产业发展前景预测与投资机会 分析报告［EB/OL］. http://www. qianzhan. com/analyst/detail/ 220/130220-0a428330.html.

［20］全球互联网网站数量破 10 亿［EB/OL］. http://www. techweb. com.cn/internet/2014-09-18/2077303.shtml.

［21］广东英德:村小教学点实现"班班通"［EB/OL］. http://www. ict. edu.cn/santong/class/n20140814_16553.shtml.

［22］湖北恩施中小学"班班通"实现全覆盖［EB/OL］. http://e.163. com/docs/10/2015110207/B7DCBFOU9001BFOV.html.

［23］全国 6.36 万个教学点实现数字教育资源全覆盖［EB/OL］. http://www. moe. edu. cn/publicfiles/business/htmlfiles/moe/ s5987/201412/182212.html.

［24］"教学点数字教育资源全覆盖"项目［EB/OL］. http://www.moe. edu. cn/jyb_xwfb/xw_zt/moe_357/jyzt_2015nztzl/2015_zt12/ 15zt12_fpcx/201510/t20151016_213720.html.

［25］襄阳教育资源云平台［EB/OL］. http://xy. czbanbantong. com/ index.action.

［26］中小学教师信息技术应用能力标准［EB/OL］. http://www.moe. edu. cn/publicfiles/business/htmlfiles/moe/s6991/201406/170123. html.

［27］数字教育资源覆盖全国教学点［EB/OL］. http://edu. people.

com.cn/n/2014/1223/c1053-26258607.html.

[28] 恩施州召开课内网云教育平台应用教学现场会[EB/OL]. http://www. whsundata. com/index. php? m = content&c = index&a = show&catid = 65&id = 465.

[29] MARY TASKER. Human Scale Education-History, Values and Practice[EB/OL]. http://www.hse.org.uk.

[30] John R. Slate, Craig H. Jones. Effects of School Size: A Review of the Literature with Recommendations[EB/OL]. http://www.usca. edu/Essays/vol132005/slate.pdf.

[31] EACEA. Indicators on ICT in Primary and Secondary Education [EB/OL]. http:// ec. europa. eu/education/more-information/ reports-and-studies_en.htm.

[32] UNESCO ICT Competency Framework for Teachers, version2. 0 [DB/OL]. http://iite. Unesco. org/ pics/ publications/en/fies/ 3214694.pdf.

[33] EACEA. Indicators on ICT in Primary and Secondary Education [EB/OL]. http:// ec. europa. eu/education/more-information/ reports-and-studies_en.htm.

[34] MARY TASKER. Human Scale Education-History, Values and Practice[EB/OL]. http://www.hse.org.uk.

[35] John R. Slate, Craig H. Jones. Effects of School Size: A Review of the Literature with Recommendations[EB/OL]. http://www.usca. edu/Essays/vol132005/slate.pdf.

[36] KERRY PARRY, BOB DORKINS, Davies Jones. Report on a Visit to a Federated School [EB/OL]. http://www. gwynedd. gov. uk/ upload/public/attachments/808/Appendix_8a.doc.

[37] Regional Guildlines for Teacher Development for Pedagogy-Technology Integration, UNESCO 2004 [EB/OL]. http:// unesdoc.unesco.org/images/0014/001405/140577e.pdf.

附　录

附录1　调查问卷

义务教育阶段学校信息化教学资源
建设和应用状况调查问卷(教师卷)

_____省_____县(市)_____乡(镇)_____学校

尊敬的老师：

　　您好！为了解我国义务教育阶段学校信息化教学资源建设和应用的现状，我们设计了此问卷。问卷调研结果仅供研究之用，不会公开。请根据您的真实情况填答问卷(在横线上填写数字或在相应选项上打"✓")。谢谢您的大力支持！

　　　　注：本问卷选择题中除标注了"可多选"的题目之外均为单选题。

　　　　　　　　　　　华中师范大学基础教育研究中心

1. 您的性别：
　　①男　　②女
2. 您今年_____岁，教龄_____年。
3. 您的学历是：
　　①初中以下　　　②初中　　　　③高中
　　④专科　　　　　⑤本科　　　　⑥研究生
4. 您现在的职称是：

①小教三级　　　　②小教二级　　　　③小教一级
④小教高级　　　　⑤中教三级　　　　⑥中教二级
⑦中教一级　　　　⑧中教高级

5. 您承担的教学科目是_____【可多选】
　　①语文　　　　②数学　　　　③英语　　　　④音乐
　　⑤美术　　　　⑥体育　　　　⑦科学　　　　⑧信息技术
　　⑨其他(请注明)_____

6. 您目前所在的学校属于：
　　(1)①教学点　　　　②完全小学　　　　③中心小学
　　　　④初中　　　　　⑤九年一贯制学校
　　(2)①乡村学校　　　　②乡镇学校　　　　③城区学校

7. 您目前所在的学校是否给您配备了工作电脑?
　　①是　　　　　　　　②否

8. 您目前所在的学校是否连通了网络?
　　①是　　　　　　　　②否

9. 学校的信息化教学设备有_____【可多选】
　　①幻灯投影　　　　②多媒体电脑　　　　③电子白板
　　④平板电视　　　　⑤视频展示台　　　　⑥录像或 VCD
　　⑦录音机

10. 在您的教学中，信息化设备的使用情况是?【请在表格中对应
　　的方框内划"√"】

	每次都用	经常使用	有时使用	偶尔使用	完全不用
①幻灯投影					
②多媒体电脑					
③电子白板					
④平板电视					
⑤视频展示台					
⑥录像或 VCD					
⑦录音机					

11. 学校提供的信息化设备的运行情况是？

　　①长期出故障，无法应用于教学

　　②经常出故障，严重影响教学

　　③偶尔出故障，长时间都得不到解决

　　④偶尔出故障，但很快就能被技术人员解决

　　⑤零故障，软硬件运行流畅

12. 你每周上_____节课，其中_____节课使用了信息化教学手段。

13. 您在课堂中利用信息技术主要完成哪些工作？_____【可多选】

　　①呈现教学内容　　②拓展教学内容　　③辅助学生课堂练习

　　④帮助学生合作学习

14. 您觉得在教学中引入信息化手段：

　　①能有效提升教学效果

　　②只是一种工具和手段，起一些辅助作用

　　③感觉没什么作用

15. 您认为各类课程开展信息化教学的效果是？【请在表格中对应的方框内划"√"】

	效果非常好	有一定效果	不好说	没太大效果	完全没有效果
①语文					
②数学					
③英语					
④音乐					
⑤美术					
⑥体育					
⑦科学					

16. 您觉得影响信息化教学效果的主要因素是？_____【可多选】

①设备短缺

②设备维护不力

③信息化教学资源与教学内容不匹配

④教师信息技术能力不足

⑤教师教学观念陈旧

⑥学生不感兴趣

17. 当您在信息化教学中碰到问题时，你的主要解决方式是？

①找学校技术人员帮忙　　②找同事帮忙

③自己想办法　　　　　　④改用其他授课方式

18. 您上课所使用的信息化教学资源的主要来源是？＿＿＿＿＿＿

【可多选】

①教育部"教学点数字教育资源全覆盖"项目

②县级以上信息化教育资源平台

③学校/教师自费购买资源

④百度、谷歌等网络搜索引擎

⑤自行开发制作资源

⑥其他(请注明)＿＿＿＿＿＿

19. 学校下发的信息化教学资源与您的授课内容的匹配程度是？

①完全匹配　　　②大部分匹配　　③不好说

④小部分匹配　　⑤完全不匹配

20. 您对于现有的信息化教学资源，采取的主要应用方式是？

①直接使用　　　　　　②简单修改后使用

③大量修改后使用　　　④观摩学习

21. 您的学生对信息化教学的接受程度是？

①非常喜欢　　　②比较喜欢　　　③不好说

④不太喜欢　　　⑤完全不喜欢

22. 就您了解的情况，您的学生家庭中拥有电脑的比例是？

①几乎没有　　　②5%到10%　　　③10%到30%

④30%到50%　　⑤50%到80%　　⑥80%以上

23. 根据您日常的信息化教学情况，您是否同意以下的说法？【在表格中对应的方框内划"√"】

	完全同意	同意	无意见	不同意	完全不同意
①我熟悉信息化教学基本理念，理解信息技术对改进课堂教学的作用					
②我认为利用信息技术手段可以提高我的教学质量					
③我认为在课堂中引入信息技术有利于学生的成长					
④我能熟练地操作多媒体教室等信息化设备					
⑤我能熟练地利用互联网浏览、检索、下载教学资料					
⑥我能使用常用办公软件处理日常教学工作					
⑦我能独立完成一堂课的信息化教学设计					
⑧我能够依据课程标准、学习目标、学生特征和技术条件，选择适当的教学方法和技术资源，找准运用信息技术解决教学问题的契合点					
⑨我能利用技术支持，改进教学方式，有效开展学生自主、合作、探究学习					

24. 您的信息化教学能力主要来自：_____【可多选】
　　①职后培训　　　　　　　②职前教育
　　③自学　　　　　　　　　④同事交流

25. 在信息化教学中，您觉得自己需要加强以下哪方面的能力？
　　_____【可多选】
　　①信息化设备操作技能　　②信息化教学设计
　　③多媒体课件制作能力　　④网络信息资源检索能力

⑤信息技术和课程整合的能力　⑥其他(请注明)_____

26. 近三年您参加过_____次信息化教学相关培训。

27. 您所参加过的信息化教学培训的级别是?_____【可多选】
①学校内部培训　②市县级培训　③省培　④国培

28. 您认为影响学校教育信息化进一步发展的主要因素有哪些
_____【可多选】
①学校教育信息化整体资金投入不足
②学校领导对教育信息化建设不够重视
③学校信息化硬件和软件的利用率低
④教师信息技术能力跟不上
⑤教师教学观念陈旧,排斥信息化教学
⑥学生接受能力有限

29. 对于学校信息化建设和信息化教学中所存在的问题,您还有什么想法和建议?

_____

_____

_____

_____

_____

问卷到此结束,谢谢您的参与!

义务教育阶段学校信息化教学资源
建设和应用状况调查问卷(校长卷)

_____省_____县(市)_____乡(镇)_____学校

尊敬的校长:

您好!为了解我国义务教育阶段学校信息化教学资源建设和应用的现状,我们设计了此问卷。问卷调研结果仅供研究之用,不会公开。请根据您的真实情况填答问卷(在横线上填写数字或在相应选项上打"✓")。谢谢您的大力支持!

注:本问卷选择题中除标注了"可多选"的题目之外均为单选题。

华中师范大学基础教育研究中心

1. 您的性别:①男　　②女;
   您今年_____岁,教龄_____年。
2. 您的学历是:
   ①初中以下　　　②初中　　　　　③高中
   ④专科　　　　　⑤本科　　　　　⑥研究生
3. 贵校属于:
   (1)①教学点　　　②完全小学　　　③中心小学(中心学校)
   　　④初中　　　　⑤九年一贯制学校
   (2)①乡村学校　　②乡镇学校　　　③城区学校
4. 贵校共有教职工_____人,其中专任教师_____人。
5. 贵校共有在校生_____人,学校共有_____个年级,
   _____个班级。
6. 贵校的平均班额是?

①25 人以下　　　　②26~35 人　　　　③36~45 人

④46~55 人　　　　⑤56~65 人　　　　⑥66 人以上

7. 贵校共有＿＿＿＿＿＿间教室，其中有＿＿＿＿＿＿间多媒体教室。

8. 贵校是否给教师配备了工作电脑？

　　①全部配置　　　　　②部分配置　　　　③没有配置

9. 贵校是否建有计算机机房？

　　①是　　　　　　　②否

10. 贵校是否连通了网络？

　　①是　　　　　　　②否

11. 贵校的校园网带宽是：【第 10 题为"否"可不填】

　　①4M 及以下　　　　②4~10M　　　　③10~50M

　　④ 50M 以上

12. 教育部 2012 年全面启动实施了"教学点数字教育资源全覆盖"
　　项目，您是否熟悉这项政策？

　　①是　　　　　　　②否

　　这项政策在贵校是否实施？

　　①是　　　　　　　②否

13. 贵校所使用的信息化教学资源的主要来源是？【可多选】

　　①教育部"教学点数字教育资源全覆盖"项目

　　②县级以上信息化教育资源平台

　　③学校/教师自费购买资源

　　④教师自行开发制作资源

　　⑤其他(请注明)＿＿＿＿＿＿

14. 学校信息化教学资源的供应情况是

　　①信息化教学资源非常充足

　　②信息化教学资源比较充足

　　③信息化教学资源较缺乏

　　④信息化教学资源非常缺乏

　　⑤没有信息化教学资源

15. 贵校开设了哪些课程？【请在表格中对应的方框内划"√"】

①语文	②数学	③英语	④音乐	⑤美术	⑥体育	⑦科学	⑧信息技术	⑨品德与生活	⑩心理健康

16. 您觉得引入信息化教学资源对贵校开齐开好国家规定课程的帮助程度是？

　　①效果非常好　　　②有一定效果　　　③不好说

　　④几乎没效果　　　⑤完全没效果

17. 您对学校信息化教学的教学效果的评价是？

　　①非常好　　　　　②比较好　　　　　③一般

　　④比较差　　　　　⑤非常差

18. 您觉得影响学校信息化教学的教学效果的因素是？_____

　　【可多选】

　　①设备经费不足

　　②设备维护不力

　　③教学资源与教学内容不匹配

　　④教师信息技术能力不足

　　⑤教师教学观念陈旧

　　⑥学生不感兴趣

19. 贵校是否有信息技术教师(或信息技术管理人员)？

　　①是　　　　　　　②否

20. 贵校的信息技术教师是：【第 19 题为"否"可不填】

　　①专职　　　　　　②兼职

21. 贵校的信息技术教师的专业背景是？【第 19 题为"否"可不填】

　　①计算机及相关专业

　　②教育技术及相关专业

　　③都不是

22. 学校是否设有专门为教师提供信息化教学支持和帮助的部门？

　　①是，已设立

　　②否，但计划未来 1~2 年内设立

③否，目前没有设立的计划

23. 贵校近三年年均信息化设备的购置费用约＿＿＿＿＿＿万元，信息化设备的运行和维护费用约＿＿＿＿＿＿万元。

24. 贵校购买信息化设备的主要经费来源是？＿＿＿＿＿＿【可多选】
    ①上级主管部门划拨　　②商业投资　　　③社区捐助
    ④社会赞助　　　　　　⑤学校自筹　　　⑥向学生收费
    ⑦其他(请注明)＿＿＿＿＿＿

25. 贵校信息化教学设备的运行及后期维护的主要经费来源是？
    ＿＿＿＿＿＿【可多选】
    ①上级主管部门拨款　　②学校自筹　　③社会赞助
    ④向学生收费　　　　　⑤其他(请注明)＿＿＿＿＿＿

26. 贵校在信息化建设中最希望得到的帮助是？
    ①设备、经费支持　　　　②软件、资源支持
    ③活动、课题支持　　　　④培训、服务支持

27. 在学校信息化发展中您希望得到哪些机构的支持？【请按希望得到的支持程度由大到小排序，并将序号写在相应选项后面的横线上】
    ①上级主管部门＿＿＿＿＿＿
    ②优 质 学 校＿＿＿＿＿＿
    ③社　　　　区＿＿＿＿＿＿
    ④高校科研院所＿＿＿＿＿＿
    ⑤企　　　　业＿＿＿＿＿＿

28. 对学校信息化发展中所存在的问题，您还有什么想法和建议？

＿＿＿＿＿＿＿＿＿＿＿＿＿＿＿＿＿＿＿＿＿＿＿＿＿＿＿＿＿
＿＿＿＿＿＿＿＿＿＿＿＿＿＿＿＿＿＿＿＿＿＿＿＿＿＿＿＿＿
＿＿＿＿＿＿＿＿＿＿＿＿＿＿＿＿＿＿＿＿＿＿＿＿＿＿＿＿＿
＿＿＿＿＿＿＿＿＿＿＿＿＿＿＿＿＿＿＿＿＿＿＿＿＿＿＿＿＿
＿＿＿＿＿＿＿＿＿＿＿＿＿＿＿＿＿＿＿＿＿＿＿＿＿＿＿＿＿
＿＿＿＿＿＿＿＿＿＿＿＿＿＿＿＿＿＿＿＿＿＿＿＿＿＿＿＿＿

问卷到此结束，谢谢您的参与！

附录2　国家中长期教育改革和发展规划纲要（2010—2020 年）（节选）

国家中长期教育改革和发展规划纲要工作小组办公室

根据党的十七大关于"优先发展教育，建设人力资源强国"的战略部署，为促进教育事业科学发展，全面提高国民素质，加快社会主义现代化进程，制定本《教育规划纲要》。

第四章　义务教育

（八）巩固提高九年义务教育水平。义务教育是国家依法统一实施、所有适龄儿童少年必须接受的教育，具有强制性、免费性和普及性，是教育工作的重中之重。注重品行培养，激发学习兴趣，培育健康体魄，养成良好习惯。到 2020 年，全面提高普及水平，全面提高教育质量，基本实现区域内均衡发展，确保适龄儿童少年接受良好义务教育。

巩固义务教育普及成果。适应城乡发展需要，合理规划学校布局，办好必要的教学点，方便学生就近入学。坚持以输入地政府管理为主、以全日制公办中小学为主，确保进城务工人员随迁子女平等接受义务教育，研究制定进城务工人员随迁子女接受义务教育后在当地参加升学考试的办法。建立健全政府主导、社会参与的农村留守儿童关爱服务体系和动态监测机制。加快农村寄宿制学校建设，优先满足留守儿童住宿需求。采取必要措施，确保适龄儿童少年不因家庭经济困难、就学困难、学习困难等原因而失学，努力消除辍学现象。

提高义务教育质量。建立国家义务教育质量基本标准和监测制度。严格执行义务教育国家课程标准、教师资格标准。深化课程与教学方法改革，推行小班教学。配齐音乐、体育、美术等学科教师，开足开好规定课程。大力推广普通话教学，使用规范汉字。

增强学生体质。科学安排学习、生活、锻炼，保证学生睡眠时间。大力开展"阳光体育"运动，保证学生每天锻炼一小时，不断提高学生体质健康水平。提倡合理膳食，改善学生营养状况，提高贫困地区农村学生营养水平。保护学生视力。

（九）推进义务教育均衡发展。均衡发展是义务教育的战略性任务。建立健全义务教育均衡发展保障机制。推进义务教育学校标准化建设，均衡配置教师、设备、图书、校舍等资源。

切实缩小校际差距，着力解决择校问题。加快薄弱学校改造，着力提高师资水平。实行县（区）域内教师、校长交流制度。实行优质普通高中和优质中等职业学校招生名额合理分配到区域内初中的办法。义务教育阶段不得设置重点学校和重点班。在保障适龄儿童少年就近进入公办学校的前提下，发展民办教育，提供选择机会。

加快缩小城乡差距。建立城乡一体化义务教育发展机制，在财政拨款、学校建设、教师配置等方面向农村倾斜。率先在县（区）域内实现城乡均衡发展，逐步在更大范围内推进。

……

努力缩小区域差距。加大对革命老区、民族地区、边疆地区、贫困地区义务教育的转移支付力度。鼓励发达地区支援欠发达地区。

（十）减轻中小学生课业负担。过重的课业负担严重损害儿童少年身心健康。减轻学生课业负担是全社会的共同责任，政府、学校、家庭、社会必须共同努力，标本兼治，综合治理。把减负落实到中小学教育全过程，促进学生生动活泼学习、健康快乐成长。率先实现小学生减负。

各级政府要把减负作为教育工作的重要任务，统筹规划，整体推进。调整教材内容，科学设计课程难度。改革考试评价制度和学校考核办法。规范办学行为，建立学生课业负担监测和公告制度。不得以升学率对地区和学校进行排名，不得下达升学指标。规范各种社会补习机构和教辅市场。加强校外活动场所建设和管理，丰富学生课外及校外活动。

学校要把减负落实到教育教学各个环节,给学生留下了解社会、深入思考、动手实践、健身娱乐的时间。提高教师业务素质,改进教学方法,增强课堂教学效果,减少作业量和考试次数。培养学生学习兴趣和爱好。严格执行课程方案,不得增加课时和提高难度。各种等级考试和竞赛成绩不得作为义务教育阶段入学与升学的依据。

充分发挥家庭教育在儿童少年成长过程中的重要作用。家长要树立正确的教育观念,掌握科学的教育方法,尊重子女的健康情趣,培养子女的良好习惯,加强与学校的沟通配合,共同减轻学生课业负担。

第十九章　加快教育信息化进程

(五十九)加快教育信息基础设施建设。信息技术对教育发展具有革命性影响,必须予以高度重视。把教育信息化纳入国家信息化发展整体战略,超前部署教育信息网络。到 2020 年,基本建成覆盖城乡各级各类学校的教育信息化体系,促进教育内容、教学手段和方法现代化。充分利用优质资源和先进技术,创新运行机制和管理模式,整合现有资源,构建先进、高效、实用的数字化教育基础设施。加快终端设施普及,推进数字化校园建设,实现多种方式接入互联网。重点加强农村学校信息基础建设,缩小城乡数字化差距。加快中国教育和科研计算机网、中国教育卫星宽带传输网升级换代。制定教育信息化基本标准,促进信息系统互联互通。

(六十)加强优质教育资源(的)开发与应用。加强网络教学资源体系建设。引进国际优质数字化教学资源。开发网络学习课程。建立数字图书馆和虚拟实验室。建立开放灵活的教育资源公共服务平台,促进优质教育资源普及共享。创新网络教学模式,开展高质量高水平远程学历教育。继续推进农村中小学远程教育,使农村和边远地区师生能够享受优质教育资源。

强化信息技术应用。提高教师应用信息技术水平,更新教学观念,改进教学方法,提高教学效果。鼓励学生利用信息手段主动学习、自主学习,增强运用信息技术分析解决问题(的)能力。加快全民信息技术(的)普及和应用。

　　(六十一)构建国家教育管理信息系统。制定学校基础信息管理要求，加快学校管理信息化进程，促进学校管理标准化、规范化。推进政府教育管理信息化，积累基础资料，掌握总体状况，加强动态监测，提高管理效率。整合各级各类教育管理资源，搭建国家教育管理公共服务平台，为宏观决策提供科学依据，为公众提供公共教育信息，不断提高教育管理现代化水平。

附录3 教育信息化十年发展规划
（2011—2020年）（节选）

教技〔2012〕5号

第二部分　发展任务

为实现教育信息化发展目标，统筹规划、整体部署教育信息化发展任务。通过优质数字教育资源共建共享、信息技术与教育全面深度融合、促进教育教学和管理创新，助力破解教育改革和发展的难点问题，促进教育公平、提高教育质量、建设学习型社会；通过建设信息化公共支撑环境、增强队伍能力、创新体制机制，解决教育信息化发展的重点问题，实现教育信息化可持续发展。

第四章　缩小基础教育数字鸿沟，促进优质教育资源共享

基础教育信息化是提高国民信息素养的基石，是教育信息化的重中之重。以促进义务教育均衡发展为重点，以建设、应用和共享优质数字教育资源为手段，促进每一所学校享有优质数字教育资源，提高教育教学质量；帮助所有适龄儿童和青少年平等、有效、健康地使用信息技术，培养自主学习、终身学习能力。

缩小数字化差距。结合义务教育学校标准化建设，针对基础教育实际需求，提高所有学校在信息基础设施、教学资源、软件工具等方面的基本配置水平，全面提升应用能力。促进所有学校师生享用优质数字教育资源，开足开好国家课标规定课程，推进民族地区双语教育。重点支持农村地区、边远贫困地区、民族地区的学校信息化和公共服务体系建设。努力缩小地区之间、城乡之间和学校之间的数字化差距。

推进信息技术与教学融合。建设智能化教学环境，提供优质数字教育资源和软件工具，利用信息技术开展启发式、探究式、讨论

式、参与式教学，鼓励发展性评价，探索建立以学习者为中心的教学新模式，倡导网络校际协作学习，提高信息化教学水平。逐步普及专家引领的网络教研，提高教师网络学习的针对性和有效性，促进教师专业化发展。

培养学生信息化环境下的学习能力。适应信息化和国际化的要求，继续普及和完善信息技术教育，开展多种方式的信息技术应用活动，创设绿色、安全、文明的应用环境。鼓励学生利用信息手段主动学习、自主学习、合作学习；培养学生利用信息技术学习的良好习惯，发展兴趣特长，提高学习质量；增强学生在网络环境下提出问题、分析问题和解决问题的能力。

第三部分　行动计划

为实现国家教育信息化规划目标，完成发展任务，着重解决国家教育信息化全局性、基础性、领域共性重大问题，实施"中国数字教育2020"行动计划，在优质资源共享、学校信息化、教育管理信息化、可持续发展能力与信息化基础能力等五个方面，实施一批重点项目，取得实质性重要进展。2012—2015年，初步解决教育信息化发展中的重大问题，基本形成与国家教育现代化发展目标相适应的教育信息化体系；2016—2020年，根据行动计划建设进展、教育改革发展实际需求和教育信息化自身发展状况，确定各行动的建设重点与阶段目标。

第十二章　优质数字教育资源建设与共享行动

实施优质数字教育资源建设与共享是推进教育信息化的基础工程和关键环节。到2015年，基本建成以网络资源为核心的教育资源与公共服务体系，为学习者可享有优质数字教育资源提供方便快捷服务。

建设国家数字教育资源公共服务平台。建设教育云资源平台，汇聚百家企事业单位、万名师生开发的优秀资源。建设千个网上优质教育资源应用交流和教研社区，生成特色鲜明、内容丰富、风格多样的优质资源。提供公平竞争、规范交易的系统环境，帮助所有师生和社会公众方便选择并获取优质资源和服务，实现优质资源共享和持续发展。

建设各级各类优质数字教育资源。针对学前教育、义务教育、高中教育、职业教育、高等教育、继续教育、民族教育和特殊教育的不同需求，建设 20000 门优质网络课程及其资源，遴选和开发 500 个学科工具、应用平台和 1500 套虚拟仿真实训实验系统。整合师生需要的生成性资源，建成与各学科门类相配套、动态更新的数字教育资源体系。建设规范汉字和普通话及方言识别系统，集成各民族语言文字标准字库和语音库。

建立数字教育资源共建共享机制。制订数字教育资源技术与使用基本标准，制订资源审查与评价指标体系，建立使用者网上评价和专家审查相结合的资源评价机制；采用引导性投入，支持资源的开发和应用推广；制定政府购买优质数字教育资源与服务的相关政策，支持使用者按需购买资源与服务，鼓励企业和其他社会力量开发数字教育资源、提供资源服务。建立起政府引导、多方参与的资源共建共享机制。

附录4　国务院办公厅关于规范农村义务教育学校布局调整的意见

国办发〔2012〕48号

各省、自治区、直辖市人民政府，国务院各部委、各直属机构：

随着我国进城务工人员随迁子女逐年增加、农村人口出生率持续降低，农村学龄人口不断下降，各地对农村义务教育学校进行了布局调整和撤并，改善了办学条件，优化了教师队伍配置，提高了办学效益和办学质量。但同时，农村义务教育学校大幅减少，导致部分学生上学路途变远、交通安全隐患增加，学生家庭经济负担加重，并带来农村寄宿制学校不足、一些城镇学校班额过大等问题。有的地方在学校撤并过程中，规划方案不完善，操作程序不规范，保障措施不到位，影响了农村教育的健康发展。为进一步规范农村义务教育学校布局调整，努力办好人民满意的教育，经国务院同意，现提出如下意见。

一、农村义务教育学校布局的总体要求

保障适龄儿童少年就近入学是义务教育法的规定，是政府的法定责任，是基本公共服务的重要内容。农村义务教育学校布局，要适应城镇化深入发展和社会主义新农村建设的新形势，统筹考虑城乡人口流动、学龄人口变化，以及当地农村地理环境及交通状况、教育条件保障能力、学生家庭经济负担等因素，充分考虑学生的年龄特点和成长规律，处理好提高教育质量和方便学生就近上学的关系，努力满足农村适龄儿童少年就近接受良好义务教育需求。

二、科学制定农村义务教育学校布局规划

县级人民政府要制定农村义务教育学校布局专项规划，合理确定县域内教学点、村小学、中心小学、初中学校布局，以及寄宿制

学校和非寄宿制学校的比例，保障学校布局与村镇建设和学龄人口居住分布相适应，明确学校布局调整的保障措施。专项规划经上一级人民政府审核后报省级人民政府批准，并由省级人民政府汇总后报国家教育体制改革领导小组备案。

农村义务教育学校布局要保障学生就近上学的需要。农村小学1至3年级学生原则上不寄宿，就近走读上学；小学高年级学生以走读为主，确有需要的可以寄宿；初中学生根据实际可以走读或寄宿。原则上每个乡镇都应设置初中，人口相对集中的村寨要设置村小学或教学点，人口稀少、地处偏远、交通不便的地方应保留或设置教学点。各地要根据不同年龄段学生的体力特征、道路条件、自然环境等因素，合理确定学校服务半径，尽量缩短学生上下学路途时间。

三、严格规范学校撤并程序和行为

规范农村义务教育学校撤并程序。确因生源减少需要撤并学校的，县级人民政府必须严格履行撤并方案的制定、论证、公示、报批等程序。要统筹考虑学生上下学交通安全、寄宿生学习生活设施等条件保障，并通过举行听证会等多种有效途径，广泛听取学生家长、学校师生、村民自治组织和乡镇人民政府的意见，保障群众充分参与并监督决策过程。学校撤并应先建后撤，保证平稳过渡。撤并方案要逐级上报省级人民政府审批。在完成农村义务教育学校布局专项规划备案之前，暂停农村义务教育学校撤并。要依法规范撤并后原有校园校舍再利用工作，优先保障当地教育事业需要。

坚决制止盲目撤并农村义务教育学校。多数学生家长反对或听证会多数代表反对，学校撤并后学生上学交通安全得不到保障，并入学校住宿和就餐条件不能满足需要，以及撤并后将造成学校超大规模或"大班额"问题突出的，均不得强行撤并现有学校或教学点。已经撤并的学校或教学点，确有必要的由当地人民政府进行规划、按程序予以恢复。

四、办好村小学和教学点

对保留和恢复的村小学和教学点，要采取多种措施改善办学条件，着力提高教学质量。提高村小学和教学点的生均公用经费标准，对学生规模不足100人的村小学和教学点按100人核定公用经费，保证其正常运转。研究完善符合村小学和教学点实际的职称评定标准，职称晋升和绩效工资分配向村小学和教学点专任教师倾斜，鼓励各地采取在绩效工资中设立岗位津贴等有效政策措施支持优秀教师到村小学和教学点工作。加快推进农村教育信息化建设，为村小学和教学点配置数字化优质课程教学资源。中心学校要发挥管理和指导作用，统筹安排课程，组织巡回教学，开展连片教研，推动教学资源共享，提高村小学和教学点教学质量。

五、解决学校撤并带来的突出问题

加强农村寄宿制学校建设和管理。学校撤并后学生需要寄宿的地方，要按照国家或省级标准加强农村寄宿制学校建设，为寄宿制学校配备教室、学生宿舍、食堂、饮用水设备、厕所、澡堂等设施和聘用必要的管理、服务、保安人员，寒冷地区要配备安全的取暖设施。有条件的地方应为学校配备心理健康教师。要科学管理学生作息时间，培养学生良好生活习惯，开展符合学生身心特点、有益于健康成长的校园活动，加强寄宿制学校安全管理和教育。

各地人民政府要认真落实《校车安全管理条例》，切实保障学生上下学交通安全。要通过增设农村客运班线及站点、增加班车班次、缩短发车间隔、设置学生专车等方式，满足学生的乘车需求。公共交通不能满足学生上学需要的，要组织提供校车服务。严厉查处接送学生车辆超速、超员和疲劳驾驶等违法行为，坚决制止采用低速货车、三轮汽车、拖拉机以及拼装车、报废车等车辆接送学生。

高度重视并逐步解决学校撤并带来的"大班额"问题。各地要通过新建、扩建、改建学校和合理分流学生等措施，使学校班额符合国家标准。班额超标学校不得再接收其他学校并入的学生。对教

280

育资源较好学校的"大班额"问题，要通过实施学区管理、建立学校联盟、探索集团化办学等措施，扩大优质教育资源覆盖面，合理分流学生。

六、开展农村义务教育学校布局调整专项督查

省级人民政府教育督导机构要对农村义务教育学校布局是否制订专项规划、调整是否合理、保障措施是否到位、工作程序是否完善、村小学和教学点建设是否合格等进行专项督查，督查结果要向社会公布。对存在问题较多、社会反映强烈的地方，要责成其限期整改。对因学校撤并不当引起严重不良后果的，要依照法律和有关规定追究责任。县级人民政府要认真开展农村义务教育学校布局调整工作检查，及时发现并解决好存在的问题。教育部要会同有关部门加强对各地规范农村义务教育学校布局调整工作的督促指导。

国务院办公厅

2012 年 9 月 6 日

附录 5　教育部关于全面启动实施 "教学点数字教育资源全覆盖"项目的通知

教技函〔2012〕74 号

各省、自治区、直辖市教育厅(教委),新疆生产建设兵团教育局:

为贯彻落实党的十八大精神和全国教育信息化工作电视电话会议精神,根据《国务院办公厅关于规范农村义务教育学校布局调整的意见》(国办发〔2012〕48 号)和《教育部等九部门关于加快推进教育信息化当前几项重点工作的通知》(教技〔2012〕13 号)要求,我部组织制定了"教学点数字教育资源全覆盖"项目启动实施方案,决定全面启动实施"教学点数字教育资源全覆盖"项目(以下简称项目)。现将有关事项通知如下:

一、项目建设目标

2012、2013 两年,为农村义务教育学校布局调整中确需保留和恢复的教学点配备数字教育资源接收和播放设备,配送优质数字教育资源,并以县域为单位,发挥中心校作用,组织教学点应用资源开展教学,利用信息技术帮助教学点开好国家规定课程,提高教育质量,促进义务教育均衡发展,更好服务农村边远地区适龄儿童就近接受良好教育的需要。

二、项目建设内容

以开足、开好国家规定课程为目标,支持各教学点建设可接收数字教育资源并利用资源开展教学的基本硬件设施,并通过卫星传输方式,推送数字教育资源至各教学点。有条件的地区,可在中央支持的基础上进一步增加投入,提高设备和资源应用水平。具备网络接入条件的还应配备摄像头,利用网络建立亲子热线,满足教学点留守儿童与外出打工父母的交流需要。

三、组织实施

本项目按"农村义务教育薄弱学校改造计划"组织实施模式和渠道实施。中央对各省(区、市)实行目标管理,各省(区、市)负责具体实施。

教育部负责项目总体统筹协调,制订总体方案与进度安排,对项目执行进行指导和监督检查。协助各地进行数字教育资源的管理与推送。

各省(区、市)负责根据教育部总体方案制订本地区项目具体实施方案,统一组织设备招标、采购和安装。组织提供适合本地区教学点实际需求的数字教育资源。组织教学点教师应用能力培训。督促指导并组织教学点应用配备的设备和教育资源开展教学。负责组织技术力量,做好项目设备管理与维护。

四、实施范围与经费渠道

项目实施范围为教育部教育事业统计中所确定的全部教学点。各教学点硬件配置至少需达到教育部提出的项目基本技术方案(另发)的要求,基本硬件配置所需经费主要由中央财政支持解决。2012年,中央财政原则上按各地启动建设的教学点数拨款。有条件的地区可增加配置或采用更高级的技术和应用方案,经费缺口由地方财政配套补足。项目管理和设备运行、维护、更新费用由地方财政统筹解决。严禁向学生和学生家庭摊派。

五、进度要求

2012年启动安排所有教学点的设备采购与配置,并力争于2013年3月前东部地区全部教学点、中西部地区70%教学点设备安装到位(进度安排见附件),为2013年春季开学使用做好准备。2013年春季开学后,各地要组织各教学点逐步利用配备的设备与资源开展教学。2013年年底前要完成全国所有教学点建设任务。

六、工作要求

项目实施时间紧、任务重、要求高，各省（区、市）教育行政部门必须切实担负起项目组织实施的责任，中心校、教学点等其他相关单位，必须在教育行政部门的领导下，做好项目各项相关工作及教学组织工作。

各省（区、市）教育行政部门要根据本通知要求，统筹经费投入，合理使用中央财政经费投入，加强经费监管，保证专款专用。要按照《招标投标法》、《政府采购法》等国家有关规定，建立规范的招投标机制和相应的责任机制，统一组织设备招标、采购和安装调试。设备招标采购必须综合考虑教学点已有设备，杜绝经费浪费。要组织开发和整合适应本地教学点教材版本和课堂教学需求的数字教育资源，按需配送给各教学点。要配合"教学点数字教育资源全覆盖"建设进度，同步组织开展教学点教师应用能力培训，确保各教学点能够使用设备和资源开展教学，保证国家财政投入的效益。要加强指导和检查，及时发现和解决教学点建设和应用中出现的各种问题，确保项目建设按进度要求推进实施，设备和资源在教育教学中得到有效使用。

各地市、县（区）教育行政部门要按照本省（区、市）的统一部署，积极配合做好教学点设备配置工作，并以县域为单位、充分发挥中心学校作用，组织教学点应用数字化设备和教育资源开展教学，有条件的区县要逐步实现教学点与中心学校之间的同步教学。

七、监督检查

各省（区、市）教育行政部门必须加强项目管理，确保项目实施进度。项目执行过程中，教育部将对各省（区、市）项目实施情况进行抽查；项目执行结束后，教育部将会同有关部门对项目配置设备和资源及其使用效果进行专项检查。检查结果将以适当形式公布。

接此通知后，请各省（区、市）教育行政部门尽快完善"教学点数字教育资源全覆盖"项目实施方案和工作方案（具体要求详见"教技〔2012〕13 号"及"教信推办〔2012〕15 号"），并于 11 月 30 日前正式上报教育部。

教育部

2012 年 11 月 19 日

附录6 关于全面改善贫困地区义务教育薄弱学校基本办学条件的意见

教基一〔2013〕10号

各省、自治区、直辖市人民政府：

为深入贯彻党的十八大和十八届三中全会精神，全面落实《国家中长期教育改革和发展规划纲要（2010—2020年）》，统筹城乡义务教育资源均衡配置，加快缩小区域、城乡教育差距，促进基本公共教育服务均等化，经国务院同意，现就全面改善贫困地区义务教育薄弱学校基本办学条件提出以下意见。

一、充分认识改善贫困地区义务教育薄弱学校基本办学条件的重要意义

近些年来，国家逐步健全农村义务教育经费保障机制，实施了农村义务教育薄弱学校改造计划、农村初中改造工程等一系列教育重大工程项目，改善了农村义务教育学校办学条件。但是，农村、边远、贫困和民族地区特别是集中连片特困地区经济社会发展相对滞后，办学成本较高，教学条件较差，寄宿制学校宿舍、食堂等生活设施不足，村小和教学点运转比较困难，教师队伍不够稳定，辍学率相对较高，仍然是我国义务教育事业发展的薄弱环节。全面改善贫困地区薄弱学校基本办学条件，推进义务教育学校标准化建设，不让贫困家庭孩子输在成长"起点"，既是守住"保基本"民生底线、推进教育公平和社会公正的有力措施，也是增强贫困地区发展后劲、缩小城乡和区域差距、推动义务教育均衡发展的有效途径，关乎国家长远发展。

二、改善贫困地区义务教育薄弱学校基本办学条件的总体要求

（一）指导思想。贯彻落实党的十八大和十八届三中全会精神，按照均衡发展九年义务教育的要求，统筹规划，突出重点，因地制宜，循序渐进，加强科学化精细化管理，着力提高资金使用绩效，全面改善薄弱学校基本办学条件，深入推进义务教育学校标准化建设，整体提升义务教育发展水平。

（二）实施原则。

覆盖贫困地区，聚焦薄弱学校。从困难地方做起，从薄弱环节入手，主要面向农村，立足改善薄弱学校基本办学条件，不得将教育资金资源向少数优质学校集中。

坚持勤俭办学，满足基本需要。按照勤俭办教育和"缺什么补什么"的原则，改善基本办学条件，满足教育教学和生活的基本需要，杜绝超标准建设。

加强省级统筹，分步逐校实施。由省级人民政府统筹使用中央、省级财政投入资金，根据省域内改善薄弱学校基本办学条件的任务和完成时限等因素合理分配；地市和县级人民政府以校为单位制定年度工作目标和分步实施计划，确保按期完成任务。

（三）实施范围和主要目标。以中西部农村贫困地区为主，兼顾东部部分困难地区；以集中连片特困地区为主，兼顾其他国家扶贫开发工作重点地区、民族地区、边境地区等贫困地区。经过3~5年的努力，使贫困地区农村义务教育学校教室、桌椅、图书、实验仪器、运动场等教学设施满足基本教学需要；学校宿舍、床位、厕所、食堂(伙房)、饮水等生活设施满足基本生活需要；留守儿童学习和寄宿需要得到基本满足，村小学和教学点能够正常运转；县镇超大班额现象基本消除，逐步做到小学班额不超过45人、初中班额不超过50人；教师配置趋于合理，数量、素质和结构基本适应教育教学需要；小学辍学率努力控制在0.6%以下，初中辍学率努力控制在1.8%以下。

三、改善贫困地区义务教育薄弱学校基本办学条件的重点任务

（一）保障基本教学条件。要保障教室坚固、适用、通风，符合抗震、消防安全要求，自然采光、室内照明和黑板材料符合规范要求。按照学校规模和教育教学要求配备必要的教学仪器设备、器

材。每个学生都有合格的课桌椅。配备适合学生身心发展特点的图书，激发和培养学生阅读兴趣，有条件的地方逐步达到小学生均图书不低于 15 册，初中生均图书不低于 25 册。根据学校地理条件和农村体育特点，因地制宜地建设运动场地和配备体育设施，保障学生活动锻炼的空间和条件。

（二）改善学校生活设施。保障寄宿学生每人 1 个床位，消除大通铺现象。根据实际需要配备必要的洗浴设施和条件。食堂或伙房要洁净卫生，满足学生就餐需要。设置开水房或安装饮水设施，确保学生饮水安全便捷。厕所要有足够厕位。北方和高寒地区学校应有冬季取暖设施。设置必要的安全设施，保障师生安全。

（三）办好必要的教学点。对确需保留的教学点要配备必要设施，满足教学和生活基本需求。中心学校统筹教学点课程和教师安排，保障教学点教学质量。优先安排免费师范生和特岗教师到教学点任教。职称晋升和绩效工资分配向教学点专任教师倾斜。农村教师周转宿舍建设和使用要优先考虑教学点教师需要。对学生规模不足 100 人的村小学和教学点按 100 人的标准单独核定公用经费，由县级财政和教育部门按时足额拨付，不得截留挪用。

（四）妥善解决县镇学校大班额问题。要适应城镇化发展趋势，充分考虑区域内学生流动、人口出生和学龄人口变化等情况，科学规划学校布局，并充分利用已有办学资源，首先解决超大班额问题，逐步消除大班额现象。必要情况下，可以采取新建、扩建、改建等措施，对县镇义务教育学校进行改造。加强新建住宅区配套学校建设。对教育资源较好学校的大班额问题，积极探索通过学区制、学校联盟、集团化办学等方式扩大优质教育资源覆盖面，合理分流学生。对于大班额现象严重的学校，要限制其招生人数。

（五）推进农村学校教育信息化。要逐步提升农村学校信息化基础设施与教育信息化应用水平，加强教师信息技术应用能力培训，推进信息技术在教育教学中的深入应用，使农村地区师生便捷共享优质数字教育资源。稳步推进农村学校宽带网络、数字教育资源、网络学习空间建设。要为确需保留的村小学和教学点配置数字教育资源接收和播放设备，配送优质数字教育资源。加快学籍管理等教育管理信息系统应用，并将学生、教师、学校资产等基本信息全部纳入信息系统管理。

（六）提高教师队伍素质。要特别抓好农村教师队伍建设，通过实施农村义务教育学校教师特岗计划等多种方式，完善农村教师补充机制。推进县域内校长教师交流轮岗，提高城镇中小学教师到乡村学校任教的比例。面向乡镇以下农村学校培养能承担多门学科教学任务的小学教师和"一专多能"的初中教师。提高中小学教师国家级培训计划的针对性和有效性，省级教师培训要向农村义务教育教师、校长倾斜。要结合实际制定农村教师职称评审条件、程序和办法，农村学校教师职称晋升比例应不低于当地城区学校教师。要落实对在连片特困地区的乡、村学校和教学点工作的教师给予生活补助的政策。要积极推进农村教师周转宿舍建设，努力改善农村教师生活条件。

四、有关工作要求

（一）明确责任。全面改善贫困地区义务教育薄弱学校基本办学条件工作由国家统一部署、省级人民政府统筹安排、县级人民政府具体实施。教育部、发展改革委、财政部要加强组织协调，及时跟踪了解各地工作进展等情况，加强指导和推动。地方各级教育、发展改革、财政等部门要各负其责、加强协作、形成合力，确保各项工作落到实处。

（二）摸清底数。县级人民政府要在科学制定农村义务教育学校布局专项规划基础上，以校为单位，清查教室、桌椅、运动场地、体育设施等教学设施和宿舍、食堂、厕所等生活设施，立足"保基本、兜网底"，对照基本办学需要，分析确定每个学校（含教学点）办学条件缺口，列出现状和需求清单并编制账册，做好改善办学条件的基础工作。

（三）制定方案。县级人民政府及其教育、发展改革、财政等部门要根据在国家教育体制改革领导小组备案的农村义务教育学校布局专项规划，针对每一所存在基本办学条件缺口的学校制订专门方案，明确弥补缺口的途径、时间安排和资金来源，形成本地区改善薄弱学校基本办学条件的时间表、路线图。地市级人民政府要做好指导和协调工作。省级人民政府要从实际出发，分清轻重缓急，在汇总各县（区）方案的基础上制定本省（区、市）改善贫困地区薄弱学校基本办学条件的实施方案，并于 2014 年 4 月 30 日前将实施方案报送教育部、发展改革委、财政部。

（四）保障经费。中央通过完善农村义务教育经费保障机制、适当调整薄弱学校改造计划、继续实施初中改造工程等措施，加大项目统筹与经费投入力度，按照"总量控制、突出重点、动态调整、包干使用"的原则，对中西部贫困地区和东部部分困难地区改善薄弱学校基本办学条件予以倾斜支持。农村义务教育经费保障机制重点保障学校基本运行需要和校舍维修；在原有基础上扩充薄弱学校改造计划内容，将信息化建设和农村小学必要的运动场、学生宿舍、食堂、饮水设施、厕所、澡堂等教学和生活设施纳入支持范围；初中改造工程重点支持农村初中必要的运动场、学生宿舍、食堂、饮水设施、厕所、澡堂等教学和生活设施建设。省级人民政府要加大省级财政投入，优化财政支出结构，最大限度地向贫困地区义务教育倾斜，做好改善基本办学条件建设需求与相关资金的统筹和对接，防止资金、项目安排重复交叉或支持缺位。地市和县级人民政府要加大经费投入、严格经费管理，按规划确保各项资金落实到位和管理使用安全高效，抓好项目实施。

（五）规范实施。要运用信息技术加强基础数据管理，对每所学校的建设内容和项目实行动态监控和全程管理。新建工程项目要严格履行基本建设程序，确保工程质量和安全。要落实政府采购、招投标和国库集中支付等相关制度，确保各项工作"阳光操作"。要把"补短板"、满足基本需要放在首位，坚持勤俭节约，杜绝超标准建设和奢华浪费，不得将财政资金向少数学校过度集中，拉大教育差距。严禁举债建设义务教育学校和改善义务教育办学条件。要加强资金监管，保证专款专用，防止发生套取、挪用、截留资金等问题，切实提高资金使用效益。

（六）加强监督检查评估。教育部、发展改革委、财政部要对各地相关工作开展情况进行专项督查。省级人民政府要加强过程检

290

查，及时发现和协调解决有关问题，督促地市和县级人民政府按照实施方案要求，依法依规实施工程项目，确保按时完成改善薄弱学校基本办学条件工作。对套取、挪用、截留资金以及举债建设、项目管理失职渎职等违纪违规问题，要严肃查处并依法依规追究相关单位和责任人的责任。各地要采取适当方式公开有关信息，自觉接受社会监督。各省(区、市)对改善薄弱学校基本办学条件工作要适时开展评估，并将评估报告报送教育部、发展改革委、财政部。

教育部　国家发展改革委　财政部

2013 年 12 月 31 日

附录7 乡村教师支持计划(2015—2020年)

国办发〔2015〕43号

为深入推进全面建成小康社会、全面深化改革、全面依法治国、全面从严治党"四个全面"战略布局,认真贯彻党中央、国务院关于加强教师队伍建设的部署和要求,采取切实措施加强老少边穷岛等边远贫困地区乡村教师队伍建设,明显缩小城乡师资水平差距,让每个乡村孩子都能接受公平、有质量的教育,特制定乡村教师(包括全国乡中心区、村庄学校教师,下同)支持计划。

一、重要意义

到2020年全面建成小康社会、基本实现教育现代化,薄弱环节和短板在乡村,在中西部老少边穷岛等边远贫困地区。发展乡村教育,帮助乡村孩子学习成才,阻止贫困现象代际传递,是功在当代、利在千秋的大事。发展乡村教育,教师是关键,必须把乡村教师队伍建设摆在优先发展的战略地位。党和国家历来高度重视乡村教师队伍建设,在稳定和扩大规模、提高待遇水平、加强培养培训等方面采取了一系列政策举措,乡村教师队伍面貌发生了巨大变化,乡村教育质量得到了显著提高,广大乡村教师为中国乡村教育发展作出了历史性的贡献。但受城乡发展不平衡、交通地理条件不便、学校办学条件欠账多等因素影响,当前乡村教师队伍仍面临职业吸引力不强、补充渠道不畅、优质资源配置不足、结构不尽合理、整体素质不高等突出问题,制约了乡村教育持续健康发展。实施乡村教师支持计划,对于解决当前乡村教师队伍建设领域存在的突出问题,吸引优秀人才到乡村学校任教,稳定乡村教师队伍,带动和促进教师队伍整体水平提高,促进教育公平、推动城乡一体化建设、推进社会主义新农村建设、实现中华民族伟大复兴的中国梦具有十分重要的意义。

二、总体要求

(一)基本原则。

——师德为先,以德化人。着力提升乡村教师思想政治素质和职业道德水平,引导乡村教师带头践行社会主义核心价值观,加强乡村教师对中国特色社会主义的思想认同、理论认同和情感认同。重视发挥乡村教师以德化人、言传身教的作用,教育学生热爱祖国、热爱人民、热爱中国共产党,形成正确的世界观、人生观、价值观,确保乡村教育正确导向。

——规模适当,结构合理。合理规划乡村教师队伍规模,集中人财物资源,制定实施优惠倾斜政策,加大工作支持力度,加强乡村地区优质教师资源配置,有效解决乡村教师短缺问题,优化乡村教师队伍结构。

——提升质量,提高待遇。立足国情,聚焦乡村教师队伍建设最关键领域、最紧迫任务,打出组合拳,多措并举,定向施策,精准发力,标本兼治,加强培养补充,提升专业素质,提高地位待遇,不断改善乡村教师的工作生活条件。

——改革机制,激发活力。坚持问题导向,深化体制机制改革,拓宽乡村教师来源,鼓励有志青年投身乡村教育事业,畅通高校毕业生、城镇教师到乡村学校任教的通道,逐步形成"越往基层、越是艰苦,地位待遇越高"的激励机制,以及充满活力的乡村教师使用机制。通过实施乡村教师支持计划,带动建立相关制度,形成可持续发展的长效机制。

(二)工作目标。

到 2017 年,力争使乡村学校优质教师来源得到多渠道扩充,乡村教师资源配置得到改善,教育教学能力水平稳步提升,各方面合理待遇依法得到较好保障,职业吸引力明显增强,逐步形成"下得去、留得住、教得好"的局面。到 2020 年,努力造就一支素质优良、甘于奉献、扎根乡村的教师队伍,为基本实现教育现代化提供坚强有力的师资保障。

三、主要举措

(一)全面提高乡村教师思想政治素质和师德水平。坚持不懈地用中国特色社会主义理论体系武装乡村教师头脑,进一步建立健全乡村教师政治理论学习制度,增强思想政治工作的针对性和实效性,不断提高教师的理论素养和思想政治素质。切实加强乡村教师队伍党建工作,基层党组织要充分发挥政治核心作用,进一步关心教育乡村教师,适度加大发展党员力度。开展多种形式的师德教育,把教师职业理想、职业道德、法治教育、心理健康教育等融入职前培养、准入、职后培训和管理的全过程。落实教育、宣传、考核、监督与奖惩相结合的师德建设长效机制。

(二)拓展乡村教师补充渠道。鼓励省级人民政府建立统筹规划、统一选拔的乡村教师补充机制,为乡村学校持续输送大批优秀高校毕业生。扩大农村教师特岗计划实施规模,重点支持中西部老少边穷岛等贫困地区补充乡村教师,适时提高特岗教师工资性补助标准。鼓励地方政府和师范院校根据当地乡村教育实际需求加强本土化培养,采取多种方式定向培养"一专多能"的乡村教师。高校毕业生取得教师资格并到乡村学校任教一定期限,按有关规定享受学费补偿和国家助学贷款代偿政策。各地要采取有效措施鼓励城镇退休的特级教师、高级教师到乡村学校支教讲学,中央财政比照边远贫困地区、边疆民族地区和革命老区人才支持计划教师专项计划给予适当支持。

(三)提高乡村教师生活待遇。全面落实集中连片特困地区乡村教师生活补助政策,依据学校艰苦边远程度实行差别化的补助标准,中央财政继续给予综合奖补。各地要依法依规落实乡村教师工资待遇政策,依法为教师缴纳住房公积金和各项社会保险费。在现行制度架构内,做好乡村教师重大疾病救助工作。加快实施边远艰苦地区乡村学校教师周转宿舍建设。各地要按规定将符合条件的乡村教师住房纳入当地住房保障范围,统筹予以解决。

(四)统一城乡教职工编制标准。乡村中小学教职工编制按照城市标准统一核定,其中村小学、教学点编制按照生师比和班师比相结合的方式核定。县级教育部门在核定的编制总额内,按照班额、生源等情况统筹分配各校教职工编制,并报同级机构编制部门和财政部门备案。通过调剂编制、加强人员配备等方式进一步向人口稀少的教学点、村小学倾斜,重点解决教师全覆盖问题,确保乡村学校开足开齐国家规定课程。严禁在有合格教师来源的情况下"有编不补"、长期使用临聘人员,严禁任何部门和单位以任何理由、任何形式占用或变相占用乡村中小学教职工编制。

(五)职称(职务)评聘向乡村学校倾斜。各地要研究完善乡村教师职称(职务)评聘条件和程序办法,实现县域内城乡学校教师岗位结构比例总体平衡,切实向乡村教师倾斜。乡村教师评聘职称(职务)时不作外语成绩(外语教师除外)、发表论文的刚性要求,坚持育人为本、德育为先,注重师德素养,注重教育教学工作业绩,注重教育教学方法,注重教育教学一线实践经历。城市中小学教师晋升高级教师职称(职务),应有在乡村学校或薄弱学校任教一年以上的经历。

(六)推动城镇优秀教师向乡村学校流动。全面推进义务教育教师队伍"县管校聘"管理体制改革,为组织城市教师到乡村学校任教提供制度保障。各地要采取定期交流、跨校竞聘、学区一体化管理、学校联盟、对口支援、乡镇中心学校教师走教等多种途径和方式,重点引导优秀校长和骨干教师向乡村学校流动。县域内重点推动县城学校教师到乡村学校交流轮岗,乡镇范围内重点推动中心学校教师到村小学、教学点交流轮岗。采取有效措施,保持乡村优秀教师相对稳定。

(七)全面提升乡村教师能力素质。到 2020 年前,对全体乡村教师校长进行 360 学时的培训。要把乡村教师培训纳入基本公共服务体系,保障经费投入,确保乡村教师培训时间和质量。省级人民政府要统筹规划和支持全员培训,市、县级人民政府要切实履行实施主体责任。整合高等学校、县级教师发展中心和中小学校优质资源,建立乡村教师校长专业发展支持服务体系。将师德教育作为乡村教师培训的首要内容,推动师德教育进教材、进课堂、进头脑,贯穿培训全过程。全面提升乡村教师信息技术应用能力,积极利用远程教学、数字化课程等信息技术手段，破解乡村优质教学资源不足的难题，同时建立支持学校、教师使用相关设备的激励机制并提供必要的保障经费。加强乡村学校音体美等师资紧缺学科教师和民族地区双语教师培训。按照乡村教师的实际需求改进培训方式，采取顶岗置换、网络研修、送教下乡、专家指导、校本研修等多种形式，增强培训的针对性和实效性。从 2015 年起，"国培计划"集中支持中西部地区乡村教师校长培训。鼓励乡村教师在职学习深造，提高学历层次。

（八）建立乡村教师荣誉制度。国家对在乡村学校从教 30 年以上的教师按照有关规定颁发荣誉证书。省（区、市）、县（市、区、旗）要分别对在乡村学校从教 20 年以上、10 年以上的教师给予鼓励。各省级人民政府可按照国家有关规定对在乡村学校长期从教的教师予以表彰。鼓励和引导社会力量建立专项基金，对长期在乡村学校任教的优秀教师给予物质奖励。在评选表彰教育系统先进集体和先进个人等方面要向乡村教师倾斜。广泛宣传乡村教师坚守岗位、默默奉献的崇高精神，在全社会大力营造关心支持乡村教师和乡村教育的浓厚氛围。

四、组织实施

（一）明确责任主体。地方各级人民政府是实施乡村教师支持计划的责任主体。要加强组织领导，把实施工作列入重要议事日程，实行一把手负责制，细化任务分工，分解责任，推进各部门密切配合、形成合力，切实将计划落到实处。要将实施乡村教师支持计划情况纳入地方政府工作考核指标体系，加强考核和监督。教育行政部门要加强对乡村教师队伍建设的统筹管理、规划和指导。发展改革、财政、编制、人力资源社会保障部门要按照职责分工主动履职，切实承担责任。要着力改革体制，鼓励和引导社会力量参与支持乡村教师队伍建设。对在乡村教师队伍建设工作方面改革创新、积极推进、成绩突出的基层教育部门，有关部门要加强总结、及时推广经验做法并按照国家有关规定予以表彰。

（二）加强经费保障。中央财政通过相关政策和资金渠道，重点支持中西部乡村教师队伍建设。地方各级人民政府要积极调整财政支出结构，加大投入力度，大力支持乡村教师队伍建设。要把资金和投入用在乡村教师队伍建设最薄弱、最迫切需要的领域，切实用好每一笔经费，提高资金使用效益，促进教育资源均衡配置。要制定严格的经费监管制度，规范经费使用，加强经费管理，强化监督检查，坚决杜绝截留、克扣、虚报、冒领等违法违规行为的发生。

（三）开展督导检查。地方各级人民政府教育督导机构要会同有关部门，每年对乡村教师支持计划实施情况进行专项督导，及时通报督导情况并适时公布。国家有关部门要组织开展对乡村教师支持计划实施情况的专项督导检查。对实施不到位、成效不明显的，要追究相关负责人的领导责任。

省、市、县、乡各级人民政府要制订实施办法，把准支持重点，因地制宜提出符合乡村教育实际的支持政策和有效措施，将本计划的要求进一步明确化、具体化。请各省（区、市）于 2015 年底前，将本省（区、市）的实施办法报教育部备案，同时向社会公布，接受社会监督。

附录8 教育信息化"十三五"规划(节选)

教技〔2016〕2 号

为深入贯彻党的十八大和十八届三中、四中、五中全会精神,落实中央有关教育信息化的战略部署和第二次全国教育信息化工作会议精神,完成《国家中长期教育改革和发展规划纲要(2010—2020 年)》和《教育信息化十年发展规划(2011—2020 年)》确定的教育信息化目标任务,全面深入推进"十三五"教育信息化工作,特制定本规划。

四、主要任务

(一)完成"三通工程"建设,全面提升教育信息化基础支撑能力。

加快推进"宽带网络校校通",结合国家"宽带中国"建设,采取多种形式,基本实现各级各类学校宽带网络的全面覆盖,具备条件的教学点实现宽带网络接入;有效提升各类学校和教学点出口带宽,城镇学校班均出口带宽不低于 10M,有条件的农村学校班均出口带宽不低于 5M,有条件的教学点接入带宽达 4M 以上;推进"无线校园"建设,东部和具备条件的城镇各类学校应实现无线网络全覆盖。将学校网络教学环境和备课环境建设纳入义务教育学校建设标准,鼓励具备条件的学校配备师生用教学终端;推动落实《职业院校数字校园建设规范》,确保各级各类学校普遍具备信息化教学环境。全面推进"优质资源班班通",基本建成数字教育资源公共服务体系,为学习者享有优质数字教育资源提供方便快捷的服务。大力推进"网络学习空间人人通",网络学习空间应用普及化,基本形成与学习型社会建设需求相适应的信息化支撑服务体系。

(二)实现公共服务平台协同发展,大幅提升信息化服务教育教学与管理的能力。

积极利用云计算、大数据等新技术,创新资源平台、管理平台的建设、应用模式。各地要根据信息化教学的实际需求,做好资源平台建设规划论证,充分利用现有通信基础设施,加快推进区域平台建设和与国家教育资源平台的协同服务。鼓励企业根据国家规定与学校需求建设资源平台,提供优质服务。"十三五"末,要形成覆盖全国、多级分布、互联互通的数字教育资源云服务体系,为学习者享有优质数字教育资源提供方便快捷的服务,提升教育信息化支撑教育教学的水平。制订出台教育数据管理办法,规范数据的采集、存储、处理、使用、共享等全生命周期管理,保证数据的真实、完整、准确、安全及可用,实现教育基础数据的有序开放与共享。在进一步明确业务需求的基础上,基本完成教育管理信息系统建设任务,基本完善教育基础数据库。着力做好已建系统运行与服务,提升管理公共服务平台支撑教育业务管理、决策支持、监测评价和公共服务的水平。逐步实现资源平台、管理平台的互通、衔接与开放,支持各级教育行政部门和各类教育机构、企事业单位利用国家已有系统开发相关应用。

(三)不断扩大优质教育资源覆盖面,优先提升教育信息化促进教育公平、提高教育质量的能力。

深入推进三个课堂建设,积极推动"专递课堂"建设,巩固深化"教学点数字教育资源全覆盖"项目成果,进一步提高教学点开课率,提高教学点、薄弱校教学质量;推广"一校带多点、一校带多校"的教学和教研组织模式,逐步使依托信息技术的"优质学校带薄弱学校、优秀教师带普通教师"模式制度化。大力推进"名师课堂"建设,充分发挥名师的示范、辐射和指导作用,以"名师工作室"等形式组织特级教师、教学名师与一定数量的教师结成网络研修共同体,提升广大教师的教学能力和水平。积极组织推进多种形式的信息化教学活动,鼓励教师利用信息技术创新教学模式,推动形成"课堂用、经常用、普遍用"的信息化教学新常态。创新推进"名校网络课堂"建设,各地教育行政部门要制订相关规定,鼓励、要求名校利用"名校网络课堂"带动一定数量的周边学校,使名校优质教育资源在更广范围内得到共享,让更多的学生享受到高质量的教育。继续推动高校建设并向社会开放在线课程，促进中央部门高校支援西部高校开展在线开放课程线上线下混合式教学改革；积极支持、推进高等学校继续教育数字化资源开放和在线教育联盟、大学与企业继续教育联盟建设，扩大高校优质教育资源受益面，在提升高等教育、继续教育质量中发挥重要作用。

（四）加快探索数字教育资源服务供给模式，有效提升数字教育资源服务水平与能力。

继续开展"一师一优课、一课一名师"等信息化教学推广活动，激发广大教师的教育智慧，不断生成和共享优质资源；实施职业教育数字资源试点专项，国家示范性职业学校数字化资源共建共享计划，以先建后补方式继续开展"职业教育专业教学资源库"建设，推动职业院校广泛应用。加快制订数字教育资源相关标准规范，完善多机制、多途径整合优质数字教育资源的制度。加大数字教育资源的知识产权保护力度，加强相关法治培训，增强教育部门、学校使用、应用数字图书、音像制品等资源时，依法保护知识产权的意识和能力，进一步确立通过市场竞争产生优质资源、提供优质资源服务的机制。要通过多种方式大力培育数字教育资源服务市场，积极探索在生均公用经费中列支购买资源服务费用的机制，将数字教育资源的选择权真正交给广大师生。鼓励企业积极提供云端支持、动态更新的适应混合学习、泛在学习等学习方式的新型数字教育资源及服务。各级教育行政部门要保障基础性数字教育资源的供给，并发挥好已有资源的作用，利用以互联网为主的多种手段将资源提供给各类教育机构，尤其是农村、边远、贫困、民族地区的学校免费使用。大力实施面向不同行业、企业的高等学校继续教育 e 行动计划，办好开放大学、老年大学、就业技能培训等，为全民学习、终身学习提供有力支撑。

五、保障措施

（二）分类指导，统筹推进教育信息化工作。

地方各级教育行政部门要根据国家要求和本地区教育现状与教育改革发展任务，有针对性地提出教育信息化建设与应用重点任务,统筹推进"十三五"教育信息化工作。东部发达地区和中西部省会及中心城市要率先实现国家确定的发展目标,率先深入普遍应用。各级各类教育要充分利用信息技术手段,促进改革发展重大目标的实现。基础教育要推进教学内容和模式的变革,促进学生全面发展,扩大优质教育资源覆盖面,普及更有质量、更加公平的教育;职业教育要着力用现代信息技术改造传统教学,重点解决实训教学中"进不去、看不见、动不了、难再现"的难题;高等教育要创新人才培养、科学研究、社会服务、文化传承和管理模式,提高人才培养质量和办学水平;继续教育要建立线上线下相结合的混合式教学模式,为全民学习、终身学习提供方便、灵活、个性化的学习条件。省级教育行政部门在统筹推进的基础上,要着力加强对本地薄弱地区、薄弱学校与教学点的支持力度。地市、区县教育行政部门要着力加强对各级各类学校信息化建设与应用的指导,加大对校长和教师的培训力度。各级各类学校要主动把教育信息化纳入本校总体规划,深入开展信息化教学与管理应用。

(三)开展督导,形成制度化的评估机制。

要制订针对区域、学校、课程、资源、教师、学生信息化水平的评价指标体系和评估办法,将相关评估纳入教育督导工作,有效推动教育信息化发展。要将教育信息化作为学校基本办学条件,纳入学校建设基本标准和区域、学校评价指标体系。各地要将教育信息化作为重要指标,纳入本地区教育现代化指标体系。要全面开展面向区域教育信息化的督导评估和第三方评测,将督导评估结果作为核查工作进展、推动工作落实的依据,以提升各地区、各学校发展教育信息化的效率、效果和效益。

(四)完善保障,形成多元化投入支持机制。

加大中央财政对中西部地区教育信息化的投入力度,引导地方加强对农村、边远地区教育信息化的经费支持力度。各地要加强对教育信息化的政策支持,将教育信息化纳入经济社会发展规划和信息化整体规划。要明确政府在教育信息化经费投入中的主体作用,统筹推进教育信息化和"互联网+"、大数据、信息惠民、智慧城市等工作;要建立社会团体、企业支持和参与的多元化投入机制,鼓

301

励基础电信企业建立对各级各类学校的网络使用资费优惠机制。各
地要切实落实国家关于生均公用经费可用于购买信息化资源和服务
的政策，优化经费支出结构。要明确教育信息化经费在当地生均公
用经费、教育附加费中的支出比例，形成教育信息化经费投入保障
机制。

教育部

2016 年 6 月 7 日

附录9 2017年教育信息化工作要点(节选)

二、核心目标

2017年,要坚持力度不减、抓手不软、培训不松,做到强化示范、突出效果、加强宣传,协同各方力量,加快推进各项重点工作,保证以下目标的实现:

一是基本实现具备条件的学校互联网全覆盖、网络教学环境全覆盖,接入带宽10M以上的中小学比例达到70%,多媒体教室占普通教室比例达到80%,普通教室全部配备多媒体教学设备的学校比例达到60%。

二是基本形成国家教育资源公共服务体系框架。国家教育资源公共服务平台实现与全部省级平台及一批市县级平台、企业平台互联互通。国家教育资源公共服务体系服务用户超过7000万人,支持全国200万个以上的班级实现"优质资源班班通"。

三是资源服务供给能力进一步提升,组织开发266学时的农村中小学教学资源,免费播放使用。开展职业教育资源库16个项目立项建设和5个项目升级改进。270万名教师参加"一师一优课、一课一名师"活动"晒课",征集年度"优课"2万堂。

四是以"一生一空间、生生有特色"为目标,力争网络学习空间开通数量超过7500万个,实现90%以上教师和60%初中以上的学生开通和应用网络学习空间。完成中小学、职业院校校长和骨干教师"人人通"专项培训1万人。

五是深入推进信息技术与教育教学深度融合。针对不同信息化教学应用模式,试点组建若干区域、学校联盟。出版教育部第一批教育信息化试点优秀案例集,在基础教育领域培育形成30个区域和60个学校示范案例。

六是基本完成全国中小学教师信息技术应用能力提升工程1000万名教师的培训任务。完成教育厅局长教育信息化专题培训

800 人。

三、重点任务

（二）完善教育信息化基础环境建设

2. 加快推进中小学"宽带网络校校通"。

结合精准扶贫、宽带中国和贫困村信息化等工作，采取有线、无线、卫星等多种形式，加快推进农村学校互联网接入，进一步提升学校网络带宽，推进"无线校园"建设。督促各地在"全面改善贫困地区义务教育薄弱学校基本办学条件"工作中重点保障农村学校信息化建设投入。推动将学校网络教学环境和备课环境建设纳入义务教育学校建设标准，鼓励具备条件的学校配备师生用教学终端。使具备条件的学校基本实现互联网全覆盖、网络教学环境全覆盖。（责任单位：科技司、财务司、督导局、中央电教馆）

3. 推动数字校园和智慧校园建设。

发布中小学数字校园建设规范，继续开展中小学百所数字校园示范校项目。充分发挥地方与学校积极性与主动性，引导各级各类学校开展数字校园、智慧校园建设与应用。（责任单位：科技司、基础一司、基础二司、职成司、高教司、中央电教馆、地方教育行政部门）

　　……

国家开放大学完成 100 间云教室建设，实现对中西部基层县级电大的全覆盖。启动基于 VR 的实验实训平台建设，完成互联网+智慧教育示范基地建设。（责任单位：国家开放大学）

（四）深化数字教育资源开发与应用

6. 提升中小学数字教育资源服务水平与能力。

配合实施网络扶智工程，深入推进"三个课堂"的应用，大力推广"优质学校带薄弱学校、优秀教师带普通教师"模式，将优质数字教育资源输送到教育薄弱地区，通过扩大优质教育资源覆盖面助力推进教育公平。完成 4 ~ 6 年级英语、科学、美术、音乐 1 个版本共计 266 学时数字教育资源建设，并将开发和整合的资源依据教学进度播发到农村中小学校免费使用。（责任单位：基础二司、

中央电教馆、地方各级教育行政部门)

建立样板校、示范校及实验区，应用义务教育"人教数字教材"，探索信息化环境下的有效教学应用模式。做好普通高中及"三科""人教数字教材"的开发和实验工作。(责任单位：人教社)

(七)促进信息技术与教育教学融合发展

17. 推进信息技术在教学中的深入普遍应用。

深入开展"一师一优课、一课一名师"活动，激发广大教师应用信息技术推动教育理念、教学模式和教学内容创新的热情，推动中小学信息化教学常态化应用，力争参与"晒课"教师超过 270 万名，重点征集 2 万堂"优课"纳入国家教育资源公共服务平台优质资源库，做好"优课"资源的推广应用。地方各级教育部门结合网上"晒课"和"优课"推荐，组织广大中小学教师看课学课，开展网络教研，推广优秀案例，推动形成"人人用资源、课课有案例"的教学应用环境。大力推进跨学校、跨区域的网络教研活动，积极促进线上线下相结合的混合式学习模式普及。(责任单位：基础二司、中央电教馆、地方各级教育行政部门)

19. 持续做好教师和管理干部教育信息化培训。

推动将教师信息技术应用能力纳入到师范生培养和学校、校长、教师的考核评价体系。全面完成"全国中小学教师信息技术应用能力提升工程"1000 万名教师的培训任务，提升中小学、幼儿园教师信息技术应用能力。完成初中 11 个学科 300 学时网络课程资源和 110 件优质培训微课程建设，启动高中 11 个学科 250 学时网络课程资源和 100 件优质培训微课程建设。(责任单位：教师司)

继续举办教育厅局长教育信息化专题培训班，以新任教育厅局长为主，计划培训 800 人。地方各级教育行政部门组织开展本地区教育信息化管理干部专题培训。(责任单位：科技司、人事司、地方各级教育行政部门)

(九)强化教育信息化支撑保障措施

25. 完善多元化教育信息化投入格局。

协调财政部加大对义务教育阶段转移支付力度和对集中连片特困地区、国家扶贫开发重点县的支持力度，并引导各地根据实际情

305

况，加大对教育信息化投入力度。（责任单位：财务司、督导局）

推动落实《国务院关于进一步完善城乡义务教育经费保障机制的通知》，并按照财教〔2013〕342 号、343 号和财教〔2014〕47 号文件要求，满足学校信息技术和教师培训等方面的开支需求。（责任单位：科技司、财务司、地方各级教育行政部门）

推动建立政府和市场作用相互补充、相互促进的教育信息化投入机制。持续推进与基础电信运营企业的合作，鼓励社会力量积极支持教育信息化建设与应用。（责任单位：科技司、地方各级教育行政部门）